中国财政学会学术文库

财政政策实证
分析与对策（一）

刘尚希／主编

Positive Analyses and Strategies of
China's Fiscal Policies （Volume Ⅰ）

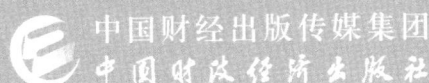

中国财经出版传媒集团
中国财政经济出版社

前言

当前中国特色社会主义进入了新时代,对财政和财政科研工作提出了更高的要求。尤其是党的十八届三中全会提出财政是国家治理的基础和重要支柱,党的十九大进一步从中央与地方财政关系、预算制度和税收制度三个方面明确了建立现代财政制度的基本方向,如何从完善国家治理体系的角度推进现代财政制度建设,迫切需要广大财政科研工作者贡献更多、更高的成果和智慧。面对财税发展改革新形势对财政科研工作的新要求,中国财政学会作为我国财政研究领域的重要学术团体,通过组织召开理论研讨会、开展课题招标和组织优秀成果评选等形式,开展和推动全国财政理论和政策研究工作,取得了丰硕的研究成果。

2015年以来,中国财政学会每年通过公开招标的方式面向会员单位开展课题研究。这些课题既有深究财政根本问题、探索具有中国特色社会主义财政理论体系的基础性研究,也有围绕财政改革热点、难点,为财政科学决策提供支撑的政策性研究。课题承担团队既有高等院校的教师代表,也有科研院所的研究骨干,还有地方财政厅(局)的一线业务人员,使课题研究不仅在内容上更加丰富,在研究视角上也更加多样化。为了更好地展示中国财政学会近年来招标课题所取得的一系列财政科研成果,提高财政科研服务决策的能力和水平,中国财政学会秘书处精选了部分具有代表性的课题研究成果结集出版,汇编为《财政政策实证分析与对策》课题报告文集。目前文集共分两册,共收录了七份课题研究报告,选题紧扣当前财税改革的热点和难点问题,具有一定的理论价值和现实意义,对于广大财政科研工作者和一线的财政实践者都是很好的参考资料。

在本书的出版的过程中,得到了中国财政经济出版社的大力支持,责任编辑为本书的出版付出了辛勤的劳动,在此深表谢意!也感谢广大读者对中国财政学会工作的支持!

2019 年 10 月

目录

细化中央与地方事权和支出责任划分研究

姚东旻　等　　　　　　　　　　　　　　　　001

　一、绪论　　　　　　　　　　　　　　　　002

　二、事权与支出责任划分的理论基础　　　　014

　三、历史维度下我国事权与支出责任的演进：新中国
　　　成立以来有关事权的规范性文件分析　　053

　四、政府间事权划分——类型化分析的尝试　060

　五、政府间事权划分的一般规律：单一制结构下"中
　　　央权威"与"地方效率"的结合　　　　066

　六、共同事权划分与转移支付的逻辑：支出责任划分
　　　改革的关键突破口　　　　　　　　　　095

　七、结论与政策建议　　　　　　　　　　　130

财政支出结构固化及化解对策研究

赵福昌　于长革　申学锋　等　　　　　　　172

　一、新常态下财政支出结构固化问题凸显　　173

　二、财政支出结构固化情况分析　　　　　　178

　三、财政支出结构固化的原因分析　　　　　191

　四、中外历史上财政支出固化问题及启示　　196

　五、化解财政支出结构固化的思路对策　　　200

目录

"一带一路"国际财税政策协调研究

中国财政科学研究院课题组　　213
　一、导论　　214
　二、"一带一路"与财税政策协调理论分析　　224
　三、"一带一路"建设案例分析及启示借鉴　　236
　四、"一带一路"建设国际财税政策协调面临的
　　　困难与挑战　　261
　五、加强"一带一路"国际财税政策协调建议　　282
　六、推进"一带一路"建设的其他配套政策措施　　300

细化中央与地方事权和支出责任划分研究

◇ 姚东旻 等*

摘　要：细化中央与地方事权和支出责任的划分是推进我国财政体制改革、完善中央与地方财政关系的关键突破口。本研究旨在以我国中央与地方事权和支出责任划分及其演变的实际情况为基础，主要依据政府权责清单、中央与地方转移支付、政府预决算公开等大量的政府规范性文本，以文本分析法为核心，在明晰我国事权内涵的变迁及其与西方学术术语体系的对应关系后，依托财政学、政治学、公共管理学、组织经济学等跨学科视角，从事权属性出发探索我国政府间事权划分的一般规律。

本文研究我国中央与地方事权划分的一般规律：不仅要充分刻画单一制国家保证中央权威的意图，还要结合地方分权的经济效率优势，展示"中央权威"和"地方效率"的双重特点。第一，针对财政联邦主义理论对我国事权划分特点

---

* 作者单位：中央财经大学。

刻画的"空白"部分，补充政治权威的考量，以政治—经济两维度的框架作为中央与地方事权划分的基础研究；第二，着眼于我国中央政府的权威地位和事权属性，借用政府工具论划分事权的"强制性"和"直接性"属性，提供中央与地方事权划分研究的完整分析框架。

在中央与地方事权和支出责任划分方面，当前我国面临的主要矛盾集中在共同事权的界线模糊、共同事权和支出责任不匹配上。未来事权改革的推进，应在明确"事权"对应于我国政策制定与财政体制改革的具体内容基础上，以事权属性为基本出发点，进一步完善权责清单制度，并着手建立负面清单和支出责任清单制度；以专项转移支付制度改革为关键，完善中央与地方共同事权领域的支出分担标准，将财政事权和财政支出责任归属全部纳入法治化轨道。最终"有重点、分阶段"地实现事权和支出责任相匹配的财政体制改革。

关键词：事权；支出责任；专项转移支付

一、绪　论

（一）课题研究背景与意义：跨学科研究与政策文本结合

新中国成立以来，我国实现了由计划经济向社会主义市场经济的转变。财政体制作为经济体制改革的先行者，同样经历了几次重大的变革，在此期间中央政府和地方政府的财权和事权关系发生了巨大变化。分税制改革在一定程度上消除了政府间财力分配的随意性，但并没有从根本上改变政府间事权和支出责任的划分格局（楼继伟，

2014），这也是制约事权研究的客观因素。党的十九大报告指出，要建立权责清晰、财力协调、区域均衡的中央和地方财政关系。而细化中央与地方事权和支出责任划分的研究，对于建立科学规范的政府间关系具有整体性与系统性的作用。

纵观国内研究，一部分学者集中于分析中央和地方政府财权关系，在其历史沿革、制度设计机制、存在问题及原因等方面提供了大量详尽的研究。但事权方面的研究却进展相对缓慢，更鲜有研究将事权和支出责任两方面结合起来。目前，国内对事权的研究更多地局限于理论分析和国际经验分析，从财政联邦主义等理论角度或财政联邦制国家政府职能设置来分析我国事权的合理划分。

现有研究对于我国中央与地方事权划分规律的归纳，基本沿用财政联邦主义的分析框架和结论。如冯兴元（2005）提出以"地方优先"原则，即财政联邦主义的"最低政府"原则，来划分事权和支出责任。李奇云（2013）根据公共产品的性质来划分事权，他认为体现国家整体利益的公共支出项目，如地区间与居民间收入分配的调节应该由中央政府承担事权和支出责任；地方性公共产品与社会事务的具体实施则由地方政府负责。乔宝云（2017）认为事权和支出责任的划分应根据维护国家稳定统一原则（基本标尺）、效率原则（受益区域和从低原则）和实现再分配及经济稳定性原则来划分。

还有部分学者从"我国事权和支出责任划分现状与问题"切入研究。黄韬（2015）认为，当前我国政府间事权划分缺乏法律规制，中央政府在事权分配方面享有很大的自由裁量权和决策主动权，并存在"中央事权"下放的现象。此外，在我国经济体制变革中，为了避免中央与地方部门职能的过度分散，我国各级政府部门设置趋同，管理事项类似，存在"上下对口，左右对齐"的职责同构现象（朱光磊，张志红，2005）。

近年也出现了不少关于事权和支出责任划分研究的新视角，对本研究有所裨益。王浦劬（2016，2017）基于事权划分的国际实践，提出了财政进路（财政支出反推事权）、宪制进度（权力配置结构）和政治进路（央地关系的动态演变）三条线索，并根据事权属性将其分类，其中主权属性和经济属性事权是政府第一位考虑的；姚东旻（2017）用动态博弈模型来划分事权的集权与分权边界，从而归纳事权"放权"的逻辑；刘剑文（2017）从法律路径来界定事权范围和落实法定事权。虽然已有学者注意到政府权责清单可能是目前梳理事权"最好甚至是唯一"的信息渠道（刘承礼，2016），但综览国内外学界有关事权的研究，少有对于我国事权现实情况的描述和规律总结。

本研究以"财政事权和支出责任划分"为研究主题，以我国政府间财政事权和支出责任划分的实践为基础，主要依据政府规范性文本和政府权责清单，在明晰中央与地方不同事权和支出责任的基础上，广泛借鉴财政学、政治学、公共管理学、组织经济学等学科理论，探索我国政府间财政事权划分的一般规律。但为避免报告中出现"事权"和"财政事权"使用上的混乱，下文一般使用"事权"代替"财政事权"的表述。本研究旨在弥补我国学术界综合运用多种理论与方法，研究政府间事权和支出责任划分的空白，为学术界在进一步理论化和模型化政府间财政事权划分的研究提供研究思路；同时，为我国进一步推进中央与地方事权和支出责任划分改革提供一定的材料支撑与政策建议。

（二）课题步骤与资料来源：以文本分析法为核心

文章主要采用文本分析法、文献研究法、理论建模法等，一方面还原我国中央与地方事权和支出责任划分的经验事实，描述我国政府间财政事权变动和划分的实际情况；另一方面，结合理论分析、比较分析和历史分析法等方法，结合政策文本与权责清单，从理论路径阐述我国事权划分的一般规律与基本原则。在分析维度上，一是通过纵向比较政府事权和支出责任划分的历史沿革，明确事权变动的总体趋势，从而洞悉相应变化背后所蕴含的深层次原因；二是在横向维度研究中央政府和地方政府之间的事权配置，从而探究政府事权和支出责任调整和划分的基本逻辑。

首先，通过网络爬虫和人工处理并用的方式，进行数据挖掘、整理、归纳和分析的工作。本研究所使用的文本资料搜集自全国人大、国务院和财政部等网站的公开信息。首先从这些网站公开发布的约六万份文本中，筛选出可用以研究政府间财政关系的规范性文本[①] 1 008份，其中规定事权和支出责任的规范性文件308份。

其次，完整地收集2002—2016年政府行政事项调整文件30份，共计调整4 889个事权条目，其中取消事项3 506条（占比71.7%）、下放事项401条（占比8.2%）、保留事项534条（占比10.9%）、改变管理方式事项121条（占比2.5%）、调整审批程序或单位事项273条（5.6%）、特殊地区的临时调整事项54条（1.1%），并且整理了我国中央部委和31个省的权责清单，其中中央事项772条，中央指定地方执行事项712条，地方权力清单条目约13万条。

再次，截至2018年2月完整地收集"中央对地方转移支付平台"公布的101项专项转移支付项目，结合"专项转移政府收支分类科目"整理，建立专门的转移支付政策文本分析与项目数据库，

---

① 以"财政管理体制""财权""事权""财力"和"支出责任"作为关键词来定义财政关系，对五组关键词进行规定的法律、法规及政府文告等内容进行人工筛查、汇总及分类。

并对我国专项转移支付的政策文本进行"全文本比较分析"(示例见表3);收集并整理《中国财政年鉴》、各省市财政预决算报告,结合预决算报表中有关转移支付的数据,分析我国政府间转移支付制度的典型事实。由于各省市预决算公开程度、信息具有较大差异,本研究在分析过程中,保持了各省/省本级的内部数据口径一致(见表1~表3)。

表1 全国人大、国务院、财政部等发布有关政府财政关系的文件数据统计表

时间维度:1949—2017.7

数据范围	初始数据量	筛选后数据量
1. 财政法规数据库(10 416) 2. 财政部文告(3 000+) 3. 财政部政策发布(529) 4. 财政部令(79) 5. 财政部通知通告(500) 6. 国务院文件库(4 578) 7. 国务院公报(560) 8. 国务院中央有关文件(120) 9. 国务院法律法规全文检索系统(36 007) 10. 人民日报图文数据库关于中央与地方财税关系的文件①(3 500+) 11. 全国人大网法律法规库	约60 000条文本	1 008条文本 其中:涉及财权和财力734条;事权和支出责任237条;财政管理体制71条。

---

① 根据《政务院关于中央人民政府所属各机关发表公报及公告性文件的办法》凡属中央人民政府及其所属各机关的一切公告及公告性新闻,均应交由新华通讯社发布,并由《人民日报》负责刊载。因此本数据库政务院1949—1954年发布的关于中央与地方财税关系的相关文告收集于《人民日报》—人民日报图文数据库(1946—2016)。

表2　地方政府发布的有关政府财政关系的文件数据统计表

数据来源	初始范围	筛选后数量
34个省、直辖市、特别行政区和台湾地区政府、财政厅（局）及人大常委会网站	北京市418条	120条
	天津市293条	11条
	上海市5 138条	97条
	重庆市580条	70条
	河北省356条	18条
	山西省648条	15条
	辽宁省421条	53条
	吉林省315条	48条
	黑龙江省301条	30条
	江苏省496条	71条
	浙江省1 478条	167条
	安徽省801条	80条
	福建省852条	106条
	江西省462条	39条
	山东省422条	17条
	河南省576条	30条
	湖北省477条	27条
	湖南省469条	82条
	广东省485条	50条
	海南省289条	12条
	四川省228条	36条
	贵州省376条	26条
	云南省285条	33条
	陕西省295条	12条
	甘肃省579条	54条
	青海省703条	64条

续表

数据来源	初始范围	筛选后数量
34个省、直辖市、特别行政区和台湾地区政府、财政厅（局）及人大常委会网站	西藏自治区28条	4条
	广西壮族自治区283条	29条
	内蒙古自治区	缺失
	宁夏回族自治区511条	63条
	新疆维吾尔自治区1 285条	101条
	香港特别行政区	缺失
	澳门地区69条	43条
	台湾地区	缺失

表3　我国专项转移支付政策文本归纳表（简化示例表）

文本原始信息	
文号	财预〔2000〕128号
名称	财政部关于印发《中央对地方专项拨款管理办法》的通知
基本特征	
时效性（有效（专项可注明有效期限）/无效）	自发布日2000/8/6起至今
适用范围（一般性转移支付/专项转移支付/其他）	全国各省、自治区、直辖市、计划单列市财政厅（局）
类别（一般规定/资金管理/下拨通知/其他）	专项转移支付
政策性质	资金管理办法
文本内容分析	
关键词	中央对地方专项拨款
权力赋予	财政部或中央主管部门
目标/目的	实现中央对地方专项拨款的规范化、科学化管理；提高财政资金使用效益；发挥专项拨款的宏观调控和导向作用；促进地方经济建设和事业的发展。

续表

文本内容分析	
重要内容	（1）中央对地方专项拨款，指中央财政为实施特定的宏观政策目标而设立的补助地方专项资金。（2）中央对地方专项拨款管理的基本原则：①坚持客观、公平、公正、公开、科学、效率的原则；②集中资金，突出重点，择优安排，专款专用，任何单位和个人不得以任何理由或方式挤占和挪用；③充分发挥中央政府特定政策的宏观导向作用；④依法行政，规范管理。（3）财政部不安排专项拨款主要情形：按照现行中央与地方政府财权事权划分，属于地方政府事权，原则上应由地方财政安排资金的项目；没有经过省、自治区、直辖市、计划单列市财政厅（局）批准，各地越级申报的项目；应由地方按一定比例安排配套资金或地方已承诺配套资金而在执行中不按规定比例或承诺配套资金的项目。
资金分类/来源/资金规模	专项资金包括基本建设支出、挖潜改造资金、地质勘探费、科技三项费用、支援农村生产支出、农业综合开发支出、各项事业费支出、抚恤和社会福利救济费、社会保障补助支出、行政管理费、公检法司支出、城市维护和环境保护支出、政策性补贴支出、支援不发达地区支出、其他支出等一般预算支出中的专项资金。
资金分配方式/依据（使用前）	申请专项拨款时，应报送申请专项资金的报告；实行项目管理的专项资金，申请时必须报送可行性研究报告。报告的主要内容包括：申请中央财政补助资金的理由、数额和时间期限、计算标准及计算方法、地方财政自筹资金或配套资金的数额、经济和社会效益、使用方向及管理方法等。
资金拨付/绩效/监管（使用后）	专项拨款的分配采取"基数法""因素法"相结合的分配方法，以"因素法"为主，并逐渐向规范的专项转移支付分配方法过渡；中央对地方专项拨款的支付，逐步实行国库集中支付制度；财政部、各省、自治区、直辖市财政厅（局）每年对专项拨款的使用要进行定期或不定期的检查，检查的数额不少于中央专项拨款项目总数的10%。

资料来源：根据"中央对地方转移支付管理平台"公布的政策文本整理。

(三) 课题基本观点:"一个基本概念"与"两组平行研究"

本研究假设事权划分主要涉及公共部门(政府)、私人部门和公民三大主体,省略第三部门以简化研究。事权履行主体是各级政府,事权被履行对象是政府、私人部门和公民。政府在法定框架内,用有限的资源来履行自己职能,针对公共部门、私人部门和公民三大目标主体的不同诉求,衍生出政府具体的事权。

由于诸多原因,现有研究都没有从经验事实层面剖析我国事权划分的现实情况。为规范和调整政府部门的事权和职责,国务院根据国发〔2001〕33号、国办发〔2013〕22号等文件精神开始对外公布取消和下放事权相关事项的文件。而到2016年年底,国务院已经公布了中央各部委行政许可事项和中央指定地方实施行政许可事项,同时要求下属省市颁布辖地的权力清单,大致建立起各级政府的权力清单制度。权力清单制度的建立,为研究中央与地方事权和支出责任划分提供了重要依据。本研究依托于规范性文件及政策文本,力求在以下几个方面能有所创新。

1. 研究方法

本研究综合运用文本分析法、文献研究法与理论建模法等研究方法,重点在于还原我国当前事权划分的现状,所有的分析和结论都以大量的政策规范性文本为事实依据。在不影响政策文本的正确性与真实性的前提下,通过大量的人工处理,对我国事权划分特征进行归纳和抽象。在明晰我国事权内涵的变迁及其与财政联邦主义理论的对应关系后,依托财政学、政治学、公共管理学、组织经济学等跨学科视角,从事权属性出发探索我国政府间财政事权划分的一般规律。

2. 研究内容

本研究的主要内容包括:①对事权和支出责任的定义和内涵进行

辨析，尤其是事权在学术领域和政策文件中表述的区别。一方面，在文献研究的基础上以"事权"为中心，搭建16种类别的"元概念"体系，并结合我国有关事权的政策文本，从学术范畴辨析我国事权概念与西方术语体系相关概念的差异，找寻我国事权相关概念与事权元概念体系无法对应的具体表现，作为厘清政府间财政关系的理论前提。另一方面，对新中国成立以来有关政府间财政关系的政策文本逐一分析，归纳出"事权"及其相关概念在政策文本中的演变历程，试图找寻不同政策表述背后更为深层次的财政体制变革原因。②从财政联邦主义理论研究出发，正视财政联邦主义对我国财政事权划分的指导作用，以及理论运用的适用范围，在此基础上广泛借鉴财政学、政治学、公共管理学、组织经济学等跨学科理论，探索归纳事权和支出责任划分的一般性规律。③本研究重点从中央与地方事权和支出责任的经验事实出发，探索其调整与划分的一般规律。在纵向维度探讨新中国成立以来我国政府间事权与支出责任是如何进行调整的，并从政府规范性文件中总结和归纳出每个阶段主要"上收"和"下放"了哪些重要的事权，并相应地对支出责任进行了哪些调整；分税制后，官方文件所明确的五条以事权为核心来划分政府间财政关系的原则是如何演变的。在横向维度，一方面，梳理出2002—2016年该时间段中行政事项调整文件中事权变动的规律；另一方面概括出当前我国中央政府和地方政府的事权和支出责任的实际划分情况，以及它们的划分依据。最后，根据分税制后我国改革事权和支出责任的政策路径，还原出我国事权改革标的和主要举措。与此同时，重点对照了中央部委事权清单、中央指定地方执行事权清单和31个省级行政区划单位权力清单；并根据"中央对地方转移支付平台"《中国财政年鉴》与各省市预决算报告，刻画我国专项转移支付的制度现状，进而倒推我国政府间支出责任划分的基本逻辑（见图1）。

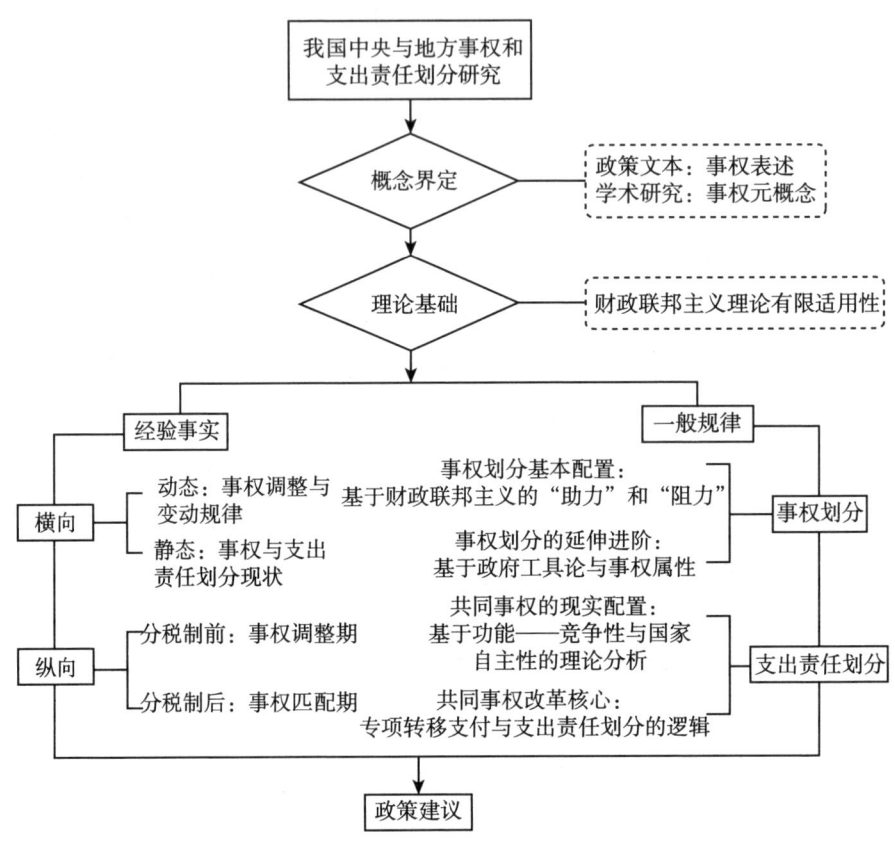

图1 我国中央与地方事权和支出责任划分的研究思路

3. 研究视角

本研究的核心观点包括："一个基本概念"——"我国事权内涵的变迁及其与西方学术术语体系的对应"。"两组平行研究"——平行研究1：事权划分框架的基本配置：基于财政联邦主义的"助力"与"阻力"；事权划分框架的延伸进阶：基于政府工具论与事权属性的事权划分规律。平行研究2：共同事权的现实配置：基于功能—竞争性与国家自主性的理论分析；共同事权的改革核心：专项转移支付与支出责任划分的逻辑。

首先，对事权类型化分析进行多种新尝试。由于我国各级政府间的事权数目多、内容复杂，仅依据其特征难以运用一个统一的框架来解释，因此我们采用了先对事权进行分类，再概括其一般性特征与规律的方式进行研究，以简化整个研究和分析。尝试过的事权分类方法主要包括：①按照经济、政治、民生等事性划分；②按照主体（公共、私人、公民）与职能（管制、管理、服务职能）相结合划分；③按照事权的外部性划分；④按照事权制定过程（事前、事中、事后）划分；⑤按照预算支出科目划分；⑥按照事权的目的与利益分配划分；⑦按照事权的产出函数划分等。但我们通过不断的验证，发现上述分类方法存在诸多问题，如缺乏一定的理论基础、不能很好地概括我国的经验事实等。其次，综合运用财政学、政治学、公共管理学、组织经济学等理论框架，结合联邦制、单一制、转型制国家的政府间财政关系改革经验，构建基于政府工具论的"强制性—直接性"的事权划分框架，并将该事权划分框架与我国政府权责清单下事权的实际划分情况——对应，总结出适合我国国情与财政体制改革要求的事权划分一般规律。

再次，将共同事权与专项转移支付结合，运用专项转移支付倒推共同事权领域支出责任划分的研究。结合上述事权划分框架分析可知，目前我国政府间事权划分不清集中体现在共同事权领域，而专项转移支付是完善共同事权和相应支出责任划分改革的关键突破口。基于功能—竞争性与国家自主性的理论分析共同事权的现实配置，为共同事权划分改革提供一个功能联邦主义与国家自主权力理论结合的新视角；通过预决算公开信息、"中央对地方转移支付平台"等政策与数据分析可知，我国目前的专项转移支付分别承担了中央委托地方事权、中央与地方共同事权与引导、救济、应急类事务的支出责任。

最后，课题研究中，事权和支出责任相匹配是本研究的最终目标，即政府的事权和支出责任是权利和义务的两面，是相互依存的关系。

本研究依托有关政府间财政关系的大量政策文本，提出按照事权属性划分事权的分析框架。研究表明，针对我国特殊的财政体制而保留的大量中央与地方共同事权，是进一步细化政府间事权和支出责任划分改革的核心，而本研究认为进一步改革的关键突破口是，以基本公共服务领域共同事权划分改革为契机，继续建立和完善中央与地方共同事权及基础标准、支出责任划分清单，建立"大专项与共同财政事权清单"相结合的体系，为各级政府支出责任的履行提供相应的财力保障。

二、事权与支出责任划分的理论基础

本研究从"事权"的基本概念辨析入手，挖掘以政府间财政关系为研究对象的西方主流文献，搭建事权的"元概念"体系。并以此为基础，对我国主流学术文献和建国以来有关政府间财政关系的政策文本进行分析，辨析不同财政制度下事权的概念差异，总结事权及相关概念在国内学术文献中界定的冲突、关联，并进一步梳理其在政策文本中的演变历程，作为厘清事权和支出责任划分的重要理论前提。

财政联邦理论框架是我们研究财政分权和政府职能划分的重要理论依据。本研究辩证看待该理论对我国政府间事权和支出责任划分的适用度，为后文归纳我国事权划分的一般规律奠定理论基础。基于传统财政联邦主义的"公共产品划分的层次性"和"政府职能最优分工"所形成的观点，可归纳出判断我国部分事权政府归属的五大参考要素——信息成本、受损益范围、规模经济、溢出效应和监督难易（程度）。基于功能财政联邦主义的功能覆盖型竞争性辖区模型，利用

"功能性"和"竞争性"揭示共同事权配置逻辑。但结合我国政策文本的分析表明,该理论与我国事权实际划分的匹配程度有限,不管是从法理角度,还是从经验事实角度来看,财政联邦主义只是我国部分事权划分的重要参考,我国行政集权下的分权与财政联邦主义分权逻辑存在偏差。

(一)熟悉的话语与陌生的含义:西方术语体系下事权概念的中国对应

在处理政府间财政关系问题中,"财权""财力""事权"和"事责"的分配是处理中央和地方政府集权和分权原则的重要体现(马海涛,2013)。在学术理论界中,事权一词已经成为一个通用名词,被广泛地运用于经济学、政治学以及法学等多个领域。然而"事权""财权"及"支出责任"这一概念体系的界定,在我国学术界和改革实践中仍然含糊不清,也常常存在着将"事权"与"支出责任"混淆的现象。

深入探究,在公共经济学领域中,有关政府间财政关系的英文文献中并没有事权的直接表述,只有类似于"Fiscal Authority"的相近表述(Alberto,2006),但其具体内涵与我国所提的"事权"概念并不完全一致。同样地,事权的相关概念,如财权、财力与支出责任等,在英文文献和国外政策实践中也较难找到完全对应的术语或表述。这主要是因为我国特殊的财政体制与通行意义的财政联邦制下的政府间关系有极大差异,我国政府间事权划分是行政集权下由中央政府主导的分权,而财政联邦主义的分权逻辑是尽量将权力下放到地方政府。同时,由于我国的历史背景,事权概念甚至可以认为是我国财政理论界的特有称谓。

本研究结合国内外法律文本、学术文献及政策文本对其内涵进行探究，并构建事权的元概念体系，再将其与我国学术文献及政策文本中的事权、财权、财力及支出责任等概念进行匹配分析，由此归纳我国事权不同时期事权术语的内涵及演变规律。

1. 事权术语元概念体系的提出

英文文献中"事权"相关术语包括"财政权力"与"财政责任"两部分（见图2）。其中，"Fiscal Authority"或"Fiscal Power"即财政权力的内涵比较宽泛，是所有财政权力（财权和事权等）的集合（Xiao Wang & Richard Herd，2013）。具体来看，财政权力包含了各级政府制定和执行财政政策的权利，如：税种选择、税率和基数设定、预算优先事项安排，以及各级政府所负有的维持预算平衡和合理债务水平的财政规则的责任。在财政分权开展后，地方财政权力的表述就转变成"Fiscal Autonomy"，"财政自治权"是指各级政府所得到的财政权力以及各地方政府能自行指导税收、支出、借贷和预算政策的程度。因此，财政自治权也包括税收自治权、支出自治权、借贷自治权及预算自治权四种权力（Hansjörg Blöchliger & Jaroslaw Kantorowicz，2015）。

与"财政权力"相对的术语即"财政责任"，常表述为"Fiscal Responsibility"。财政责任是指每一级财政主体需要为其财政行为负责的程度。如果说自治权代表着各级政府可以自由地指导他们的政策，那么财政责任就意味着各级政府是否能成为这些政策制定的主体。财政责任也是财政联邦制的重要特征之一，它涵盖地方政府防范破产可能性及确定政府间转移支付强度等内容（Hansjörg Blöchliger & Jaroslaw Kantorowicz，2015）。应当注意的是，这里的财政责任与我国所说的支出责任是不同的概念，财政责任比支出责任的内容更为广泛，包括除支出义务外的其他一系列的政府义务。

国外文献中还有很多与"支出责任"相关的术语使用。最常见的"支出责任"一词在英文文献中被表述为"Expenditure Responsibility"。

它包含了两种含义：一是上级政府对下级政府所承担的支出责任，比如中央政府对地方政府有着转移支付的支出责任（Junghun Kim，2015）；二是各级政府对其所负责的公共事务有支出责任（Xiao Wang & Richard Herd，2013）。

其他如"支出权力"和"支出授权"在英文文献中分别被表述为"Expenditure Authority"（Jonathan Rodden，2001）和"Spending Mandates"（Shen，2012）。一般来说，地方政府的财政来源有限，很难完全依靠自身提供与上级政府赋予的支出权力相匹配的财政资金。在全世界范围内，这些支出权力通常由不断增加的政府间转移支付提供财力保障。

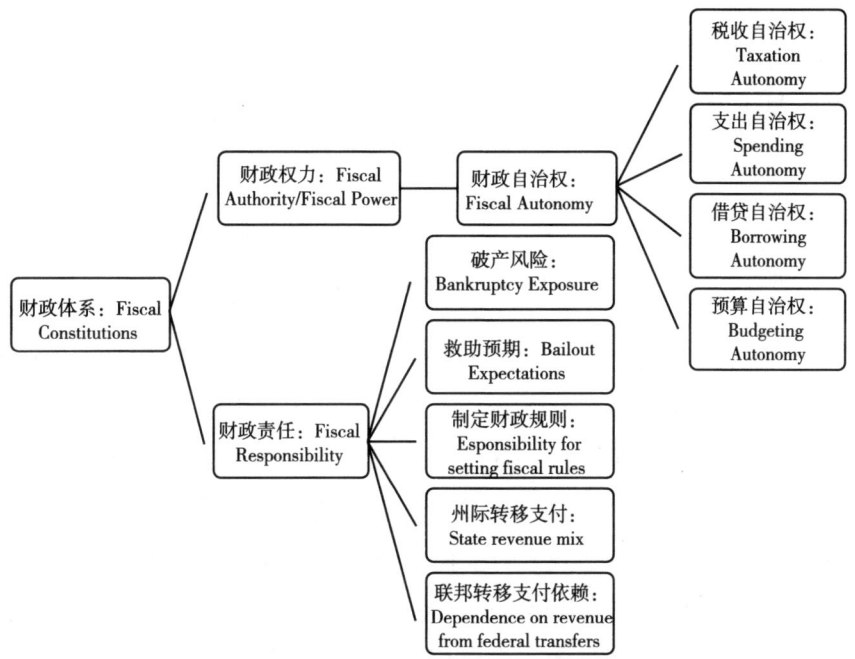

图2 英文文献中"事权"相关术语体系

2. 事权元概念体系的构建

根据英文文献中"事权"相关的术语内容，本研究将事权元概念分为两个大类,即权力类和责任类。其中权力类的元概念包含财政权力、财政自治权、支出权力及财政收入权。权力类元概念的关系如图3所示,财政权力这一术语包含了财政自治权,而财政自治权又包含了财政收入权和支出权力。由于财政权力与财政自治权的内涵基本一致,只是在主体上存在包含关系,因此,本研究将二者合并统称为元概念体系下的财政权力。责任类的元概念主要包括财政责任和支出责任两个术语,其中财政责任的内涵包含了支出责任(见图3)。

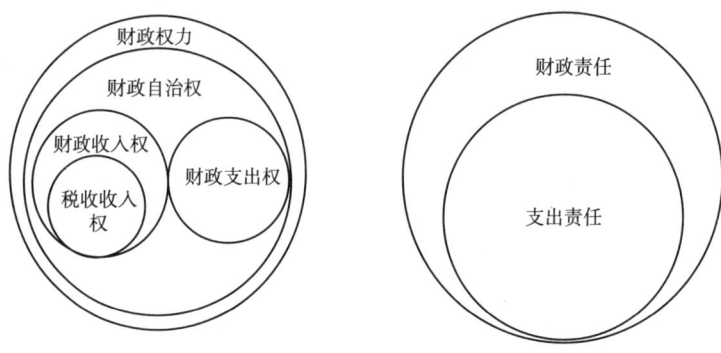

图3 事权元概念分类关系图

在研究政府间关系的英文文献中,政府的权力和责任在政治学文献中被表述为"government power"(Bevir, 2010)和"government functions"(Mora, 2001),即行政权力和政府职能(如表4所示)。其中行政权力是指国家行政机关执行法律、管理国家行政事务的权力。该术语强调的是一种政治上的掌控,属于政治权力的一种。政府职能是指政府有管理地方公共事务的职责,包括国防、教育及科技等方面。在很多财政学英文文献中,也沿用这一概念,Wang and Herd(2013)在谈到宪法对政府职权划分的规定时使用了"functions"和"powers"两个词:"中国的宪法规定了央地政府之间的自治程度并确定了政府间职责(functions)和权力(powers)的分配规则"。

表4　　　　　　　　　　　事权元概念一览表

分类			术语	文献来源	含义
行政	权力	A 行政权力	A：Government power	宪法规定了地方政府的自治范围，规定了中央和地方国家机关之间的职能和权力划分。分权原则是在中央统一领导下，充分发挥地方政府的积极性和主动性（Mora，2001）。	指国家行政机关执行法律、管理国家行政事务的权力。
	责任	B 政府职能	B：government functions	教育和保健是次国家政府最重要的职能（Mora，2001）。	政府有管理地方公共事务的职责。
财政	权力	C 财政权力	C1：fiscal authority	尽管联邦政府分享制度在阿根廷和委内瑞拉存在缺陷，但它提供了财政权力集中度的指标（Alberto，2006）。	各级政府对财政政策享有的权力，及各级政府负有阐明自身预算平衡和债务水平的财政规则的责任。
			C2：fiscal power	自治指标包含了政府层面的财政权力分配，以及联邦以下政府在税收、支出、借贷和预算方面的政策执行程度（Blöchliger and Kantorowicz，2015）。	各级政府在税收、支出、借贷和预算政策等领域的权力。
			C3：fiscal autonomy	美国联邦政府这种权力下放基于美国宪法的法律框架，由政治文化和制度孕育而成，通过国家政府在项目管理和服务提供方面对州和地方政府的依赖表现出来，并通过州和地方政府相当大的财政自主权得到加强（Blöchliger and Kantorowicz，2015）。	将财政权力在各个政府层级划分后每个层级的政府所享有的财政权力以及各地方政府能自行指导税收、支出、借贷和预算政策的程度。

续表

分类			术语	文献来源	含义
财政	权力	D 支出权力	D1: spending mandates	财政资源有限的县级市没有足够的空间为上级要求的额外开支提供配套资金，这可能导致不合格的服务提供（Shen，2012）。	上级政府赋予下级政府对公共事务进行支出的权力。
			D2: expenditure authority	许多国家都在进行支出权力的分权，在大多数案例中，为地方政府提供支出资金的是政府间转移支付的增加，而不是地方自有税收（Jonathan，2001）。	对地方公共事务进行支出的权力。
			D3: jurisdiction over expenditures	如何划分支出管辖权，既取决于国会两院的正式规则，也取决于传统、政治和特定委员会的权力（Cogan and John，1994）。	各级政府对其地方性公共事务的支出具有管辖权。
			D4: spending power	财政联邦制是政府的支出权和收入权在各级政府间分配的规则，政府的下级政府拥有法定权力来提高（某些）税收，并在特定的法律标准下进行支出活动。（Robert and John，2011）	各级政府拥有的根据法律规定的政府职能进行支出的权力。
		E 财政收入权	E1: fiscal resource	在建立一个联邦政府时，事先要达成合意的是开发自然资源的责任、允许的税收来源、各级政府的监管权力或重新分配联邦地方财政收入权的规则等问题（Mikhail，2004）。	各级政府都有获得财政资源（收入）的权力。
			E2: sub-national revenue	在许多国家，如德国、中国、西班牙、韩国和日本，税收分担是地方财政收入的主要来源，关于税收分担的激烈争论经常发生在经济和财政危机之后（Hansjörg Blöchliger & Josette Rabesona，2009）。	地方政府具有获得财政收入的权力，主要是由政府间补贴与税收分享组成的。

续表

分类			术语	文献来源	含义
财政	权力	F 税收收入权	F: tax power	财政权力的分享包含三个要素,其中之一为:确定各级政府征收的税收和相关税收,即财政权力或税收管辖权。(Robert d. ebel, John e. petersen, 2011)	各级政府获得税收收入的权力。
	责任	G 财政责任	G: fiscal responsibility	联邦以下政府受预算限制的程度,必须为自己的财政政策承担责任(Smith, 2015)。	每一级财政主体需要为其财政行为负责的程度。
		H 支出责任	H1: expenditure responsibility	上级政府有权决定对下级政府的转移支付支出责任(Shen et al., 2012)。	上级政府对下级政府所承担的转移支付的责任。
			H2: expenditure responsibility	财政联邦制指的是一种公共部门结构,在这种结构中,有关提供公共产品的决定的责任不是分配给一个政府部门,而是分配给不同级别的政府(Oates, 1972)。	各级政府对其所负责的公共事务有支出责任,高等级的政府有权决定下一级政府的支出责任,各级地方政府对其所负责的地方公共事务负有支出责任,包括经济、教育、科技、文化等各个方面。
	其他	I 财政状况	I: fiscal condition	财政状况是指"政府履行财政和服务水平义务的能力"(Hendrick, 2006)。	各国政府履行财政和服务水平义务的能力。

(1) 财政权力。

英文经济学论文通常将财政权力表述为"fiscal authority"或"fiscal power",例如"自治指标包含了政府层面的财政权力(fiscal power)分配,以及联邦政府层级之下的其他政府在税收、支出、借贷和预算方面的政策执行程度"(Alberto, 2006)。财政联邦制主要关注将财政政策的执行具体到每一级政府,以及如何分配他们之间财政权力的问题。财政权力这一术语的内涵比较宽泛,既包含了财政收入权,又包含了财政支出权等财政权力。具体来看,财政权力涵盖各级政府制定和执行财政政策的权力,表现为税种选择、税率和基数设定、预算优先事项安排,以及各级政府所承担的维持预算平衡和合理债务水平的财政规则的责任。

财政分权后,各个地方政府获得财政自治权"fiscal autonomy",即"财政权力的下放是基于美国宪法的法律框架、由政治文化和制度孕育而成的,通过国家政府在项目管理和服务提供方面对州和地方政府的依赖得以表达,并借助州和地方政府相当大的财政自主权(fiscal autonomy)得到加强(Blöchliger and Kantorowicz, 2015)"。这表示将财政权力在各个政府层级划分后,每个层级的政府所得到的财政权力,以及各地方政府能自行指导税收、支出、借贷和预算政策的程度。因此,财政自治权也包括税收自治权、支出自治权、借贷自治权及预算自治权四种。有学者认为,地方政府拥有的财政自治权是可以与中央政府讨价还价的,如果地方当局能够证明自身正在提高提供公共服务的标准,那么他们就可以获得新的权力和更大的自由裁量权。同时,地方政府知道建立与中央政府的信任关系是其获得更大自治权力的关键(Lowndes, 1999)。

(2)支出权力。

"支出权力"和"支出授权"在英文文献中分别被表述为"spending power"(Robert and John, 2011)、"expenditure authority"(Rodden, 2001)或"spending mandates"(Shen et al., 2012),其含义均为在法律规定的政府职能范围内,各级政府进行支出的权力。世界范围内,支出权力分配的情况时有发生。然而,一般来说,地方政府的财政来源有限,很难依靠自身获取与上级政府赋予的支出权力相匹配的财政资金。在国家支出权力(expenditure authority)分权的大部分案例中，地方政府支出扩大的资金来源于政府间转移支付的增加，而不是地方自有税收（Rodden，2001）。1936年美国最高法院规定"国会授权公共财政对于实现公共目标进行的支出不受立法权的限制"，是这一表述的现实体现。然而，美国联邦政府依然只会把资金用在执行其法律规定的职能上，这将会限制政府的支出权力（Kincaid，2012）。

（3）财政收入权。

对于联邦制国家的财政权力划分，一般采用划分财政支出和划分财政收入的说法。其中，表示财政收入的常用术语为"fiscal resource"，即"财政来源"，我们可以将这一术语理解为"各级政府获得财政收入的权力"。相关文献中有这样的表述："在建立一个联邦政府时，事先要达成一致的是开发自然资源的责任、允许的税收来源、各级政府的监管权力、重新分配联邦地方财政收入权（fiscal resource）的规则等问题（Mikhail，2004）。"

地方政府收入常被解释为"subnational revenues"或"local revenues"，即地方政府依照法律法规获得财政收入的权力。"在许多国家，如德国、中国、西班牙、韩国和日本，税收分担是地方财政收入的主要来源，关于税收分担的激烈争论经常发生在经济和财政危机之后（Blöchliger and Rabesona，2009）。"

按照IMF's Government Finance Statistics（简称"GFS"）的标准，地方政府收入可以划分为"intergovernmental grants"和"tax-sharing arrangement"两类，分别是政府间补贴和税收分享。其中，政府间补贴是为地方政府提供额外财政来源的一种形式，用于填补地方税收和支出需要之间的空缺（Blöchliger and Rabesona，2009）。如图4，地方政府的税收权和获得政府间补贴的权力共同构成了地方政府财政收入权。

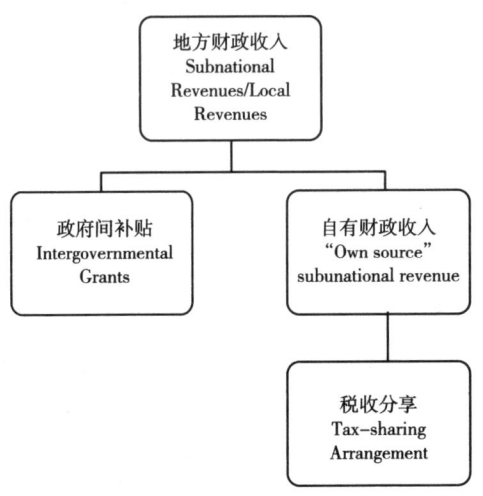

图 4　财政收入权的分类

资料来源：IMF's Government Finance Statistics（2009）。

各级政府获得税收收入的权力被称为"tax power"（Kincaid J, 2012），税收权力属于各州财政自治权的一种，也是财政收入的重要来源之一。根据 OECD 国家收入数据库（OECD Revenue Statistics database）显示，各个国家对于地方政府税收收入的定义是不同的，一些国家将地方税收收入定义为地方政府有权力改变税率或者税基的税收收入，另一些国家则定义为不管地方政府是否有税收权力的税收收入（Junghun Kim, 2015）。

（4）财政责任。

责任（responsibility）是指国家在多大程度上必须承担其财政行为的后果，财政责任类似于联邦国家预算约束的强度。自治权反映各州执行政策的自由程度，而责任衡量的是政府是否内部承担了执行政策的成本（Korea Institute of Public Finance, 2005）。在文献中，财政责任通常被表述为"fiscal responsibility"，如"财政联邦制是一种规范的理论，它是关于各级政府之间财政责任（fiscal responsibilities）最优分配的理论。在财政联邦制国家中,提供公共产品决定的责任不是分配给一个政府部门,而是分配给不同级别的政府"(Blöchliger and Rabesona,2009),即每一级财政主体需要为其财政行为负责的程度。如果说自治权代表着各级政府可以自由地指导他们的政策,那么财政责任就意味着各级政府是否能成为这些政策制定的主体。

财政责任这一术语不仅在国外学术界应用广泛,在财政联邦制国家的法律文本中也有出现,如巴西在2000年颁布的《财政责任法》(The Fiscal Responsibility Law),这里的财政责任是指各级政府有维持预算平衡、确保财政稳定性、提高公共支出效率的义务(Varsano R,2001)。

(5)支出责任。

"Expenditure Responsibility"即支出责任,在英文文献中出现得较为频繁。它在不同文献中的含义并不完全一样,一般有两种含义:一是上级政府对下级政府所承担的支出责任,如"上级政府有权决定对下级政府的转移支付支出责任(Expenditure Responsibility)"(Shen et al.,2012);二是各级政府对其所负责的公共事务有支出责任,高层级的政府有权决定下一级政府的支出责任,各级地方政府对其所负责的地方公共事务负有支出责任,包括经济、教育、科技、文化等各个方面,即"中央政府也有动机向地方政府施压,要求降低地方政府的税收分担比例,或者以无资金或部分资金支持的授权形式将自身的支出责任(Expenditure Responsibilities)转移给地方政府"(Junghun Kim,2015)。

(6)财政状况。

"Fiscal Condition",即"财政状况",是指"政府平衡财政和提供公共服务的能力"(Hendrick et al.,2002)。在财政联邦制国家中,为了保障选民权益,各级政府都承担在政府网站上公开财政统计数据的责任（Kloha，2004）。

3. 事权元概念在我国学术研究与政策实践中的演变

（1）我国学术研究中的"事权"概念与元概念的对应。

在目前的国内文献中，大量存在"事权"这一表述，但是对于事权概念的界定却十分模糊。单就国内文献中讨论的中文概念而言，同一个术语常常在不同的文献中指代不同的研究对象，有时甚至同时包括多个维度的研究对象，而相近的研究对象在不同文献中使用不同的术语来表述。同时，事权相关的术语群内部的逻辑关系较为混乱，缺乏规范性和统一性。

将中文概念与国外文献中的元概念进行比照可以发现，国内文献中事权相关的中文概念往往是一个术语对应多个英文元概念，含义繁杂，在使用时容易出现混乱。另外，由于"事权"这一概念本身具有一定的中国特色，且相关的学术理论研究也受到了政策实践的影响，因此，一些文献中对"事权"概念的阐释，甚至难以找出英文元概念与之对应。

我国现有的学术文献中对事权及其相关术语的使用存在定义和逻辑关系上的混乱（见表5）。例如，宋卫刚（2003）认为政府事权是依据政府责任（职能）赋予的权力，冷永生（2011）则认为事权应包括责任和义务两方面；马万里（2012）认为事权与支出责任是相对应的关系，而吕冰洋（2012）认为事权包含支出责任。刘剑文、侯卓（2017）认为事权是国家提供公共服务的责任，理论上包括立法事权、行政事权和司法事权三个维度，强调事权的权力属性，其中立法事权和司法事权没有与之对应的元概念。更为特殊的是，倪红日（2006）提出事权代表着计划经济体制下各级政府对其治下的国营企事业单位的行政管理权，是我国背景下的特有称谓，突出行政隶属关系，因此也缺乏与之对应的元概念。

表5　　我国学术研究中事权及其相关术语概念界定表

术语	文献	定义	主要冲突及联系
事权	李齐云，马万里（2012）	公共品供给职责，体现在财政支出上就是支出责任。	事权与支出责任相对应
事权	吕冰洋（2012）	各级政府承担的不同职责，包括决策权、支出权、监督权。	事权包含支出责任
财权	谭建立，杨晓宇（2008）	国家及各级财政在事权基础上的财政收支范围划分和财力使用权限。	事权包括政府管理范围的财权
政府事权	宋卫刚（2003）	依据政府责任（职能）赋予的权力。	仅指权力
政府事权	冷永生（2011）	政府在履行提供公共服务职责的范围内所拥有的支配和指挥的力量。本质是（提供公共服务的）职能或（提供公共服务的）职责。	包含权力和义务
财政事权	谭建立，杨晓宇（2008）	财政部门根据国家与政府实现其职能的需要，按照社会公共需要的内容与层次，进行财政分配活动的事务与权力。	财政事权包含权力和义务

虽然我国的学术研究中对"事权"概念的表述存在差异，但大体内容是相似的，即事权是一种处理事务的职权、职责或职能。不同文献进行概念界定的交集，主要与元概念中的财政权力（fiscal authority/fiscal power）和财政自治权（fiscal autonomy）对应，有部分文献还涉及财政支出权（expenditure authority）、财政责任（fiscal responsibility）和支出责任（expenditure responsibility）等。

从权力和义务的角度来看，有的文献认为"事权"包含权力和义务两方面，有的则强调其中之一。因此，在与元概念的对应关系中，存在侧重权力类或是义务类的区别。王国清，吕伟（2000）认为，事权是某一级政府所拥有的从事一定社会经济事务的责任和权力；顾国新，刘雄伟（1989）认为，事权即处理事情的权力，可分为三个方面：政治事权、经济事权、社会管理事权，对应元概念中的财政责任（fiscal responsibility）、支出责任（expenditure responsibility）和财政支出权（expenditure authority）。但顾国新等人指出经济事权分为一般经济管理权和资产所有权，而在元概念中没有与资产所有权对应的含义。宋卫刚（2003）认为，政府事权是依据政府职能产生的，通过法律授予的、管理国家具体事务的权力。这种界定强调"权力"，主要对应元概念中的财政支出权（expenditure authority）。而李齐云，马万里（2012）认为事权即公共品供给职责，体现在财政支出上就是支出责任，强调"职责"，主要与责任相关的元概念——财政责任（fiscal responsibility）和支出责任（expenditure responsibility）对应。

从事权等相关术语间的关系来看，可以梳理出事权与财权、政府事权与财政事权的关系。谭建立，杨晓宇（2008）明确提出事权包括政府管理范围的财权，除了财权对应的财政权力（fiscal power）、财政支出权（expenditure authority）和财政自治权（fiscal autonomy）元概念以外，事权还包含财政权力（fiscal authority）。而财政事权是国家政府事权在财政领域的延伸与具体化，在政府事权对应的财政权力（fiscal authority/fiscal power）和财政自治权（fiscal autonomy）两个元概念的基础上，财政事权还有支出责任（expenditure responsibility）的含义。

李齐云，马万里（2012）提出了事权与支出责任的对应关系。同样，吕冰洋（2014）认为事权是各级政府承担的不同职责，包括决策权、支出权、监督权，其中支出权即支出责任。李俊生，乔宝云，刘乐峥（2014）对事权概念的界定虽然包括政府承担的任务和责任两方面，但也认为政府行使事权通常以财政支出的形式体现，从侧面反映了事权与支出责任的对应关系。虽然他们都讨论了事权与支出责任的对应关系，并且对"事权"概念的界定都包含财政责任（fiscal responsibility）和支出责任（expenditure responsibility）两个责任层面的元概念，但吕冰洋和李俊生等人研究的事权概念含义更广，还与财政权力（fiscal authority/ fiscal power）、财政自治权（fiscal autonomy）、财政支出权（expenditure authority）等权力层面的元概念对应。

（2）"事权"概念在我国政策实践中内涵的演变。

①政策文本中事权术语表述的演变。新中国成立以来，"事权"内涵随着经济体制的转变而变化，并随着市场经济改革不断丰富。在计划经济体制下，事权体现为各级政府对其治下的国营企事业单位的行政管理权，突出的是行政隶属关系。改革开放之后，随着"公共财政"理念的树立，事权设置更加凸显政府公共服务职责的履行。分税制以来，有关中央与地方关系的政策文本[①]，主要以行政权力与公共职责来定义事权，在文件中列举各级政府及相关部门权力的具体内容。总体来说，事权就是根据政府职能划分的，由法律、法规授权给政府管理各项事务的职权。而不同层级政府职能性质的差异，

---

① 主要参考政策文本：财地字〔1991〕第215号；财综字〔1993〕15号；1994年《预算法》；国发〔2005〕9号；财农字〔1996〕296号；1993年"中央关于建立社会主义市场经济体制若干问题的决定"；财地字〔1996〕24号；财库〔2000〕12号；国发〔2014〕71号；国发〔2017〕9号；财库〔2000〕12号；国发〔2005〕9号；财预〔2006〕406号；国发〔2009〕26号；财预〔2009〕78号；2016年国务院办公厅《关于全面推进政务公开工作的意见》；国发〔2002〕26号；2006年"十一五规划"等。

就形成了各级政府事权的划分。"事权"在官方文件中更多是以"政府管理权限、职责、职权、职能、责任制"等说法出现。如图5所示，事权的相关术语体系也是随着我国财政体制改革的进程逐步建立起来的。

1993年出台的《中共中央关于建立社会主义市场经济体制若干问题的决定》已经提出要"合理划分中央与地方的经济管理权限""把现行财政包干制改为在合理划分中央与地方事权基础上的分税制"。1994年的分税制改革中主要强调的是政府收入权的分配，几乎没有涉及具体的事权划分规则。改革基本按照"财权与事权相匹配"的原则进行，确定了中央和地方政府的事权，但总体上是以原则性的条款提出的，不包含具体的事权划分规则。在这一阶段的政策文本中，"事权"划分主要是指中央和地方之间的政府职责配置。

而后，从2007年的十七大政府工作报告到2018年的《基本公共服务领域中央与地方共同财政事权和支出责任划分改革方案》等7个文本中均提及"事权"这一概念，但"事权"含义略有差异，不过均有"政府提供公共服务职能"这一含义。2014年出台的《关于全面推进依法治国若干重大问题的决定》对事权相关的职责具体到"宏观管理""制度设定""执行"和"执法权"等方面，使得政府在事权这一概念下的职责更为明确。2016年出台的《关于推进中央与地方财政事权和支出责任划分改革的指导意见》，首次对"财政事权"进行了明确的定义，可以认为是对事权在政府主体上的具体化。总体来说，这一阶段的政策文本中，"事权"的表述主要强调政府提供公共服务的职能，同时还包括支出的权力和制定财政规则的权力。

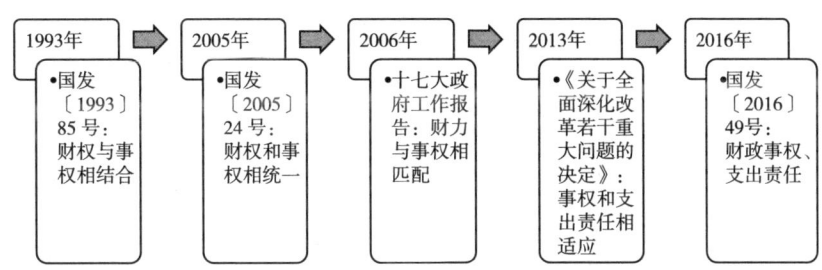

图5　政策文本中事权术语表述的"五大变动"

总体看来，从1993年到2016年我国政策文本中对于事权的表述随着社会经济形势的变化也经历了一系列的变化，对于事权的描述从模糊到清晰，从宽泛到具体，最终明确了财政事权的定义。此外，通过对国务院、国务院办公厅和财政部公文的整理归纳，我们发现，关于"事权"的表述主要有三种：事权、财政事权和某领域事权。财政部发文多采用"财政事权"的表述，但在对政府内部管理、财政体制建设等进行规定时，也会直接使用"事权"一词。国务院及国务院办公厅发文主要采用"事权"，有时也会使用"财政事权"，而对于某一领域的细分事权，通常采用"某领域事权"的形式，如关于政府卫生投入的文件中使用了"医疗卫生事权"。

②政策文本中事权概念与元概念体系的比较。本研究根据国外文献及政策实践构建了事权的元概念体系，本节将我国事权及相关术语在财税体制改革各个阶段的不同含义与事权的元概念体系进行对比分析（见表6）。

表6　我国政策文本中概念与元概念对照表

年份	来源	中文概念	含义	元概念	匹配情况
1993	《中共中央关于建立社会主义市场经济体制若干问题的决定》	事权	政府对其所负责的公共事务享有的支出权	财政支出权	与财政支出权在含义上基本相同，但是从翻译的字面意思来看，事权和支出权力是两个不同的概念
	《中共中央关于建立社会主义市场经济体制若干问题的决定》	经济管理权限	包含宏观经济调控权和财政政策制定权等	财政权力	有所交集，但是权力享有主体不一致
	《国务院关于实行分税制财政管理体制的决定》	事权	政府职责和政府收入权	支出责任	与支出责任的概念混淆不清，以事权划分确定支出范围
	《国务院关于实行分税制财政管理体制的决定》	财权	仅包含税收收入	税收收入权	基本匹配
2007	十七大报告	事权	政府提供公共服务的职责	支出责任	与支出责任的概念混淆不清，以事权划分确定支出范围
	十七大报告	财力	政府提供公共服务的能力	财政状况	基本匹配，都是指政府的公共服务能力

续表

年份	来源	中义概念	含义	元概念	匹配情况
2013	《关于全面深化改革若干重大问题的决定》	事权	包含地方政府对地方负责事务支出的权力、上级政府通过转移支付赋予下级政府对公共事务进行支出的权力,以及管理公共事务的职责、制定财政规则的职责。	财政权力+财政支出权+支出责任	概念范畴过大
2013	《关于全面深化改革若干重大问题的决定》	支出责任	各级地方政府对其所负责的地方公共事务负有支出义务,包括经济、教育、科技、文化等各个方面	支出责任	基本匹配
2016	《关于推进中央与地方财政事权和支出责任划分改革的指导意见》	财政事权	一级政府应承担的运用财政资金提供基本公共服务的任务和职责	政府职能	侧重点有所不同,财政事权强调政府提供公共服务的职能,政府职能侧重于政府对公共事务政治上的掌控权
2016	《关于推进中央与地方财政事权和支出责任划分改革的指导意见》	支出责任	政府履行财政事权的支出义务和保障	支出责任	基本匹配

1993年《中共中央关于建立社会主义市场经济体制若干问题的决定》中对事权的表述较为模糊，其含义为政府对其所负责的公共事务享有的支出权，与元概念支出权力的含义基本一致。但从翻译的角度来看，政府支出权力与政府事权是两个完全不同的概念。除了事权概念外，该文献还提出了另一个概念——"经济管理权限"，这里提到的经济管理权限包含宏观经济调控权和财政政策制定权等，与元概念中的财政权力有交集，但是二者的权力享有主体不一致。经济管理权限中宏观经济调控权只由中央享有，包括货币的发行、基准利率的确定、汇率的调节和重要税种税率的调整，地方政府只能在一定的范围内制定地区性的法规、政策和规划，但财政权力概念中的财政权力是各级政府均享有的。

同年出台的《国务院关于实行分税制财政管理体制的决定》中，对于事权的表述与支出责任混淆不清，以事权划分确定支出范围，这里的事权与元概念支出责任的含义接近。该文件对财权的表述仅仅包括税收收入，没有包含获得政府间财政补贴的财政收入，与元概念税收收入权基本匹配。

2007年的十七大政府工作报告中，事权的含义仍然为政府提供公共服务的职责，与元概念支出责任的含义混淆不清。该文件对财力的描述与元概念财政状况基本相同，都是指政府提供公共服务的能力。

2013年的《关于全面深化改革若干重大问题的决定》理顺了事权和支出责任这两个概念间的逻辑——中央和地方按照事权划分不同层级政府相应承担的支出责任。这一文件中事权的概念进一步地扩大，既包含地方政府对地方负责事务支出的权力、上级政府通过转移支付赋予下级政府对公共事务进行支出的权力，又涵盖了管理公共事务、制定财政规则的职责。其中事权的概念可以与元概念财政权力、元概念支出权力及元概念支出责任的组合相匹配。该文件中的事权概念范畴过大，且元概念财政权力、元概念支出权力及元概念支出责任均为财政层面上的概念，而《决定》中的事权术语，从字面意思上看并未集中在财政层面，容易造成误解。《决定》中另一个重点强调的概念"支出责任"已经较为成熟，其内涵与元概念中支出责任的概念基本匹配。

2016年的《关于推进中央与地方财政事权和支出责任划分改革的指导意见》将事权与支出责任的概念作出了明确的区分。这一阶段的政策文本中，"事权"概念的内涵相较于之前有所缩小，更为清晰直观。其表述主要强调政府提供公共服务的职能，同时还包括支出的权力和制定财政规则的权力。《意见》也明确地给出了财政事权与支出责任的概念，我们可以发现二者分别与元概念支出权力和元概念政府职能基本匹配。值得注意的是，这里的事权概念与元概念政府职能的侧重点依然有所差异，《意见》中的财政事权概念主要强调政府提供公共服务的职能，而元概念政府职能则侧重于政府对公共事务政治上的掌控权。

总体来看，在我国财税体制改革政策实践过程中，事权的概念始终是改革的核心，而对财权、财力与支出责任的重视程度在改革的不同阶段显现差异。虽然我国的事权术语体系在西方学术术语体系中无法找到明确清晰的对应，但是事权、财权、支出责任及财力四个概念的内涵及逻辑关系在我国实践中逐步清晰，形成了适应于我国改革现状的特有的术语体系。

4. 事权概念体系在我国的规范

中央与地方事权和支出责任划分是探究政府间财政关系的前提和基础。厘清事权及其相关术语的概念，可以避免在研究事权改革时出现偏差，更好地把握建立"事权与支出责任相匹配"的体制要求。基于前文的分析，我们可以大致梳理出事权概念的逻辑：

（1）事权并非一个严谨的学术概念，而是涉及财权、财力及支出责任的一系列中文术语群，在英文文献及国外政策实践中没有直接的对应。事权相关术语群是伴随我国财税体制改革而产生出来的、具有中国特色的政策概念。

（2）在我国的政策实践中，各个阶段提到的事权及其相关概念的含义并不完全相同。随着我国财税体制改革的推进，这些概念的含义也在随着各方面因素的转变而发生改变。总体看来，事权、财权、支出责任及财力四个概念的内涵和逻辑关系逐渐明晰，形成了适应于我国改革现状特有的术语体系，但仍然难以与西方学术术语体系的元概念建立明确清晰的对应。

（3）我国所强调的政府事权是指各级政府根据宪法规定所享有的管理国家事务的权力，其中包括行政权、立法权及司法权等多方面的政府管理权与处置权，其权力的来源是政府处理公共事务的职责。而财政事权是政府事权在财政领域的具体化，是指各级财政部门根据法律法规及上级政府授权在特定的职能范围内进行公共物品和公共服务供给与分配的权力。

因此，结合元概念，本研究认为界定政府间财政事权即是要划分各级政府应当处理并承担支出的事务，财权的分配是将财政收入在各级政府之间进行划分。事权概念的逻辑梳理清晰后，本研究将我国事权相关概念范畴进行学术上的规范，并与含义相近的元概念进行匹配，详见表7。

表7　　　　　　　　　　我国事权相关概念的规范

中文术语	匹配度较高的元概念	规范
事权	财政权力（fiscal authority） 财政自治权（fiscal autonomy）	（1）政府事权是指各级政府根据宪法的规定所享有的管理国家事务的权力，其中包括行政权、立法权及司法权等多方面的政府管理权与处置权，其权力的来源是政府处理公共事务的职责；（2）财政事权是政府事权在财政领域的具体化，是指各级财政部门根据法律法规及上级政府授权在特定的职能范围内进行公共物品和公共服务供给与分配的权力。
财权	财政收入权（fiscal resource） 税收收入权（tax power/taxation autonomy）	指各级政府获得财政收入的权力，即财政收入权，包括政府的自由收入（主要是税收收入）和转移支付收入。
财力	财政状况（fiscal condition）	指政府履行财政和服务水平义务的能力。
支出责任	支出责任（expenditure responsibility）	指各级政府对其所负责的公共事务负有的支出义务，各级地方政府对其所负责的地方公共事务负有支出责任，包括经济、教育、科技、文化等各个方面。

（二）财政联邦主义对我国事权划分的有限适用性

国内外对于政府事权划分的研究主要以财政联邦主义为代表，在这个理论框架下进行规范分析和实证分析。尽管近年来已鲜有学者直接定义我国是"财政联邦制"，但一直以来都有文献将中国的财政体制视为"财政联邦制"，抑或"事实上的财政联邦（Krug，2004；Yongnian，2007；Sandra，2008；Lyoe，2012）、"法理上的财政联邦制"（Kai，2013）、"演变中的财政联邦制"（Armin，1991；Tsai，2002）、

"准财政联邦制"（孙大光，2009；冯兴元，2009、2010、2011）等。而其中最有影响力的研究，当属第二代财政联邦理论定义我国财政包干时期是"中国特色型财政联邦"或"市场维护型财政联邦制"（Mantenola，1995；Weingast，1995，2005，2014；Qian，1995，2005）。事实上，我国事权划分的研究在理论分析和政策分析方面一定程度上对财政联邦理论框架使用不当，甚至错误地判断我国的财政体制。因此，正确认识财政联邦主义在我国的适用性具有一定的必要性。

1. 传统财政联邦主义的理论概述

财政联邦主义衍生于政治概念"联邦制"，因此很多学者认为"财政联邦主义"就是联邦制国家的财政制度，也是联邦制国家必须致力解决的重要问题。但联邦制的本质是特殊的治理权分享（Elazar，2002）。财政联邦主义兴起的重要原因是政府在宪政和经济方面的改革促进了税收、支出和借款责任的分权化进程和政府间转移支付的发展（Wildasin，1997）。从 20 世纪 50 年代开始，学者们开始为地方政府分权寻找其必要性的证据。传统财政联邦主义基本以联邦制国家（特别是美国）作为研究对象，再加上财政联邦主义被冠以"联邦制"名头，国内外学者没有刻意区分"Federalism"和"Fiscal Federalism"二词。因此，一国是否符合财政联邦主义，一般取决于该国是否"分权"以及该国财政体制是否符合联邦制国家在财政方面的特征。

随着理论的演进，财政联邦主义作为财政理论最重要的分支之一，已经不仅仅局限于"以财政联邦主义分析联邦制国家中具体的问题"这条研究路径，而转向研究政府间财政关系和政府职能划分。财政联邦主义的分析框架也可适用于非联邦制国家[1]，Sharma（2005）将

---

[1] 例如 Tiebout 模型被批判的重要原因就是其假设是基于美国财政数据，模型在其他发展中国家适用性有限。但第二代财政联邦主义理论的兴起，则弥补了此前的一些缺陷。

"财政联邦主义"定义为全国政府间财政关系的指导原则或指导方案,可以被广泛地运用到各种国家结构下财政体制的分析中。但必须注意的是,有关财政联邦主义的研究很大程度上受北美联邦体制的影响,该理论在实际运用时,特别是运用到有着完全不同制度安排和政体的亚洲国家中是比较困难的(Ehtisham,2015)。

Musgrave(1959)和Oates(1972)等人所开创的第一代财政联邦主义,假设了一个"善良"的高效政府,主要从"公共产品"和"纵向政府财政职能划分"两大点来切入政府间财政关系这个大命题。他们基于"公共部门要弥补市场失灵,去寻求社会福利最大化"的假设,延续"概念化公私部门角色"(Arrow,1970)、"定义公共产品性质"(Samuelson,1954,1955)和"为矫正市场失灵政府部门发挥的积极作用"(Musgrave,1959)的A-M-S基本逻辑来讨论多级政府的职能划分和公共产品提供(Oates,2005)。第一代理论的核心观点是"辖区政府能够按照居民偏好来提供公共产品和公共服务"。

而第二代财政联邦主义假设政府是一个寻求自身利益最大化的经济人。在传统财政联邦主义的框架中引入企业理论、信息经济学、契约理论和委托代理模型,研究正式的政治制度下如何维护市场激励协调政府间财政关系(Montinola,1995;Qian and Weingast,1997;Qian and Roland,1998;Jin and Qian,2005),并将研究的重心放在政府行为和政治过程上。如通过对中国省际面板数据进行回归,调查省政府的财政激励和其市场体系发展间的关系。其认为在构建合理的政府结构时就应该充分地考虑到对应的激励机制,使得中央政府和地方政府都能够负起应尽的责任和应有的义务,使得参加市场交易的各方都能在此过程中受益(Qian et al.,1995,1997,2005)。

近10年来,以Weingast为代表的学者们仍然在进一步拓展第二代财政联邦主义,转而关注分权、政治要素和激励的问题,特别是在其中引入了民主要素（Weingast，2014）。而在公共产品提供方面，他们试图以正演模型来印证第一代财政联邦主义的基本假设，讨论分权制度下公共产品是否被有效提供，但得出的结论大多数与财政分权定理等相背离（Cremer and Palfrey，1996；Besley and Coate，2003；Cremer and Palfrey，1996；Lockwood，2002，2008；Volden，2005；Wallis，2012）。Brown and Jackson（2000）在涵盖两代财政联邦主义的基础上，修正了财政联邦主义的基本原则，提出"完美型财政联邦主义"。而近几年，相对于事权划分研究，学者们更倾向用经验分析来证明财政分权与经济效率或经济增长的关系，从 Balasssone（2015）、Asatryan（2015）、Baskaran（2016）、Feld（2016）等人的研究中可见一斑。

两代财政联邦主义都在后期引入了公共选择理论。第一代财政联邦主义加入了 Brennan and Buchanan（1980）提出的"利维坦假说"，该假说认为政府就是个庞大的利维坦，寻求税收收入和预算支出的最大化，但分权可以限制政府规模的过度扩张。Oates 的财政分权理论是第一代财政联邦主义的理论核心，而 Brennan 等人的理论更多的是第一代理论核心的补充，用以回答财政分权的一些特殊问题（Duc Hong Vo，2010）。Wagner（2007）在第二代财政联邦主义中引入公共选择理论，将研究的重心从纵向多层级政府转移到关注在市场经济框架下政府提供公共服务的"多中心"竞争。

第二代财政联邦主义是对第一代财政联邦主义的补充。第一代理论主要是考虑寻求福利最大化的财政机制的最优设计；而第二代理论则是在这个基础上增加了激励和"官员私利"的假设，并在转移支付等方面填补了第一代理论的不足（Weingast，2009）。虽然冯兴元（2010）等学者认为第二代财政联邦主义只是第一代理论在"经济与财政联邦主义"方向的拓展。但两代财政联邦主义在理论和实践中的创新和伟大贡献是不容置疑的。

2. 修正的财政联邦主义——功能联邦主义和 FOCJ 模型

Frey 和 Casella（1992）提出的功能联邦主义是对传统财政联邦主义在功能和辖区覆盖范围方面进行的修正。Frey 和 Eichenberger（1995）在此基础上进一步扩充，加入区域竞争元素，正式构建"功能覆盖型竞争性辖区"（Functional，Overlapping Competing Jurisdictions，FOCJ）模型。FOCJ 模型拥有四个要素：功能、覆盖、竞争以及辖区。其中，"辖区"是最基本的要素，指一个基本的政治单位，它对其管辖范围内的所有居民拥有行政权威；"功能"指依据特定公共服务的受益范围设置相应的行政辖区，借此实现服务成本和收益的匹配，规避溢出效应；"覆盖"是对"功能"要素的补充，指辖区的地理边界应当刚好覆盖其功能范围；"竞争"指辖区内居民能够通过迁入与迁出选择促进辖区间竞争，居民的流动性能够对辖区政府施压，提高辖区提供公共服务的效率（Frey & Eichenberger，1995）（见表8）。

表8　"功能覆盖型竞争性辖区"模型四要素对传统财政联邦主义的修正

要素	传统财政联邦主义	"功能覆盖型竞争性辖区"模型
功能	多样化的公共服务需求由同一政府提供，财政资金分散，利用率不高。	特定辖区提供其擅长的公共服务，财政资金集中利用，财政效率高。
覆盖	根据公共服务的受益对象确定承担费用的居民范围，存在外溢效应的公共服务由中央介入。	根据功能边界设置辖区，其地理边界与功能边界恰好重合，规避外溢效应。
竞争	政府间竞争较弱，仅保证公共服务的最低限度供给。	居民通过辖区选择表达自身需求，倒逼政府满足地方偏好。

续表

要素	传统财政联邦主义	"功能覆盖型竞争性辖区"模型
辖区	地方相对独立，管辖边界无交叉，政府间鲜有合作。	以功能为导向划分辖区范围，不同辖区可能存在地理区域的重叠，相同辖区内的政府相互相互协调与合作，共同提供对应功能的公共服务。

随着 19 世纪末 Gumplowicz（1899）等人提出的国家军事主义理论的流行，有关国家自主性以及自主权力存在的观点也逐步受到学界认可。目前，学界普遍认为国家这一概念可从"制度性"（institutional）和"功能性"（functional）两个维度进行定义，其中"制度性"指从国家的政治制度结构进行定义，"功能性"指从国家所能对公民社会发挥的作用来定义（MacIver，1926；Eisenstadt，1969；Weber，1968）。

Weber（1968）对国家的定义强调国家权力的本质是凭借政治权威对制度权力的垄断。Mann（1984）认为这种本质体现了社会对国家自主权力感知的两个维度——专制权力（despotic power）和基础权力（infrastructural power）。专制权力是以少数国家精英为中心对公民社会施加的自上而下的控制，基础权力是国家通过后勤能力在整个领土疆域内实施的自下而上的渗透，两者组合便是 Mann（1984）所述国家的"领土中央性"（the Territorial Centrality of the State），即国家天然地处在其划定的领土范围的中心并能够对整个国家疆域行使统治权力。

3. 政府职能划分的基本原则

本研究将这两代财政联邦主义中基于"公共产品划分的层次性"和"政府职能最优分工"所形成的观点归纳成五个方面：信息偏好、受益原则、规模经济、溢出效应和激励。从这五个方面衍生出判断我国部分事权政府归属的五大参考要素——信息成本、受益范围、规模经济、溢出效应和监督难易（程度）。

第一代财政分权理论在关于财政职能最优分工的研究中形成了"地方政府相比于中央政府能更好地获取当地居民的偏好和需求，因此地方政府应该根据当地居民偏好采取相应的资源配置政策"的共识。信息成本主要包括"偏好信息"收集、信息汇总、信息传递、信息验证的成本。Hayek（1945）率先讨论社会信息的利用，强调地方政府能够更好地获得信息，相比于中央政府能够提供更匹配地方偏好的公共产品和服务。再加上我国政府间财税契约的委托代理关系层级较多，信息传递成本较高，地方政府的信息优势更加突显。Stigler（1957）将"地方政府具有信息优势"的观点延伸为"最低政府原则"，认为政府决策应在最低层级政府部门进行，从而保障资源配置的有效性和公平性。特别是中央政府还可能存在"偏好误识"，从而错误地判断居民偏好（Tresh，1981）。

按照受益原则来划分政府间事权和支出责任同样被众多学者所重视。欧洲大陆学派在税收中所倡导的受益原则，由 Otto Eckstein（1965）发展成划分政府职能的重要依据，提倡按照公共产品的受益范围来划分各级政府职能。而根据 Olson（1969）提出的对等原则，事权的受益范围等于实施事权的政府辖区范围是最有效率的。换言之，即政府履行事权受益的范围是全国（含境外、跨境）、省、市或县决定该事权是归属中央政府还是相应级次的地方政府。受益范围与辖区范围的一致性充分体现了公平与效率原则，并从中衍生出一些财政联邦主义的新发展（李森，2017）。

而受益范围和政府辖区的不一致主要是由于事权的溢出效应，需要中央转移支付来解决（Anwar Shah，1994；Hongbin and Daniel，2002）。对于一些存在溢出效应的公共产品，若将其全部界定为地方政府的事权，就可能会出现激励不足导致公共服务缺位或是由于地方政府间合作困难而导致公共管制失效的情况（Ostrom, Charles and Tiebout, 1961）。溢出效应一般被视为财政分权的缺点（Wellisch, 2004; Wildasin, 2008），地方政府只适合掌管溢出效应小、地方性强的事权（Fisher, 1988）。

经济效率也是财政联邦主义所考虑的重要因素。Inman and Rubinfeld（1997）认为第一代财政联邦主义是"经济联邦制"。中央政府或者相对高层次政府更容易动员更大范围的资源来更有效率地生产和提供公共产品，较高级次政府来履行事权有更高的规模收益（Ostrom, 1961）。规模经济给"更大政府提供公共产品或服务"提供了一个理由，尤其是行政管理费用较大的情况，如在教育、保健和福利服务领域向个人提供劳力密集的公共服务。因此该项目事权规模效应的高低决定了是由哪级政府来执行。同时该项事权实施的难易程度和技术难度也是事权划分中需要考虑的因素，一般说，高层次政府能更好地执行难度较大的事项（Bastable, 1982）。

传统财政分权理论忽视了各级政府间财政与政治激励（Weingast, 2014）。"监督难易"实际上是考虑了第二代财政联邦主义下政治机制的激励与规制要素。"监督"是多任务委托代理模型所考虑的重要因素，也是多重委托代理身份的政府考虑事权划分的主要依据之一。当某项事权的结果难以被观测和被反馈，监督机制难以执行，作为代理人的低层次政府更容易产生"道德风险和逆向选择"问题时，事权倾向于被保留在高层次政府。

综合考虑"受益范围""信息偏好""溢出效应""规模经济"和"激励"等要素，财政联邦主义理论框架下形成了对于各级政府事权归属的一些共识，这也在各国事权划分实践中有所体现（Anwar, 2007）。中央政府的主要职能是实现收入分配、保持宏观经济稳定、制定再分配和宏观经济政策以及提供受益对象是全体公民的公共产品。作为对这些职能的补充，地方政府主要负责提供消费被限制在自己所在辖区内的"地方公共产品"（Musgrave，1959；Oates，1968，1972，2005；Netzer，1968等）。

4. 财政联邦主义的基本特征与必备条件

财政联邦主义首先要满足联邦制的一些必备条件：有多层级政府（至少存在两个级次政府）；用成文的宪法来制度化财政联邦制，以法律来分配立法权力和财政权力等以确保两个层级政府真正的自治；地方政府通常有一些制度安排来保障地方对中央决策的参与；以及设置额外的机构、程序或机制来解决政府间争议和维持政府间关系的稳定性（Anderson，2008）。虽然财政联邦主义并不需要满足上述所有的必备条件，但至少中央政府和地方政府必须要存在以宪法为基础的自治。财政联邦主义围绕处理中央政府和地方政府财政关系，在事权和支出责任方面呈现以下基本特征：

（1）地方财政的独立地位。

地方财政首先要成为一级独立的财政，这是财政分权和财政联邦主义的关键特征之一。地方政府不是从属于中央政府的派出机构；地方政府自行制定本级预算，自求财政平衡，中央政府不承担地方财政风险。全国不编制统一预算，地方政府预算独立于国家（中央）预算，自行编制。

（2）地方政府至少有某方面的独立权利。

根据Shah（2007）等学者对全球财政联邦制实践的归纳，典型财政联邦制国家的地方政府至少在事权、支出或财政政策中的一方面或多方面拥有独立的决定权。联邦以下的政府（对应我国省及以下政府），如澳大利亚政府可以自由决定经济发展途径和财政政策；巴西政府在内部事务管理中几乎拥有所有的自主裁权；加拿大政府可行使独立的法律自由裁量权；德国政府实行支出的高度自治；美国政府保留所有未授权给联邦政府的权力，并且大部分财政联邦制国家的省政府都对国家政策有很强的直接影响力。

无论是实践抑或是理论角度，地方政府有无事权的决定权和最终决策权，都是定义财政联邦主义异常重要的一点（Stigler，1957）。Riker（1975）以"各级政府在某些活动上都有最终决策权，并且中央政府和地方政府有自己的财政基础，地方政府的自治能够被宪法所保障"来定义财政联邦主义。

（3）政策和制度的稳定性。

财政联邦主义下，各级政府的职能和收支范围划分比较明确。一般通过《宪法》《地方自治法》等法律"列举中央事权，其余为地方事权"（美国）、"列举中央和共同事权，其余为地方事权"（德国、俄罗斯）、"列举地方事权"（日本、法国）；部分国家还会设置一些专门机构或法律来处理财政关系争端（王浦劬，2016），从而保障了政府间财政关系的稳定性，较少出现"讨价还价"或"互相推诿"的情况。

（4）中央政府的可置信承诺。

这是第二代财政联邦主义的重要特征，其不仅牵涉地方政府的激励问题，还包括对中央政府"声誉"的维护。中央政府不能罔顾地方政府的意志，单方面地更改财政政策和财政体制，从而让承诺"不可置信"，进一步强调了财政关系调整的稳定性与规范性。

（5）民主制度的健全。

财政联邦主义需要民主和法治，因为非民主政权通常不允许构成单位的真正自治。并且民主制度完善的意义在于居民偏好信息的传递与满足、反馈和监督。财政联邦主义的重要特征就是地区利益通过民主制度在国家层面上被表达（Watts，1999；Swenden，2004），诸如通过上议院由地方直接委任官员和民主多数党派等途径来在国家层面上展现（Beramendi，2007）。分权到地方政府，同时解决了获取公众偏好信息和公共监督问题（周黎安，2017）。钱颖一等学者认为要保障财政联邦制的稳定和持续性，必须具备两个条件：中央政府有充分资源监督下级政府；地方政府有一致反对中央政府滥用权力的监督手段。

5. 财政联邦主义在我国事权研究中的适用性

无论是传统的财政联邦主义理论，还是修正的财政联邦主义理论都是我们研究财政分权和政府职能划分的重要理论依据。前文所提到的"市场维护型财政联邦"和"准财政联邦"等称谓，都是在中国财政分权的大前提下，认为我国完全或者部分符合财政联邦制这些特征所给出的。然而，这些理论对我国事权划分有局限性，纯粹依靠财政联邦主义理论甚至会扭曲我国的事权划分。因此，有必要辨明传统财政联邦主义和修正的财政联邦主义在我国的适用性，正确发挥理论指导实践的意义。

首先明确一点，财政联邦主义理论对我国事权划分有重要的借鉴意义和一定的适用度。财政联邦主义作为财政分权理论的一个分支，发展至今，逐步形成了两代财政联邦制为主的理论体系。它们成为政府间财政关系理论参照的同时，也为政府间事权划分提供了一个较为成熟的规范性框架。

一方面，传统财政联邦主义对我国事权划分经济效率方面有指导意义。在传统财政联邦制理论中，对于"不同层级政府对公共物品提供"和"政府最优职能分工"这两个主题展开讨论，并将职能划分标准归结为"信息偏好""受益原则"等旨在提高经济效率的指标上。而不论是政府提供公共物品方面，还是政府履行其他一些职能方面，政府都希望把事情"好又快"地完成，这在中国也不例外。

具体来看，两代财政联邦制围绕"哪一级政府能最有效率行使政府职能"这一问题，从效率角度和激励角度来论证财政分权的合理性。同时，也提出一些政府职能划分应该遵循的诸如"多样性""溢出效应的纠正""区位中性""基本公共服务最低供应"等划分原则（Feng et al., 2013）。从财政联邦制的相关表述和文献中，我们可以归纳出这个理论体系的逻辑："财政联邦理论认为地方分权是效率的，并根据信息偏好、公共产品的受益范围等来决定各级政府职能的最优分工，并以此来决定财权和财力的分配。但部分公共产品是具有溢出效应的，因此中央政府会以转移支付的形式来弥补这部分的效率损失和供给缺口；此外，地方政府在提供诸如全国性公共产品时，既没有激励也没有相应的财政资源，因此这部分职能或者公共产品提供划归给中央政府来承担"。简单来说，一项政府职能的实现划归给中央政府还是地方政府，取决于哪一层级的政府实现该职能的经济效率最高。而这里所指的经济效率是多方面的，包括信息获取的难易程度、是否有足够激励等。

转向梳理我国政府间事权划分的政策文本，可以发现财政联邦主义的分权原则与我国政府间事权划分的原则有诸多契合之处，如表9所示。这说明我国目前有关事权划分的政策文本与财政联邦制理论的分权原则有部分重合。那么，在我国政府间事权划分的框架中，参考财政联邦制中提高经济效率的分权思想是有现实依据的。

表9 财政联邦制理论的分权原则与我国事权划分政策文本的比较

相同之处	财政联邦制理论		我国政策文本	
	学者名称	表述	文本名称	表述
体现事权划分要考虑受益范围	Eckstein（1965）	受益原则：按照公共产品受益范围来划分各级政府职能	国发〔1993〕85号	地方财政主要承担本地区政权机关运转所需支出以及本地区经济、事业发展所需支出。
	Olson（1969）	如果政治辖区和公共产品的受益地区重合，就能克服免费搭车问题，让边际收益等于边际成本	国发〔2002〕26号	属于共同事务，应根据各方受益程度，并考虑县、乡财政的承受能力，确定合理的负担比例，积极探索共同事务的经费负担办法。
			十八届三中全会中共中央关于全面深化改革若干重大问题的决定	部分社会保障、跨区域重大项目建设维护等作为中央和地方共同事权，逐步理顺事权关系；区域性公共服务作为地方事权。对于跨区域且对其他地区影响较大的公共服务，中央通过转移支付承担一部分地方事权支出责任。
	Tullock（1969）	外部效应	国发〔2014〕18号	科学界定政府与市场边界，充分考虑公共事项的责任性质和受益范围，合理划分中央与地方、地方各级政府之间的事权和支出责任。
			国发〔2016〕49号	划分原则：体现基本公共服务受益范围。

续表

相同之处	财政联邦制理论		我国政策文本	
	学者名称	表述	文本名称	表述
体现事权划分要考虑提供效率	Hayek(1945)	地方政府相比于中央政府能够更好地获取局部信息和知识,能更有效地提供公共产品与服务	2003年《中共中央关于完善社会主义市场经济体制若干问题的决定》	属于面向本行政区域的地方性事务,由地方管理,以提高工作效率、降低管理成本、增强行政活力。
			国发〔2016〕49号	兼顾政府职能和行政效率。
体现事权划分考虑激励相容	Weingast(2014)	财政与政治激励	2003年《中共中央关于完善社会主义市场经济体制若干问题的决定》	合理划分中央和地方经济社会事务的管理责权。按照中央统一领导、充分发挥地方主动性积极性的原则,明确中央和地方对经济调节、市场监管、社会管理、公共服务方面的管理责权。
			国发〔2016〕49号	激励地方政府主动作为。
			2013年《中国共产党第十八届中央委员会第三次全体会议公报》	建立现代财政制度,发挥中央和地方两个积极性。

修正的财政联邦主义对我国交叉事权配置也有借鉴意义。与传统的财政联邦主义相比,FOCJ模型具有功能集中的专业优势和竞争集中的效率优势,一方面,以功能边界划分的辖区能够更好地满足辖区内的居民需求,减少跨辖区的外溢效应并产生规模经济;另一方面,居民拥有自由迁出与迁入辖区的自由权,激励政府将居民偏好

纳入考量范围中，促进区域间竞争，进而提高公共服务质量与效率（Frey，2005）。"功能性"和"竞争性"是FOCJ模型的核心概念，将这一理念剥离，可用于分析我国事权的"功能"属性和"竞争"属性，并构建我国共同事权配置的"功能—竞争"框架。在此框架下，我国共同事权实际是作为中央与地方间的关系纽带帮助中央维护国家自主性的一种工具。FOCJ模型虽然起源于联邦主义，但其理念同样也能应用到我国的现实实践中，解决一些制度缺失所导致的问题。总体而言，FOCJ模型可以对我国三大难题进行解决：政府过渡管制和管理不足并存、地方政府的财政失责、民族区域自治难题。而对于国家自主性理论，我国中央政府作为政治中心，是国家意志的代理人，天然地拥有实现国家疆域内领土中央性的本质属性。

然而，财政联邦理论与我国事权实际划分的匹配程度有限。不管是从法理角度，还是从经验事实角度来看，我国并不是财政联邦制，财政联邦主义只是我国部分事权划分的重要参考。一方面，传统财政联邦主义对刻画我国国家结构、事权划分逻辑存在偏差。财政联邦主义首要考虑的是分权的逻辑，地方政府做不到的才划归给中央政府。但我国的财政分权，首先需保证中央政府的"主导地位"，再对部分领域权力进行"分权"。另一方面，修正的财政联邦主义未能体现我国居民流动性的特殊性。这些导致我国政府间事权划分不能"完全"依照财政联邦制的分权原则，适度借鉴、填补空缺才能构建符合我国国情和特色的划分框架。因此，本研究分别在第五章和第六章具体论述财政联邦主义理论对我国特征的刻画缺失，并引入新的指标进行弥补，归纳我国事权划分的一般逻辑（见表10）。

表10　本研究对财政联邦主义理论的引用与修正

对财政联邦主义的引用	对财政联邦主义的修正	对应章节与主要内容
政府间事权划分要考虑"哪一级政府能最有效率行使政府职能",评估政府履行事权的效率从受益范围、规模经济、信息偏好、溢出效应和激励五方面进行。	引入以"政治集中"为核心的政治维度,描述我国作为单一制国家巩固中央权威的目的。	第五章第一节 补充政府间事权划分中对政治权威的考量,构建包含政治集中和经济效率的两维度框架,形成政治考虑优先、经济效率次之的事权划分一般规律。
	基于政府工具论,引入"强制性"和"直接性"概念,重新刻画事权属性,突出中央政府的权威地位。	第五章第二节 将政府间财政事权划分的本质依据确定为权力的基本属性—强制性和直接性。不同强弱程度组合的强制性和直接性事权分别构成了我国的中央事权、辖地事权和共担事权。
中央与地方政府之间存在权力竞争与制衡,允许不同地方政府提供差异化的税收政策和公共服务水平来满足不同的公共服务需求。	功能联邦主义对传统财政联邦主义在功能边界划分和居民辖区覆盖范围方面进行了修正;本研究对功能联邦主义进一步修正,引入"领土中央性"理论,体现我国中央政府的政治权威性、地方政府"标尺竞争"的特征。	第六章第一节 构建基于功能—竞争性与国家自主性的央地共同事权划分框架,根据央地共同事项清单显示,我国共同事权的现实配置集中于(强功能性,弱竞争性)与(弱功能性,强竞争性)两类,结合国家自主性理论中的领土中央性理论形成分析框架。

三、历史维度下我国事权与支出责任的演进：新中国成立以来有关事权的规范性文件分析

分税制前，各级政府在利益博弈中主要争取的是财权和特定事权，"分权与集权"矛盾极其突出，陷入了中央政府主导下的"分权和集权"循环（周黎安，2017）。但"分权"下放的仅仅只是某项具体事务的执行权力和对地方支出自我安排的程度。即使在分权程度最高的时候，事权的决定权仍然把握在中央政府手中，事权的最终格局是中央与地方政府"谈判"的结果，各级政府财政能力"强""弱"会造成事权具体安排的不同。分税制后，相较于前一轮分权，财政制度安排的大趋势是"适度集权"，并开始尝试"财权和事权的匹配原则"试错与实践。

（一）分税制前："分权和集权"循环下的事权调整期

新中国成立以后，我国财政关系主要调整的是"财权"和"财力"这对关系。但我们从事权角度来分析，也能得到"事权划分是'分权—集权'循环，尽管每次权力下放后部分权力会被上收，但地方获得的事权执行权在逐渐增加"的结论（周黎安，2008、2017）。

1. 统收统支时期（1949—1950年）：事权过度集权时期

这个时期是真正意义上的"统收统支"。财政支出主要由"公粮"和"税收"保障，而支出安排的明显特征是：节约开支，并将"支援战争，解放中国"的军费开支作为最优先级次，事权和支出责任划分

基本由中央政府掌握①，事权高度集中。

根据《共同纲领》的规定，"各级政府的事权和支出责任由中央政府以法令形式加以规定，地方政府服从中央政府的统一领导和调剂"。1950年《关于统一国家财政经济工作的决定》将财政管理权限集中于中央，财政收支程序、全国总预决算等财政制度由中央（财政部）制定，对预算收支进行严格的预算管理，地方政府基本无财权和事权可言。中央政府统一制定所有的收支项目管理办法和开支标准，地方代理中央所组织的收入一律解缴到中央金库。这个时期中央政府权力"毫无限制"，拥有决策的"无限权力"，地方政府成为中央政府的"行政代理"（Braun，2011）。

2. 统一领导、分级管理（1951—1957年）：事权下放的尝试期

过度集权的"统收统支"财政管理体制仅是适用于特定时期的特殊体制。从1951年开始，为了充分发挥地方的积极性，国家开始实行"统一领导、分级管理"财政管理体制。这个时期事权和支出责任划分大致经历了"初步划分政府支出责任（1951）""下放部分政府管理职权（1951）""地方政府有自己事权（1957）"三个阶段，即在保障中央主导财政权限的前提下，开始尝试下放事权。

《政务院关于1951年度财政收支系统划分的决定》较为详细地划分了中央与地方（大行政区以下）的支出责任，"在中央统一领导和管理的前提下，地方政府有对辖区事务的管理和执行权力"，并且将地方政府履行事权所必需的行政管理费用列入本级预算，这是地方政府开始拥有独立事权的重要标志之一②。1954年的预算草案编制办法规定

---

① 例外的是，1950年城、乡级政府有极少数事权（如城建和小学教育等），而相应的支出责任在得到中央（财政部）批准后分别通过城市附加政教事业费和地方附加公粮解决。

② 在此之前，各大行政区下各直辖省（市）的经费开支由划归地方财政税收中解决，既未纳入预算且支出由中央政府直接控制。

所有预算支出必须明确划归中央预算或地方预算。而1957年颁布的《关于改进财政管理体制的规定》,在保证统一领导和重点建设的前提下,适当地扩大了地方的事权。地方政府能够主动安排本辖区的收支（除重大灾荒救济等特殊支出）,结余由地方政府自行安排。地方政府已经拥有某些自己的事权和支出范围,还拥有一定的机动财力来独立安排自己的支出。

3. 分级包干（1958—1993年）：事权"上收"与"下放"的调整期

这30多年间,中央和地方政府不断在进行分权和集权的博弈,事权安排大致呈现"放（1958年）→收（1961年）→放（1971年）→进一步下放（1979年）"的格局。

在第二个五年计划开始实行后,针对"中央管得过死"的问题,财政管理体制进行了第一次"分权"试验,实行"划分税种、核定收支、分级包干"财政管理体制。在事权方面,将大部分中央所属工商企业及经济文教事业下放到地方管理并由地方预算安排；在支出责任方面,除部分保障中央部门直接管理的经济建设、行政、国防、援外、文教和债务支出外,其余全部划为地方财政支出,不再区别地方正常支出和中央专案拨款支出。但本次分权尝试实际下放给地方的权力过多,财政管理偏松,再加上"大跃进"、自然灾害等,中央再次统一财政管理。

1961年中共八届九中全会正式通过"调整、巩固、充实、提高"的八字方针,中央将1958年以后不恰当下放给地方政府的人权、财权、商权和工权一律收回,中央直属企业、国防工业和全国铁路均归中央安排。1962年中央又加强了对财政支出的控制,将各级预算指标分配下达,逐级负责。

1971年,为让财政管理体制适应国民经济发展新形式,充分调动地方的积极性,国家再次下放企事业单位的管理权力,进行了第二轮财政分权尝试，实行"收支包干制"。同第一轮分权一样，在财权、事权下放的同时，相应地扩大了地方财政的收支范围。本期权力下放，除中央部门直接管理的基本建设、国防战备、对外援助、国家物资储备等支出以外，其余都划归地方财政。随后，1974年、1976年、1978年均不断地调整收入分成比例，但总体来看事权继续下放。1979年根据十一届三中全会的会议精神，进一步下放财政权力，让地方和企业在统一领导下拥有更多的经营管理自主权。1979年邓小平同志在《关于经济工作的几点意见》中重申"下放财政权力，让地方政府有更多的自主权限"的观点。伴随着"市场放权""下放权力"的财政体制改革也逐步开展，拉开了我国第三次大规模财政分权的序幕。

在这30多年的事权调整期，中央政府赋予了地方政府相对独立的管理权限和经济利益。地方政府拥有较大的事权和支出责任，可以自我管理本地经济和80%的国有企业（Hehui Jina et al., 2005）。中央与地方政府双方博弈实力及风险承担的变化，促成了财政管理体制的不断变动和调整（见图6）。

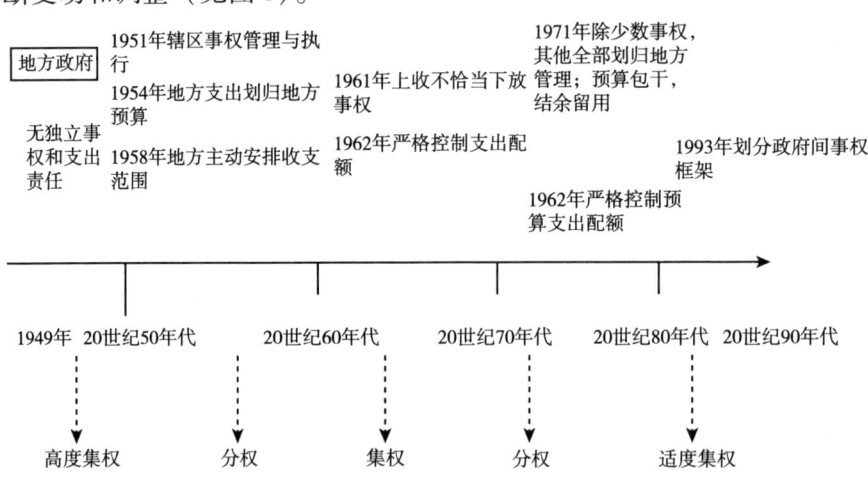

图6 分税制前我国事权"分权与集权"时间轴（简化版）

（二）分税制后：适度集权下的事权匹配期

相对于财政包干制下的财政分权，分税制是中央主导、中地博弈后双方妥协的"集权"措施①。在"统一领导和分级管理"的基本原则下，划分了中央政府和地方政府大致的事权框架（实际上是支出范围）。分税制时期，虽各级政府博弈仍在继续，但总体而言，政府间财政关系基本趋于稳定，从"集权和分权"的博弈转变为对事权"合理划分"的探讨。在试错和改革的过程中对财政关系的基本原则进行了五次修改，是适度集权下寻求"事权和支出责任如何划分"的匹配期。

分税制实施后，政府官方文件开始明确提出政府间财政关系的划分原则，大致分为五条原则②：①财权与事权相结合（1993年）③；②财权和事权相统一（2005年）；③财力与事权相匹配（2006年）；④事权和支出责任相适应（2013年）；⑤支出责任与财政事权相适应（2016年）。"结合"、"统一"和"适应"所表达的均是一种"匹配"的关系，而这五条原则的演变实际上也反映了政府本身对政府间财政关系认识的变化。

在理论上，"事权和财权相适应/统一/结合"的划分原则得到较

---

① 如，2013年《深化改革若干问题的重大决定》提出"适度加强中央事权和支出责任"，上收部分权力，使得利益天平适度的倾向中央。但地方的既得利益者面对进一步的集权，也采取相应的对抗措施来保障自身利益，中央政府为了获得地方政府的支持也给出了相应的"激励与惩罚"，如转移支付改革和《预算法》修订。

② 依次来源于国发〔1993〕85号、国发〔2005〕24号、《十六届六中全会中共中央关于构建社会主义和谐社会若干重大问题的决定》、《十八届三中全会中共中央关于全面深化改革若干重大问题的决定》、国发〔2016〕49号。

③ 较早在财地字〔1991〕215号就出现了"预算内资金在县乡两级财政之间的划分，应当遵循财权与事权结合、责权结合和简政放权的原则"的表述，但在1993年《国务院关于实行分税制财政管理体制的决定》发布后，使该原则成为通用的划分原则。

多认可。但实际上,财权和事权的划分很难做到完全的统一或者匹配(魏建国,2015)。而随着地区间财力差距逐渐扩大,为彻底解决基层政府财政运转困难等问题,中央提出了"财力与事权相匹配"的原则,旨在保障地方特别是基层政府提供公共服务的能力。"事权和支出责任相适应"原则的提出,则是考虑中央与地方的决策权、执行权、监督权的协调优化,使各级政府在事权划分的基础上,承担应尽的支出责任,保障政府权责对等。部分中央政府委托给地方政府承担的事权和支出责任,则由中央通过转移支付的形式来实现。而"财政事权"的提出则是政府强调与支出责任直接对应的是涉及财政资金配置的相关事权,将事权概念缩小到财政部门能够掌控的范围内。综上所述,与事权相关的五大"匹配"原则变动,在内容上从侧重政府行政职权划分逐步向增强政府公共服务职责的公共性转变,在制度建设上体现了"国家财政"①向"公共财政"的目标转变(见表11)。

表11　　　　历史维度下我国事权及支出责任的演进

时期	主要调整事权	重要文件及内容
统收统支时期 (1949—1950年): 事权过度集权时期	事权高度集中	《共同纲领》:事权和支出范围完全由政务院以法令形式规定
		《1949年当前财经形势和新中国经济的几种关系》:军费支出为首要开支
		《1950年关于统一国家财政经济工作的决定》:中央严格控制财、事权与预决算;但城乡级政府有极少量城建和小学教育等事权

---

① 1994年提出实行分税制的财政体制,目的是更好地发挥"国家财政"的职能作用,即集中国家财力"办大事",增强中央的宏观调控能力。

续表

时期	主要调整事权	重要文件及内容
统一领导、分级管理（1951—1957年）：事权下放的尝试期	初步划分地方政府事权和支出责任；地方政府可安排辖区内（除特殊支出）事权的支出责任；地方政府开始拥有自己的事权管理与执行权力	《政务院关于1951年度财政收支系统划分的决定》：划分各级政府事权，地方政府开始拥有辖区事务的执行权力
		《1951年政务院关于进一步整理城市地方财政的决定》：市级财政独立
		《1951年中央人民政府关于划分中央与地方在财政经济工作上管理职权的决定》：财经工作方面部分事权交由地方政府管理
		《1954年的预算草案编制办法》：明确地方预算支出
		《1954年宪法》除人大外，仅国务院（中央政府）拥有部分事权决定权
		《1957年关于改进财政管理体制的规定》：适当扩大地方事权，地方政府可安排特殊支出外的辖区支出项目
分级包干（1958—1993年）：事权"上收"与"下放"的调整期	分权与集权的循环；大趋势是事权管理权限和支出权的下放。"放（1958年）→收（1961年）→放（1971年）→进一步下放（1979年）"	《1958年国务院关于进一步改进财政管理体制和改进银行信贷管理体制的几项规定》：事权方面，将大部分中央所属工商企业、经济文教事业下放到地方管理并由地方预算安排；在支出责任方面，除部分保障中央部门直接管理的经济建设、行政、国防、援外、文教和债务支出外，其余全部划为地方财政支出
		《1961年中共中央关于调整管理体制的若干暂行规定》：收回不恰当下放给地方政府的人权、财权、商权和工权，中央直属企业、国防工业和全国铁路均归中央安排
		《1962年中共中央、国务院关于严格控制财政管理的决定》：加强预算支出控制，各级预算指标分配下达，逐级负责
		《1971年财政收支包干试行方案》除中央部门直接管理的基本建设、国防战备、对外援助、国家物资储备等支出以外，其余都划归地方财政
		《1979年组织法》：明确县级以上政府有辖区内事权的执行权
		《1979年十一届三中全会会议精神》：地方政府和企业在统一领导下拥有更多的经营管理自主权
		《1979年关于经济工作的几点意见》：下放财政权力，让地方政府有更多的自主权限

续表

时期	主要调整事权	重要文件及内容			
分税制①（1993年至今）事权匹配期	提出事权匹配的五条原则，以中央与地方财政事权和支出责任划分为改革方向	中央	决定与决策权、宏观管理权、制度设定权、必要的执法权、行政许可与行政强制设定权、收费项目审批权	监督检查权	执行权、本级国库库款支配权、预算支出权、执法权、处罚权、共担事权的支出责任和分担标准制定权
		省	统筹推进区域内基本公共服务均等化职责；收费项目审批权	监督检查与被监督检查权	
		市	统筹所辖县区协调发展的责任		
		县	人员经费、公用经费、民生支出以及其他必要支出责任		
		乡	执行权、基层支出责任	被监督检查	

四、政府间事权划分——类型化分析的尝试

由于事权项目数量庞大，在分析事权划分规律之前，应对事权进行类型化分析，给出事权划分的分类框架。

---

① 根据《宪法》《立法法》《预算法》《组织法》《行政许可法》《行政强制法》《行政处罚法》、国发〔2002〕26号、《财政部令第32号》、财地字〔1991〕第215号、财综字〔1993〕15号、财农字〔1996〕296号、财库〔2000〕12号、财预〔2000〕128号、2015年《法治政府建设实施纲要（2015—2020年）》、国办发〔2018〕6号等文件整理。

(一) 基于一般公共预算支出科目的事权划分尝试

首先对约十三万条中央与地方政府事权条目进行初步处理，以预算支出科目为依据，将所有事权条目进行合并和特征提取，主要以"受益范围"和"外部性"作为划分的依据。

以国家发改委的权力清单为例，其体现了中央政府在对外合作关系、国家战略和跨省区域资源配置等重大决策上的权力。而中央指定地方政府的发展改革委权力清单则涉及更具有地方属性的公共物品与服务的配置，与企业（广义的企业主体，包括企业、行政、事业单位等）的经营活动直接相关。具体到省级发展改革委的权力清单，则涉及本区域的产业政策、社会民生、地方资源配置等事项。因此，对于中央政府与省级政府的权力分配，需要考虑行政事项的属性，如受益主体的范围大小。具体的衡量因素可从时间（长期战略与短期政策）、空间（跨区跨国与特定辖区）两方面考虑。

总体而言，可将中央政府与地方政府的事权分为地方性（Regional）与非地方性（Non-Regional），非地方性（Non-Regional）可具体分为全局性（Global）与跨区域性（Cross-Regional）。结合预算科目对事权分类特征描述如表 12 和表 13 所示。

表 12　　　　　　　　地方性事权与非地方性事权

事权分类		行使主体
地方性		地方政府
非地方性	全局性	中央政府
	跨区域性	中央政府 地方政府（含不同地方政府）

地方性（Regional）：与地方政治、地缘、产业、文化、资源、环境等密切相关的事项，如针对特别行政区、沿海省份、少数民族与宗

教省份、生态旅游省份等事权由地方"做自己的事"。但其中，有大量事项是既包括地方性又包括全局性的，成为划分不清的共担事权。

全局性（Global）：体现中央权威性、国家战略、对外政策或属于国家重点项目，跨国境的事项，具有特殊、高级别、重点用途的资源，全国统一标准、涉及基本人权与发展权的事项。绝大多数全局性事权属于中央政府，"部分"具有同质性、无明显争议或者暂时性的全局性事权由地方政府贯彻或配套执行。

跨区域性（Cross-Regional）：直接体现为跨越不同的省（市）级行政区划，如农林水事务中水利工程的建设与维护和河流整治等事项；公共安全中跨省级群众大型活动；文化体育与传媒中跨省体育竞技活动等。跨区域性事权由中央政府与地方政府分别负责，表现为：一是中央政府与地方政府共同负责；二是不同地方政府之间共同配合。

表13　　基于预算科目的事权类别及属性

编号	中央政府事权		地方政府事权	
	事权类别	事权属性	事权类别	事权属性
1	一般公共服务	全局性	一般公共服务	地方性； 全局性（暂时）
2	外交、国防	全局性	—	—
3	公共安全	全局性 跨区性	公共安全	地方性； 全局性（贯彻）
4	教育	全局性	教育	地方性； 全局性 （无明显争议）
5	科学技术	全局性	科学技术	全局性 （无明显争议）

续表

编号	中央政府事权		地方政府事权	
	事权类别	事权属性	事权类别	事权属性
6	文化体育与传媒	全局性 跨区性	文化体育与传媒	地方性； 全局性 （无明显争议）
7	—	—	社会保障与就业	地方性
8	医疗卫生与计划生育	全局性	医疗卫生与计划生育	地方性； 全局性（权限内）
9	节能环保	全局性	节能环保	地方性； 全国性（贯彻）
10	—	—	城乡社区事务	地方性
11	农林水事务	全局性	农林水事务	地方性； 跨区性； 全局性
12	交通运输	全局性	交通运输	地方性
13	资源探勘信息事务	全局性	资源探勘信息事务	地方性； 跨区性； 全局性（贯彻）
14	商业服务事务	全局性	商业服务事务	地方性； 全局性（权限内）
15	金融事务	全局性	金融事务	全局性（权限内）
16	国土海洋	全局性	国土海洋	地方性； 全局性（贯彻）
17	粮油物资储备	全局性	粮油物资储备	全局性（代理）

这种分类方式是最为直观的，但缺陷也十分明显。首先，这种分

类方法十分笼统,并没有对明晰当前政府间事权划分提出新的见解。其次,该分类需要一个很强的前提——事权与支出责任相对应。但事实上,"事权和支出责任存在较大不匹配"仍是我国事权改革所需解决的重要问题。很多预算科目下暂时还无法对应或少有对应到相关事权项目,如"外交""社会保障与就业""住房保障"等类别。因此,该种分类方式只适合用作最初整理事权项目,而不应作为划分规律研究所使用的框架。

(二) 基于事性依据的事权划分尝试——传统划分方式

这里主要将事权划分为六种类别,具体来看:①政治属性。在央地事权划分中,政治属性事权主要针对政治性和行政性事务的划分(王浦劬,2016)。政治属性事权涵盖对内主权事务,如国防、领土领空领海、社会公共安全、国家机密等,对外外交及国际政策等,以及政党机关事务及运作等事务。②民族属性。主要是民族和宗教事务,包括各民族历史、文化(及传承)、文物(保护)、宗教管理等事项。对多民族国家而言是国家稳定与发展的重要事权。③经济属性。指市场主体及运行的相关事务。市场是所有经济主体进行经济活动的空间与区域,公共部门与私人部门都是市场平台上的参与者,它们的经济行为囊括了市场上几乎所有的经济活动。经济属性事权中,为了处理非公共部门的正常的市场交易活动,政府需要维持市场秩序,提供良好的经济运行环境。而公共部门直接参与时,主要由政府以国有企业(经济)和集体企业(经济)的形式来完成市场交易活动。④自然属性。指与自然和生态息息相关的事务。如农林牧渔、资源开发与利用、节能环保等事务。该属性事权涉及国家领土和资源(国家利益)、开发和利用(非公共部门利益)、保护和可持续发展(人民利益),因此在具体划分中,也呈现不同的特点。⑤民生属性。与居民日常生活密切关联的科教文卫医疗和社会保障与就业等事项。⑥服务属性。主要包括城乡社区规划与建设、基础设施以及其他公共事务依附的公共设施相关事项。但这种分类方式，不但没有创新点可言，也没有足够的理论依据（见表14）。

表14　按照事性分类的划分事权的《宪法》依据

目标主体			事权类型	宪法依据
国家	私人部门	公民		（2004年修订版）
√			政治属性事权	第二十七~二十九条、第五十~五十六条、第八十九条、第一百零七条
	√		经济属性事权	第八条、第十八条
√	√		经济属性事权	第六~八条、第十一~十七条
	(√)	√	民生属性事权	第十九~二十五条、第四十二~四十九条、第八十九条、第一百零七条
√		√	政治属性事权（民族、宗教）	第四、第二十二、第三十六、第八十九、第一百一十九、第一百二十二条
√	√	√	自然属性事权	第九条、第十条、第二十六条

（三）基于不同类别事权产出性质的事权划分尝试

我们基于模型化的一般思路，考察不同事权的理论产出。通过进一步梳理事权类别发现，不同类型的事权差异可体现在地方政府承担该事权的成本上，从而最终得到不同的产出函数。例如，跨省的河道污染治理上，处于河道下游的省份能获得上游省份参与治污带来的成本分担，而上游省份则相应地增加了成本负担；再如按照国家战略部署建立"一带一路"的运输专线设施，处于沿海或沿边的省份可利用战略机遇发展本地经济，获得成本优势；处于中部的省份则缺乏区位优势，增加了参与"一带一路"贸易竞争的成本。

我们假定在一个经济实体中，存在着一个中央政府和两个异质的地方政府，得到表15中的五种类型事权。

表15　　　　　　　　　　五种产出函数下事权类型

事权类型	特征	说明
互不相干类事权	两地方政府行使事权产生的结果互不干扰	可累加事权，如经济产出
短板类事权	两地方政府行使事权产生的结果受最不作为的地方政府影响	如污染治理
长板类事权	两地方政府行使事权产生的结果受最为作为的地方政府影响	如高新技术
取交集类事权	两地方政府行使事权产生的结果受两政府作为相同的部分的影响	公共类事权：如地方的战略部署
取并集类事权	两地方政府行使事权产生的结果受两政府作为相同的部分再加上不重合部分的影响	跨区类或者跨区共担事权：如交通

这种分类方式是对后续事权和支出责任的模型化分析所进行的一定尝试。但这种分类方式并不能用来讨论中央事权和地方事权，更多地可能适合解释政府间共担事权划分。

五、政府间事权划分的一般规律：单一制结构下"中央权威"与"地方效率"的结合

我国政府间事权划分的合理框架需要满足以下几个条件：符合当

前事权划分的实际情况、有现实意义和理论依据等。这不仅要求我国政府间事权划分要充分刻画单一制国家保证中央权威的意图，还要结合地方分权的经济效率优势，展示"中央权威"和"地方效率"的双重特点。第一，受财政联邦主义理论启发，搭建事权划分的经济维度指标框架。同时厘清该理论对我国事权划分特点刻画的"空白"部分，补充对政治集中的考虑，以政治经济两维度的框架作为政府间事权划分的基础版本；第二，着眼于我国中央政府的权威地位和事权属性，借用政府工具论将事权的"强制性"和"直接性"与事权归属结合，提供我国政府间事权划分的进阶版本。

（一）事权划分框架的基本配置：基于财政联邦主义的"助力"与"阻力"

借助财政联邦主义的理论综述，我们将这两代财政联邦主义中分权标准归纳成三个方面：外部性、提供效率和激励。对于经济指标对我国事权划分的有效性如前所述，因此，将其作为我国事权划分经济维度。除此之外，我们细致审查该理论的必备条件、分权逻辑等，对我国事权划分指导有局限性。

1. 我国事权格局对财政联邦制基本特征和必备条件的背离

不管如何"分权"，我国地方政府并未拥有制度化的立法权力和完全独立的财政权力。Weingast（2014）认为中国财政包干制改革的成功有一定偶然性，但更多还是归功于分权的激励作用。该制度下，地方政府获得了中央政府授予的财政权威和财政权力，他们有很大的激励去进行改革，在这个过程中大多数的省政府也拥有了可以抗衡中央政府的力量。第二代财政联邦主义因财政包干制下地方分权所带来的市场激励和财政激励，将我国视为"市场维护型财政联邦主义"。但我国的财政体制基本不满足 Montinola（1995）、Weingast（1995、2000、2006）等学者提出的"市场维护型财政联邦主义"的三/五项条件。首先,我国经济的规制活动大部分还是归为中央政府,也没有建立起无贸易壁垒的统一市场。其次,"市场维护型财政联邦主义"要求"政治权威制度化"即"中央政府和地方政府都不能单方面地修改政策和制度"(Jin等,2001)。但财政包干制时期正是中地政府激励博弈、中央政府不得不单方面频繁地修改财税包干契约来保护自身利益的时期,中央政府的承诺不可置信。在独立性方面,虽然我国地方财政已经是一级独立的财政,但财政联邦主义提倡"各级政府财政独立,没有统一的国家预算,中央预算不包括地方政府预算,由地方政府自行制定本级预算"(刘银喜,2008),这点与我国实际情况是相违背的。再加上我国中央政府"全职保姆"角色,地方政府出现危机时,中央政府还是会以诸如转移支付的形式来"救场",地方政府没有被预算"硬约束"。

尤为凸显的是,我国事权的立法权相对集中于中央(刘剑文,2017),事权决策权、事权立法权和省级干部的人事权并没有下放,地方政府所拥有的只是事权的"执行权力"。而我国中央政府强大的权威和行政权力,"分权和集权"始终是围绕特定事权和某种程度自主安排政府预算支出的权限,"分"的不是某项独立的权限。虽然我国的民主制度一定程度上也可以上传基层意见,但对于整个国家的政策制度安排的影响还比较有限;公众监督也不是地方政府的主要约束力量。我国财政体制在事权维度与财政联邦主义几大基本特征的背离,进一步证明我国并不是财政联邦制。

因此,我国的事权划分不能完全用财政联邦主义来指导实践,财政联邦主义只能用以分析我国有限事权框架下的事权划分。我国事权划分模式与财政联邦制一致的部分,可能更多的是参考他国事权划分实践和财政联邦主义理论的借鉴意义下的制度惯性。我国事权划分首先考虑的是事权本质属性,只有事权能够"下放",才能继续讨论事权划分参考了财政联邦主义的哪些原则（见表16）。

表16　财政联邦主义下政府事权划分与我国现实情况概述

代表学者	代表观点	我国实情与财政联邦主义的匹配与背离
Hayek（1945）	地方政府相比于中央政府能够更好地获取局部信息和知识，能更有效地提供公共产品与服务	较强地方导向型的事权符合
Tiebout（1956）（奠基性）	"用脚投票"；人们在辖区间充分流动去寻求地方政府提供公共产品和所征收税收的最优组合	户籍制度限制人员自由流动
Stigler（1957）	"最低政府原则"：地方政府比中央政府更了解辖区居民的效用和需求，决策应在最低层级政府部门进行，从而保障资源配置的有效性和公平性	我国基层政府基本没有事权的决策权
Musgrave（1959）Oates（1968，1972，2005）Netzer（1968）	财政的三大职能；中央政府承担的主要责任是稳定经济，实现最公平的收入分配，以及提供某些全社会成员福利的公共产品。作为对这些职能的补充，地方政府负责提供哪些主要与辖区居民利益相关的公共产品和服务	在结果上基本符合
Eckstein（1965）	受益原则：按照公共产品受益范围来划分各级政府职能	事权划分的重要参考
Tullock（1969）	外部效应	对溢出效应纠正不足
Olson（1969）	对等原则：如果政治辖区和公共产品的受益地区重合，就能克服免费搭车问题，让边际收益等于边际成本	在结果很难完全匹配
Oates（1972）第一代集大成之作	财政分权定理：如果某个公共产品的消费是根据人口分布确定，那么同中央政府向各个辖区提供任何具体且一致的产出水平相比，由地方政府向其相应辖区提供帕累托有效水平的产出至少同样有效	假设过强；实际中要考虑更多因素；如民生导向型的基础设施建设还考虑了规模效应等
Mcguire（1974）	规模经济：满足规模经济的、成本低效益高的公共产品适合向全国范围提供；成本过高的公共产品可采用分权	基础建设等事权划分结果基本符合
Tresh（1981）	偏好误识：中央政府可能会错误的判断居民偏好，而地方政府来提供公共产品存在某些优越性	地方导向型的事权符合

续表

代表学者	代表观点	我国实情与财政联邦主义的匹配与背离
Bastable（1982）	受益原则、行动原则、技术原则	直接性事权的划分较为符合
Weingast（1995）	"市场保护型财政联邦主义"的三项条件：地方政府对经济活动负主要规制责任；无贸易壁垒的共同市场；地方政府被预算"硬约束"	经济规制责任一般属于中央政府；全国范围内没有建立起无贸易壁垒的共同市场；中央政府会援助地方政府的财政危机
Montinola（1995）、Weingast（2000,2006）	"市场保护型财政联邦主义"的五项条件：各级政府能清楚划分各自职能、地方政府有优先管辖地方公共产品和服务的权力、中央政府保护国内共同市场、所有级次政府被预算硬约束、政治权威制度化	共担事权划分模糊；我国政府缺乏常规性的规则约束
Wagner（2007）	公共产品的"多中心"提供	部分领域逐步推行

资料来源：本研究自行整理。

2. 财政联邦主义理论对我国政治集中的刻画缺失

财政联邦主义将效率作为第一考量维度，由于地方拥有充分信息，在有足够激励的情况下，财政事权交予地方政府是合理且有效的。对于超出地方政府能力或缺乏激励的财政事权，才会考虑划归给中央政府。而我国是个单一制国家，在我国的事权划分中，首先保证中央政府的"主导地位"，再对部分领域权力进行"分权"。另外，这种"分权"是中央政府赋予地方的，地方政府对财政事权依然不具备最终决策权。正如《宪法》所规定的那样，国务院"统一领导全国地方各级国家行政机关的工作，规定中央和省、自治区、直辖市的国家行政机关的职权的具体划分"，并且中央政府通过"行政法规、决定和命令"等来调整法律范围内的分权、集权格局。而在财政联邦制的分权理论中，并未体现中央政府绝对领导的含义。

从历史沿革和逻辑推演上看，国家政权的建立先于事权划分，意味着在政府间事权划分中，要以国家结构为前提，才能讨论中央政府和地方政府的事权配置问题（王浦劬，2016）。

视之以法理角度，国家结构的界定无须辩驳。单一制国家与联邦制国家的根本差异表现在国家主权是否被区域性政府分享（童之伟，1995）：单一制国家主权权力由中央政府单独掌控；联邦制国家由中央政府和地方政府分享国家主权的不同权项（童之伟，1998）。然而从事权角度出发，单一制国家和联邦制国家在分权上并非泾渭分明。一般来说，国家内部都有分权和集权两股力量。分权和集权两种"力"的制衡伴随国家发展历程也从未曾停息，但是这并不意味着集权和分权始终是壁垒分明，更多的阶段内分权和集权是相伴相生的。联邦制利于分权，并非是指联邦制国家没有强有力的联邦政府，而正是联邦政府的存在才使松散的联盟变为统一的国家，即分权是在集权的基础上进行的。对于单一制国家，中央权威的结果是对适当分权的需求。可以说，任何国家都既有集权又有分权，只不过两者所占比重不同。

值得注意的是，对于中央所拥有的事权，联邦制国家和单一制国家分别有何诉求。单一制国家中中央以法律授予地方权力，而不是以宪法授予地方权力；而联邦制国家在宪法中具体划分中央与地方的关系（王磊，1997）。因此，一个显而易见的区别是中央政府在两种体制国家中的地位和权威不同，这导致单一制国家比联邦制国家增加政治集中上的需求。联邦制国家中联邦政府虽然通过法律条款对地方的立法权作出限制，但是其赋予低层级政府在财政具体事务中充分的自主权（楼继伟，2013）。单一制国家相较联邦制国家更强调中央政府更高层次的地位和权力，这一特点导致在单一制国家中"中央政府在更高程度上控制了课税权特别是税收立法权，留给地方自由运作的空间较之联邦制国家更加狭窄①"。这种国家结构的差异会引发中央对集权程度或者说政治集中程度的诉求差异，而部分财政事权关系到中央政府权威，这两者共同作用影响政府间事权划分倾向。

对应到国际经验上，单一制国家和联邦制国家在已有的事权划分格局中呈现出规律性特点。不同地区在国家结构、政体形式、中央与地方的权力关系等政治要素上的特点与事权划分倾向的一般规律，如表17所示。以英国、日本、中国为代表的单一制国家，在现实事权划分中倾向中央化，与之对应的以美德为代表的联邦制国家倾向于地方化。

表17　　不同国家的政治特征和事权划分倾向的对比

国家结构	国家	政体形式	央地权力关系	事权划分倾向
单一制	中国	共和政体	从属关系	中央化
	英国	君主政体	从属关系	中央化
	日本	君主政体	从属关系	中央化
联邦制	美国	共和政体	分立关系	地方化
	德国	共和政体	分立关系	地方化

资料来源：本研究根据王浦劬（2016）自行整理。

在阐述中央与地方关系的政策文本中，不乏显现政治集中特点的表述。从1954年宪法指明中央政府可以"根据宪法、法律和法令，规定行政措施，发布决议和命令，并且审查这些决议和命令的实施情况"，延续到国办发2018年6号文提及的"完善中央决策、地方落实的机制。基本公共服务领域共同财政事权范围、支出责任分担方式、国家基础标准由中央确定"，无不彰显中央政府在事权划分立法和决策

---

① 楼继伟. 中国政府间财政关系再思考 [M]. 中国财政经济出版社, 2013.

上的领导地位。具体如图7所示，新中国成立至今，我国有关事权划分的政策文本中，用"最高""统一领导""加强""决定"等不同表述传达中央政府的绝对领导地位，更有体现政治集中的意味。

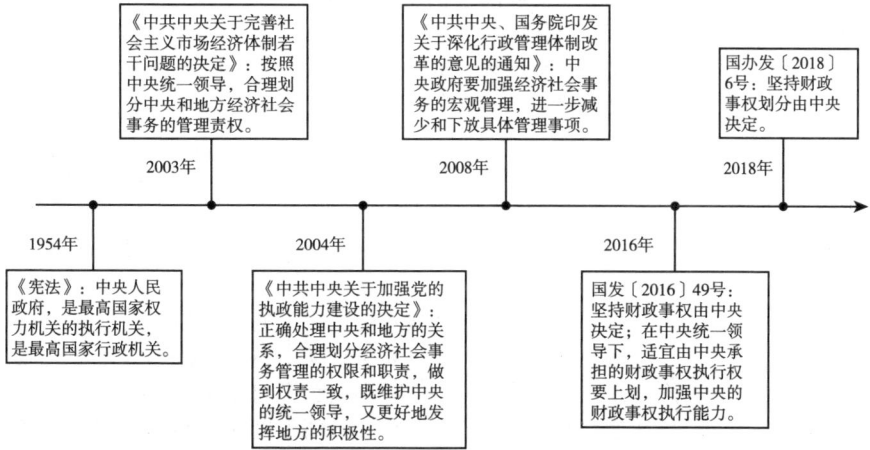

图7 重要政策文本中有关中央政府地位表述的时间轴

基于以上几个方面的分析，财政联邦制理论并不完全适用于我国中央与地方的事权划分，构建我国事权划分框架需要政治维度的补充。

3. 我国事权划分框架的政治维度扩充

联邦制和单一制国家的国别经验对于我国事权划分框架政治维度的构建有重要的借鉴意义。其中，作为传统单一制国家的英国和典型联邦制国家的美国，为这两种类别国家的事权划分提供了一个基本模式，而日本和德国体现国家结构特点的同时又稍显特殊。这几个典型国家的政治特点差异导致中央政府的集中程度和地方政府的自治程度散布在不同水平上，事权划分格局也依此转变。对于单一制国家和联邦制国家中央与地方在事权划分中各自承担的事权范围，表18给予了更详细的归纳。

表18　几个典型国家政治特征和央地政府权力的对比

国别	典型特征	中央政府（或联邦政府）	地方政府（或州政府）
英国	地方自治的单一制	管辖、监控、指导地方政府，拥有取消或削减地方权力的权限；包括国防和国家安全、外交、社会保障、贸易、高等教育等	无权调整立法，行政上必须执行中央拟定条例；对辖区内基础教育、社会服务、社会治安、文娱等负责
日本	未明确的单一制	中央政府与地方政府都由主权者创设，中央权力受较大限制；主要负责国防、外交、公安等	地方的自治权不完全是中央授予；主要负责消防、城市规划、公共卫生等
美国	制衡的财政联邦制	限制在制定和保障根本性竞赛规则方面；专有权主要包括征税、借款权、州际通商管辖权、国防权、社会安全保障、必须及适当条款的权力	独立行使职权；州政府有相对于联邦政府的独立权利（各州制定法律权等）以及专有事权（州内各种有关事务）
德国	职能分立的合作联邦制	联邦承担大部分立法和决策职能；主要负责国家安全、联邦行政事务、财政管理、外交、交通、社会保障等	承担执行和行政的职能；主要负责区域内交通、科教、能源供应、卫生等

资料来源：本研究根据王浦劬（2016）、谭建立（2010）整理。

总结典型国家的事权划分格局，单一制国家允许地方政府在设计和提供一些公共服务方面具有相当的自由裁量权，而且在一些联邦制国家，中央政府可能会考虑能够推翻或直接决定下级政府的立法决定。但联邦制国家与单一制国家的区别依然在于，需要将权力下放给更低层次的政府，而不是简单的行政权力或经济权力（Mcmillan，2010）。联邦主义财政遵循"从低"原则，倡导国家的财政权力和相关权力要尽可能多地交给低层级政府决定和执行，中央政府仅仅是制约地方政府财政行为的手段（楼继伟，2013）。但我国是中央权威的单一制国家，中央政府在立法和决策上占据领导地位，地方政府更多地进行组织落实，中央政府地位是始终高于地方政府而存在的。这种体制特点与美国三权分立的制衡关系区分开来，在维护中央权威上参考同样有强势中央政府的英国，解决历来困扰中国政治的央地关系，尤其是事权划分方面。

鉴于此，政治集中因素决定了我国中央政府必须一手掌握部分事权，即"不可下放地方"的事权。中央"不可下放"的事权设置目的中关键的一点是发挥中央政府的权威，维护国家主权和整体秩序的运行（王浦劬，2016）。中国政府间财政关系的划分离不开约束性制度前提，即中国的国家结构为单一制，要求中央政府占绝对领导地位。因此，一些涉及国家主权和命脉的事权理应归于中央的权力之下，而不是基于经济效率考虑，认为地方无法有效承担的才划归于中央。因此，中央"不可下放"的事权大致包括以下三种：第一，对于象征国家主权的完整性、权威性和巩固国家主权地位的财政事权；第二，宏观经济调控权，包括财政、金融、外贸中的基础政策工具由中央规制和提供；第三，涉及全国单位内统一的标准、法律体系等集中在中央。

中央政府为维护和巩固地位，需要降低社会风险（曹正汉，2017）。因而中央政府为稳定民众，衍生出应当承担起社会公平的责任。政府事权是政府的公共服务职责，其目的是更好地满足居民需要的公共服务。在这个意义上，政府间的事权划分就是公共服务职责的划分。而国家被看作一个整体，对于公民基本的公共需要应当有个最低标准，以均衡地区间差异。国办发〔2018〕6号中"坚持差别化分担。充分考虑我国各地经济社会发展不平衡、基本公共服务成本和财力差异较大的国情，中央承担的支出责任要有所区别，体现向困难地区倾斜，并逐步规范、适当简化基本公共服务领域共同财政事权支出责任的分担方式。"这衍生出对关系到民众最基本权利和需要的领域,中央政府即使无法做到完全提供,也应当进行统一的标准制定并监督下级政府有效供应,以上这些便是中央必须参与的事权范畴。

4. 我国政府间事权划分的尝试:一个囊括政治和经济维度的完整逻辑

(1) 我国政府间事权划分的整体思路。

考虑到我国的特殊性,完善的政府间事权划分框架需要囊括政治和经济两个大维度来刻画政府间关系的基本特征。具体而言,一项财政事权的划分通常是基于多个指标共同考虑并取舍得出的。厘清和归纳政府间事权的范围是政府间事权划分的首要工作。回答了"哪些属于财政事权",才可以继续讨论不同层级政府之间权力配置的结构性问题。本研究依据研究政府间财政关系的1 008份规范性文本,同时考察权力清单和政府支出科目等资料,总结和归类我国政府事权的范畴和界限,简化对政府间事权划分的研究和分析。

我国财政事权范畴广泛,类目繁杂,因而将财政事权的类型简化便于我们明确事权归属。定义和归纳事权属性,辅之以事权类型和事权范围,用此三个维度的特点全面展示一类财政事权内容(见图8)。针对事权内容,政府支出科目设置是一项有价值的参考指标,它展示了各级政府财政资金的最终去向,正是从支出面对财政事权的体现。借助财政部制定的《2017年政府收支科目》将事权内容大致划归为政治、经济、社会福利与基本公共服务、文化与自然资源四大类,每类事权对应的政府支出科目和权力清单的部分关键词如表19所示。

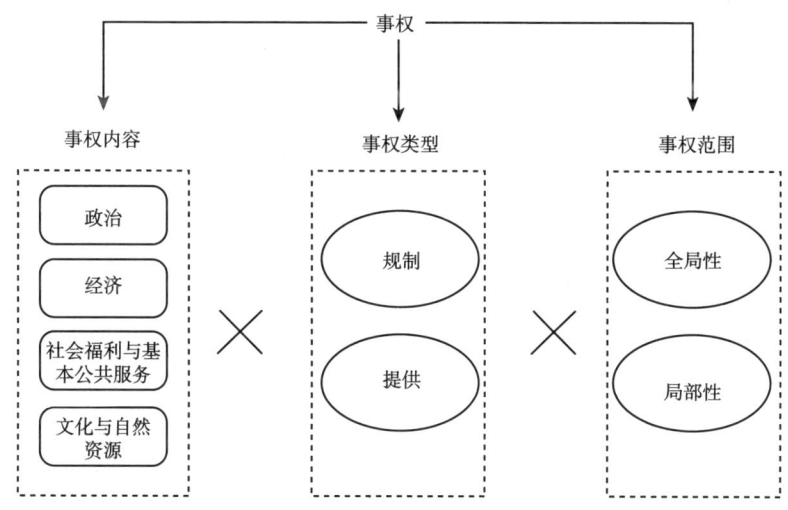

图 8　我国财政事权内容、类型和范围的组合

表 19　事权内容、预算科目、权力清单部分关键词的对应关系

文本名称 内容	预算科目	权力清单关键词（部分）
政治	外交、国防、公共安全、援外、民族和宗教事务、出入境	国防、核与乏燃料、援外、航空、领土领海、军品、枪支弹药、进出境、港澳台、华侨、边境管理、国家秘密和档案、在华外国人、华侨、人防工程、国防交通、基金会、公务用枪、资质审批、保密档案、动用储备的国防交通物资、宗教（临时、地方、筹备）、港澳台通行证、普通护照签发、外国人签证、户口迁移
经济	商贸、金融、财税	金融、银行和货币、补贴和转移支付、财政、国内贸易、证券、保险、期货、国际贸易、外汇、生产、中央投资、中央所有土地开发和规划、外商投资、境外投资、企业报关、免税场所、重要税收优惠、进出口

续表

文本名称 内容	预算科目	权力清单关键词（部分）
社会福利与基本公共服务	教育、社会保障与就业、医疗卫生、城乡社区、交通运输、住房保障	高等教育、科研、高致病性、临床试验、药品注册、高危/污染化学品、进口化妆品、教材、教学地图、副教授、师生学位管理、技工学校、著作权、出版单位、出版物（含电子）、印刷经营活动、高危体育活动、母婴保健、医疗机构、机动车、非机动车、人力资源服务机构、收费公路、公路建设、城轨交通监管燃气、无线电、民航、互联网、电信准入、核电站、铁路、气象站
文化与自然资源	文化体育与传媒、科学技术、节能环保、自然资源与勘探储备（农林水国土海洋气象粮油物资）	自然资源、环境、工业和农业、污染防治、石油、煤矿、海洋（含海域、海底等）、水土保持、地质灾害防治、国家级和重要文物保护、考古、进出境检疫、进出口（农作物、实验动物等）、农业发展项目、农业补贴、农药、兽药、危险废物、排污许可、动植物检疫、野生动物保护与交易、营业性演出、娱乐场所、表演团体

资料来源：财政部《2017年政府收支科目》、中央及各省权力清单。

结合事权内容、类型、范围的特点，延续前面的分析和论证，我们在传统经济维度的基础上加入"政治集中度"用来表示一项事权所需要多大程度上考虑政治集中因素。政治集中度高意味着此项事权关系到国家主权或关系国家命脉的重要领域，程度很高以至于不能下放地方的政府事权倾向于由中央直接负责。对于其他"可以下放"的事权，规制和提供两种类型事权是否分离取决于中央是否必须参与此项事权，对地方的低效提供可以通过中央制定统一标准或规则保证事权良好履行。反之，政治集中度较低的事权放手给地方是更好的选择，但在任何时候中央依然对该事权有最终决策权。梳理事权特征与事权归属的关系，可共同纳入一个矩阵表示事权特征与执行方式的对应关系（见表20）。事权的履行主体和执行方式取决于事权的下放效率和政治集中度特点。

表20　　　　　　　　事权特征与不同的执行方式

事权特征	政治集中度高	政治集中度中	政治集中度低
事权下放效率增加	中央政府直接管制、提供，地方政府无权参与	中央政府决定行业内有决定作用的基础准则和标准，其余委托地方负责	地方政府提供或与第三方联合提供，中央政府可参与调节
事权下放效率降低		中央政府直接规制和提供或约定最低标准由地方执行	中央政府直接进行提供，或制定规则、统一规制，地方政府执行并履行

（2）基于政治和经济维度的我国政府间事权划分基本格局。

借助囊括政治和经济两个维度的分析框架，我国事权划分的基本格局可被解释。适当使用政府支出科目，对一些相似事项合并处理之后，事权内容被划分为17大类。而后利用政治集中、外部性、激励和提供效率思想指标对每一类事项的特征进行描述（见表21）。

表21　　　　　　　　我国政府间具体事权的指标特征

维度	政治维度	经济维度		
指标 事项	政治集中	外部性	激励	提供效率
国防	H			
外交	H			
公共安全	H			
援外	H			
民族和宗教事务	H			
出入境	H			

续表

维度 事项 \ 指标	政治维度 政治集中	经济维度		
		外部性	激励	提供效率
商贸	M	H	H	H
金融	M	H	H	H
财税	M	L	H	H
教育	L	H	L	H
社会保障与就业	L	H	L	H
医疗卫生	L	H	L	H
城乡社区	L	L	H	H
交通运输	L	H	L	H
住房保障	L	L	L	L
文化体育与传媒	L	L	L	H
科学技术	L	H	L	L
节能环保	L	H	L	L
自然资源与勘探储备	M	L	H	H

注：H代表高，M代表中，L代表低。

在政治领域中，包含国防、公共安全、出入境、外交等多个直接关乎国家主权的事项内容以及民族和宗教事务等与国家统一直接相关的关键事项。单一制国家的国家结构要求国家主权由中央独占，不得与地方分享。因此，这一类事权不论下放地方的经济效率是否提高，都要交由中央进行统一管理和提供，地方没有任何插手的权限。同时，这也是保障我国主权和领土完整的重要保障。

在经济领域中，政府所要涉足的领域大致划归于商贸、金融、财税三个方面。国家宏观经济的调控与稳定，需要借助这三个领域的基础工具统一掌握。从具体的调控工具来看，黄金、汇率设置、外汇、货币发行、重要税种调整等全国性的政策工具由中央负责。另外，我国经济的核心产业（金融业）、重点行业等地位特殊，中央都应当有"话语权"，同时考虑到地方的提供效率更高，且有较强的激励，中央可以适当赋予部分执行权给地方政府，确保政治集中和经济效益的双重实现。

在社会福利与基本公共服务领域中，教育、社会保障与就业、医疗卫生、交通运输、住房保障这五类事项政治集中度较低，有被下放的讨论空间。但每一项中都存在全局性的和局部性的，由于受益范围的差异，对这五类事权分别划分给不同层级的政府负责。由于医疗卫生事项中的全国性重大传染病防治、交通运输事项中的全国性大通道等事项受其受益范围广、地方无意且无力提供的影响，可以直接划归为中央事权。而社会治安、城乡社区事务、市政交通、农村公路等地域特征强、信息获取和处理复杂且主要与当地居民息息相关的社会福利和基本公共服务具体事项确定为地方的财政事权。然而，该领域的大部分事权，个体特征不过于明显均可以划归于中央与地方共担事权，地方凭借信息优势有效提供，中央通过转移支付等形式补充地方财力并保证事权实现的最低限度。

在文化与自然资源领域中，除全国性战略性自然资源使用和保护等全局范围内的中央事权之外，广泛存在中央与地方共担事权。其中不仅包含农林水、国土、海洋、气象、粮油、物资等自然资源的开发和储备，还包括跨省（区、市）重大基础设施项目建设和环境保护与治理等体现国家战略的具体事项和旅游开发、广播影视等反映民众日常需求的财政事权。这样的划分充分体现了事权可下放时，依靠外部性、提供效率和激励原则进行划分的整体思想。

我们旨在划分事权内容、类型、范围三者界定之下的财政事权，借鉴财政联邦主义理论，归纳其分权原则为事权划分的经济维度指标，同时弥补财政联邦制下"分权"对我国事权划分的局限性，补充以政治集中为主要指标的政治维度，共同构建一个有充分理论和政策文本基础又符合我国特色的政府间事权划分框架，统筹我国的事权划分安排。对于每一类事项的划分格局如表22所示。

表22　我国政府间事权划分格局总览

事权类型　　　　范围 事权内容	规制		提供	
	全局性	局部性	全局性	局部性
政治：国防、外交、公共安全、援外、民族和宗教事务、出入境（高政治集中度）	中央政府	——	中央政府	——
经济：商贸、金融、财税（中政治集中度）	中央政府	央地共担	央地共担	央地共担
社会福利与基本公共服务：教育、社会保障与就业、医疗卫生、城乡社区、交通运输、住房保障（低政治集中度，高经济效率）	中央政府	地方政府	央地共担	央地共担
文化与自然资源：文化体育与传媒、科学技术、节能环保、自然资源与勘探储备（低政治集中度，高经济效率）	中央政府	地方政府	央地共担	央地共担

（二）事权划分框架的延伸进阶：基于政府工具论与事权属性的事权划分

1. 我国事权划分的基本框架设计

为了加强我国国家结构特点的体现，将事权属性和归属相对应，在尝试多种事权分类方法分析其与现实情况的匹配程度及解释力后，本研究最终借用"政府工具论"①，结合公共政策的研究路径，以事权属性来划分我国事权。

这种分类方法的优越性首先在于其与我国事权实际划分情况的较高程度匹配；其次，这种划分方式可以在政府官方文件中获得政策依据。2016—2018 年，国务院发布了国发〔2016〕49 号、国发〔2017〕9 号和国办发〔2018〕6 号等文件作为当前我国事权划分的重要指导。这些文件明确指出，在事权改革中应根据事权属性，按照事权构成要素和执行环节来细化各级政府事权归属。而本研究事权分类框架的设计与文件精神是不谋而合的，并且文件中所明确列举的政府间共担事权也与基于本研究以强直接性属性来划分的共担事权是完全一致的。第三，政府工具和事权的共通之处。政府工具是政府实现治理和职能的方法选择，政府工具的运用即事权的实际履行。选择政府工具即是确定事权的政府级次归属或调整履行主体（执行主体从政府变为私人部门等）。第四，考虑了事权执行的几乎所有要素：事权执行的主体、客体、采用的方式和所需资源。第五，按事权属性所划分的事权类别可以匹配传统分类方式下的事权划分。特别是，该分类方法及关键用语均有相应的理论依据或学术定义（见图9）。

政府将事权视为政府行为和信息收集的有效工具（Hood 和 Margetts，2007）。事权及其实现即是政府在法定框架下运用行政权威、财政资金、信息、人力和组织等资源，通过一系列达成目标的手段，对目标对象履行事权。其中，行政权威是政府通过法律法规等规范性文本所获得的能够强制或规制特定对象及其行为的权力。根据 Simon

---

① 政府工具理论是20世纪90年代以来公共行政、公共管理和公共政策领域的重要研究领域，政府工具已经在诸如环境政策、货币政策和能源政策领域得到了广泛应用。

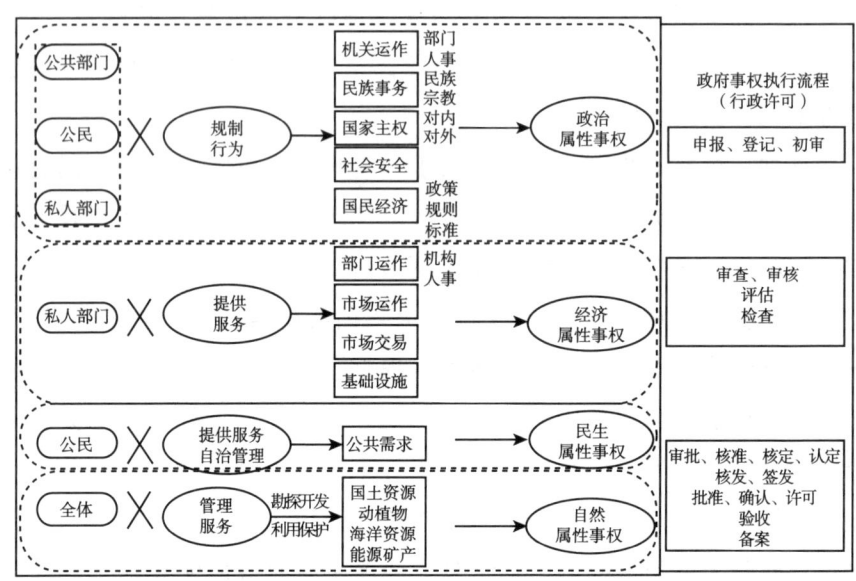

图 9　按权力属性划分事权与按事性划分事权的共通关系

(1976)对权威的定义,可以将"行政权威"进一步定义为"中央政府制定并传达决策,下级政府、私人部门和公民在一个可接受范围内接受这个决策",而这个可接受范围即法律所框定的界限。行政权威可以放大权力的作用、效果和影响力,拓展事权执行的作用空间(俞可平,2016)。工具选择的关键维度是强制性程度、直接性程度、自治性程度和可见程度(Salamon,2002)。而通过对政府行为和政府权力特征的归纳,我们发现在事权履行过程中,不同事权是不同强弱程度"强制性—直接性"属性组合的产物。强制性是政府对目标对象行为的强制或者限制程度,主要依靠的是行政权威资源,是影响资源配置的非预算方法(Boadway 和 Shah,2009)。强制性是事权的典型特征之一,但每种权力在强制性程度上是有很大差异的。"推荐""讨价还价""许可""同意"等事权是低强制性的,而"命令"和"禁止"等事权则是高强制性。如政府是否选择公开政府信息和管制经济就是非常典型的（弱，强制性）和（强，强制性）事权。直接性则是政府直接来提供或者满足既定目标的程度，主要依靠的是财政资金、信息和人力等资源。事权项目越是直接，则意味着公民的选择空间越小，这项事务更难由其他部门主体来代替或合作提供（见表23）。

表23　基于"强制性—直接性"维度政府行为分类

直接性	强制性		
		强	弱
	强	直接规制	提供服务
	弱	间接规制	自治管理

而为了更加直观地区分不同强弱"强制性—直接性"组合的四类事权，我们以资源使用情况①进行进一步解释（见表24）。

表24　政府事权履行行为资源利用

	权威	资金	信息	可利用的组织
规制	高	间接	中	公共部门
提供服务	中	直接	高	公私部门、第三部门
自治管理	低	间接	低	各主体

政府事权如果带有较强的强制性，无论是政府对目标对象及行为进行直接规制，还是通过设立标准、准入等方式来间接规制，都需要公共部门以较强的政府权威来保障相应地事项能够被较好履行或禁止履行，因此一般属于中央事权。最典型的（强，强制性）的事务，即

---

① 即三种事权履行行为分别在政府权威（程度上）、财政资金（直接还是间接使用）和偏好信息（需要程度）资源的比较使用情况。

国家主权和国家安全事务。而政府直接参与履行的事权，包括直接向社会公众提供如"管理、监督"等公共服务和"基础设施建设"等公共产品。这类行为主要针对目标群体的偏好，运用政府财政资金来完成，组成了绝大部分的政府共担事权。而各组织机构的自我管理，政府主要提供的是志愿协议、信息披露、志愿性标准和志愿方案（陈振明，2009），在实际中一般归属辖区政府管理（见表25）。

表25 基于"强制性—直接性"属性的我国事权划分框架

事权划分 属性 目标群体	一般归属中央政府	常为政府共担事权	归属辖地政府
	（强，强制性）	（弱，强制性）和（强，直接性）	（弱，强制性）和（弱，直接性）
公共部门	军事活动、政府采购、政府债务	公共部门运行、地区援助、国有资产、基础设施	部门自有资源规划利用、公务员
私人部门	市场规则、行业规则与财会标准、价格管制、机构认定、质量监督、检验检疫、市场秩序	市场活动和市场运行、各行业生产经营活动、对外贸易、市场交易、从业与执业许可、金融活动、基础设施	志愿标识、志愿标准、少数评估师执业或从业资格认定
公民	宗教事务、港澳台事务、民族事务	科教文体卫医疗计生事务、城乡社区规划与建设、民政事业、灾害防治、（非强制）社会保障、基础设施	基层群众自治

续表

事权划分 目标群体 \ 属性	一般归属中央政府	常为政府共担事权	归属辖地政府
	（强，强制性）	（弱，强制性）和（强，直接性）	（弱，强制性）和（弱，直接性）
全体	国家主权事务、国家安全与保密、国防、领土领海领空的确定与保卫、军事活动、战略物资、国内外政策、外交与对外援助、司法监察、税收征管、金融与外汇、货币发行、出入境、意识形态、社会保险、统一标准、技术规范、度量衡、国土资源海洋勘探开发利用与保护	公共安全、传媒、审计普查、农林牧渔、节能环保、历史文化文物传承与保护、基础设施、政府收费	公益广告、信息披露、科学技术成果鉴定、旅游景区登记、优秀旅游城市评定

2. （强，强制性）事权——不能实行"分权"的中央保留事权

（强，强制性）的事权一般被划分为中央事权。这类事权履行的目的在于维护国家权威和统一、社会政治经济稳定与战略发展，必须由中央政府这个执行国家意志和人民利益的"代理人"以"行政权威"来调和可能出现的各主体间的矛盾，实现对所有主体行为的规制，从而保障整个国家和民族的生存与发展。

首先，在政治上，与巩固主权和国家地位相关事项，如领土（海陆空及边境）保卫、国防、航空航天、军事装备与军需用品和外交等，基本划归为中央事权。其次，影响全社会安全的枪支弹药等，也划归为中央事权。而少数民族地区和港澳地区虽有一定的自治权，但重大

港澳台、华侨、民族和宗教事务仍由中央政府来统领。因为这种区域性的自治权本质上还是国家主权下被赋予的权力。此外，国家凭借其政治权威，在全国范围内统一规定的战略发展政策、度量衡及其他国家标准等，也由中央政府统筹设定。

而经济上，根据《建立社会主义市场经济体制若干问题的决定》："宏观经济调控权，包括货币的发行、基准利率的确定、汇率的调节和重要税种税率的调整必须集中在中央"。而与财政政策、货币政策和全国性发展规划相关的重要政策工具，如黄金、外汇的管理权也应由中央掌控。从具体的市场行为来看：金融领域（银行、证券、保险、外汇等）是国家经济的核心产业，关乎经济之根本，因此金融行业重大的人事变动和业务都属于中央政府的监管范围；而重点行业和特种行业，也由中央政府控制，如作为国家重要的税收来源之一的烟草行业以及兼具经营活动的复杂性和易被犯罪分子利用特殊性的特种行业，也一般由中央政府管辖，即使有地方具体执行的事项，也基本只下放到省级政府。此外，全国性产业政策和行业标准、全国性和跨境/区市场监管行为（如质量认定、检测等）、重要工业产品、重点领域和支柱行业的涉外投资及重大业务变更和人员变动管理等由中央统一制定或管理。

但（强，强制性）事权中目标群体是"全体社会成员"有极少部分事权目前被划归共担事权或者地方事权。部分下放给地方政府的（强，强制性）事权基本满足以下特定条件，且一般只下放到省政府这类较高层级地方政府。

（1）地方性具体或临时事务。

如属于国家安全事务中的"人民防空"事项，出于更好地动员和组织人民群众，将其下放到省级政府部门，让地方政府参与配合，可以更好地保护公民安全、更及时地开展抢险救灾任务。在宗教活动方面，国家将宗教活动场所、印刷内部出版物和宗教用品、地方性宗教团体等事权交托给省级政府。

（2）经由中央或立法机构授权的事项。

此类事项以税收征管权的划分最为典型。根据最新版的《税收征管法》及《实施细则》，税收征管由税务机关进行，税务机关在税务系统内部实行垂直管理。而地方政府主要负责税务系统建设等辅助支持工作。

税收立法权主要集中在中央，地区性地方税收的立法权只限于省级立法机关（或立法机关授权本级政府），不得下放。但实际上，根据我国《组织法》的规定，目前仅有民族自治地区和海南省，在遵循各项上位法原则的基础上，可以制定有关税收的地方性法规。而从税收征管的广义含义来看，该权力仍主要由中央政府掌握，省级地方政府在个别领域拥有少量的地方税的征管权限，并且需要向中央政府进行申请，经批准后才可执行。如根据国发〔2014〕62号的文件精神，地方一律不得制定专门税收法律法规和《民族区域自治法》外的税收优惠政策。

（3）中央已制定全国通用标准后的具体执行事务。

如计量器具的核准和认定，即是由中央政府制定全国通用标准，但具体事项由各级地方政府来管理。

（4）事权改革对象——过渡期的地方事权或共担事权。

这类事权中最为典型的是"社会保险"中的基本养老保险和基本医疗保险的相关事项。根据《社会保险法》的相关规定，中央政府负责管理全国社会保险及其他相关工作，地方政府管理本辖区的社会保险工作。以"基本养老保险"和"基本医疗保险"为例，目前不少省份都出现了保险金亏空等诸多问题。但根据国发〔2016〕49号的文件精神，基本养老保险和城乡基本医疗保险这类能够"体现社会公平正义"的事权，实际上属于应被加强的中央政府的财政事权。但目前处于改革的过渡阶段，基本养老保险和基本医疗保险等相关事项，暂时被确定为共担事权。

3.（强，直接性）事权——政府间共担事权划分规律的分析

各省市的行政权力清单将地方承担的事权大致分为准入类和奖惩类两类①，从权力清单中事权的实际划分来看，具有（强，直接性）的事权属于中央与地方共担事权。其中"受（损）益范围""溢出效应"和"信息成本"，是共担事权划分最主要的参照；而基础建设和资源类的共担事权更倾向考虑"监督难度"和"规模效益"两个要素。

(1)（强，直接性）事权的划分原则。

（强，直接性）事权，简单地理解则是政府作为市场平台②中一个重要的主体直接参与到相关事务中。这类事权的具体事务一定程度上可以由私人部门替代执行，或由政府与其他主体合作完成。首先，与居民日常生活密切关联的科教文卫医疗、社会保障与就业、城乡社区规划与建设、公共事务依附的公共设施等基础设施建设，根据受损益的"就近一致"原则来确定事权所属辖区。由中央政府提供受益在全国、跨境（涉外）、跨省范围的公共服务和基础设施；而区域性的公共服务提供属于地方事权（市、县）。

其次，在市场经济交易活动中，主要考虑"溢出效应"和"监督难度"两大要素。溢出效应大且下放给地方政府的监督难度较大的跨国境（如进出口、出入境、跨国境、外汇等）、境外（含港澳台和华侨）生产经营活动由中央政府监管。省级政府主要负责企业生产经营活动、一般性投资业务（含涉外）、事务所、中介机构和评估机构的资格认定及业务开展等事权。而零售和登记等区域范围内、小规模的市

---

① 根据31省市公布的权力清单归纳得出，其中准入类具体包括行政许可、行政审批、行政确认、行政检查等；奖惩类具体包括行政给付、行政奖励、行政处罚、行政强制、行政征收等。

② 市场是政府、企业、家庭和个人进行商品交易的平台（林光彬，2017；李俊生，2018）。

场交易行为和部分事业单位的管理,划归为市、县级事权。

(2) 资源类事权——综合类别的事权划分原则。

资源类事权因为涵盖内容广泛,不同类别的资源型事权所考虑的要素和要素的优先级次都是有所差异的。

涉及国土资源等方面的事权执行拥有更强的强制性,上级政府倾向限制或者驳回下级政府对于该类事权的"争取"。①国土自然资源方面,国家重要、稀有、高危、高污染的国土资源开采和利用,中央所属矿山管理,能源勘探、开发(如天然气、石油、煤炭)和进出口,自然资源的进出口和对外合作都被中央政府掌控。这些资源是国家经济社会发展的重要物质基础和战略储备,特别是能源又常涉及跨省运输和储存。而大部分金属和非金属的加工和投资项目、探采矿权、能源仓储和销售的初审属于省级事权。②国土海洋气象中涉外的地质灾害和气象活动、国家基准气候站和基本气象站、海洋观测、海岛开发、填海项目、海洋资源勘探、测绘等属于中央事权。地方政府一般负责这些项目的审查和调整方面的事权。

而以下三大类资源类事权,则更多由地方政府承担或中地政府共担。①农林水事务大部分属于地方事权。中央主要负责中央储备粮、粮食和棉花等进出口、涉外种质合作与研究活动、珍稀品种及种质管理、主要/新农林品种审定等事项。主要考虑的是事权的"受益范围"和"监督难易"两大要素。②节能环保事务。生态环境保护、污染防治和节能减排这类事务一般受损益区域较大,常被划归为省级事权。中央主要掌握国家一级、国家重点保护的动植物、国家级自然保护区的管理,以及国家重点保护或国际公约限制的野生动植物进出口事项。根据事权的"受益范围""溢出效应"和"监督难度"要素来划分政府级次。③历史文化传承与保护。这类事权主要包括各民族历史、文化(及传承)、文物(保护)等各项管理、维护与发展事项,一般根据"受益范围"和"溢出效应"要素来进行划分。如地方性的文物保护和文化传承等由地方政府管理（见表26）。

表26　　政府间（行政许可）事权划分部分关键词

类别	中央	省	省市县	市	县
政治	中央机关、国防、核与乏燃料、航空、领土领海、进出境、港澳台、华侨、边境管理、国家秘密和档案、枪支弹药、军品、援外、人民币、国家安全、标准物质定级、全国、跨省	在华外国人、华侨、人防工程、国防交通、基金会、公务用枪、普通护照签发、资质审批、保密档案、动用储备的国防交通物资、宗教（临时、地方、筹备）、税务登记、税收强制、税款征收、省级储备粮、移民稽查、行政区划变更、国家鼓励项目确认、统计信息公开、出入境	港澳台通行证、外国人签证、司法鉴定	外国人、户口迁移、普通护照签发	户口迁移
经济	金融机构、证券、保险、期货、外汇、银行、债券、烟草（制品）、特种设备设计与制造、免税、高级管理人员、驻华代表机构、境外投资、企业报关、免税场所、重要税收优惠、进出口、特殊、敏感、涉外（含港澳台）	权限内外商投资企业业务及生产经营活动、港澳台及外商投资、融资性担保机构、事务所、中介机构业务、评估机构、基金会、彩票业管理、固定资产投资、产品质量检验与鉴定、重要工业产品、特种设备生产使用及（含人员）监管、价格监测	临时、事业单位、社会企业、非国有、民办	批发、登记、特种设备登记	零售、购买

续表

类别	中央	省	省市县	市	县
历史文化与自然资源	石油、煤矿、海洋（含海域、海底等）、水土保持、地质灾害防治、宗教、国家级和重要文物保护、考古、进出境检疫、配额、涉外、跨省、重要、重点保护、珍贵/稀、国家一级、国家级、国有、中央管理、国务院审批、进出口	进出口（农作物、实验动物等）、农业发展项目、农业补贴、农药、兽药、危险废物、排污许可、动植物检疫、野生动物保护与交易、能源使用及监管、大中型水利水电工程、河道、基本水文测站、移民安置、文物拍卖、盐、转基因、检测机构、资质认定、质量检验、安全许可、国家级、一级保护、重要、高致病、权限内	设施设计、污染防治、农作物生产经营	电子废弃物、生活垃圾、建筑垃圾、燃气、渔港、使用许可、经营许可	燃气经营许可、渔港、生活垃圾、农村宅基地和集体建设用地
民生与基建	高等教育、科研、高致病性、临床试验、药品注册、高危/污染化学品、进口化妆品、婴幼儿配方乳粉、跨省大型群众性活动、国际性或全国性文体活动、人体器官移植、药物临床试验、新药和反射性药品、中央投资、中央所有土地开发和规划、外商投资、无线电、民航、互联网、电信准入、核电站、铁路、气象站、全国范围、涉外、跨境、国家级、重点、一级、国际性	教材、教学地图、副教授、高校师生学位管理、技工学校、著作权、出版单位、出版物（含电子）、印刷经营活动、经纪机构、国产剧、电影剧本、食品生产经营、化妆品生产、药品生产与经营、麻醉药品与精神药品生产企业报关登记、暂时进出口货物、医疗机构、血站、戒毒、人类辅助生殖、医师、医疗广告、医疗器械、（危险、第一类）化学品、保安、退役军人、资格认定、保障性住房、城乡规划、市政工程、建筑师、收费公路、公路建设、城轨交通监管、互联网、乙级、国家重点建设水电站、区域性、进出口	群众性活动、教师资格、民办职业培训学校、高危体育活动、母婴保健、医疗机构、机动车、非机动车、人力资源服务机构、工程监理、有线电视、排污口	外籍医师短期执业、麻醉药品购买、卫生许可、饮用水、生活垃圾、城市环卫设施、城市道路与绿化、农村集体修建水库	民用、营业性演出、娱乐场所、表演团体、出版物零售、电影放映单位、职业健康、道路运输许可、城市道路、城市绿化、社区有线电视、农村集体修建水库

（强，直接性）事权在五大划分原则的考量上各有侧重：资源类事权首先需要区分"重大"与"基础"事项，再进行定性和定量的"分级审批和管理"。如将全国性、战略性和重要领域等事项划归为中央事权，其余事权按照受益范围、信息成本及规模效应的强弱关系进一步划分，将权限内、贯彻重大战略且无明显争议的事权划分给地方。民生类事权，主要考虑受益范围、信息成本和溢出效应要素，并且要保障公共产品和服务的"最低供给"，秉持"公平"原则实现基本公共服务均等化；而基础设施建设事项则还需考虑规模效应（Bastable,1892），将涉及范围广、规模和投资大、成本回收时间长、技术难度大的事项归于中央事权或高层次政府，地方偏好较强的一般性基础设施建设被划归地方政府。（弱，强制性）和（弱，直接性）的各主体事权，一般以属地原则为基准，结合"受益范围"和"监督难易"要素来确定政府归属。典型的"双弱"事权如行政机关运作与管理，由对应级次政府负责（见表27）。

表27　　我国政府间事权划分一般性规律

事权 \ 划分原则	受益范围	溢出效应	信息成本	监督难度	规模效应	政府级次
（强，强制性）	H	H				中央政府
	M	H				省政府
	L	L				地方政府
（强，直接性）	H	H	H	H	H	中央政府
	L	L	L	L	L	地方政府
（资源）	H		H		H	中央政府
	L		L		L	地方政府

续表

划分原则　事权	受益范围	溢出效应	信息成本	监督难度	规模效应	政府级次
（经济）		H		H		中央政府
		L		L		地方政府
（民生）	H	H	L			中央政府
	L	L	H			地方政府
（基建）	H	H	L		H	中央政府
	L	L	H		L	地方政府
（弱，强制性）（弱，直接性）	√			√		辖地政府

注：其余为共担事权；H=高；M=中；L=低；√=需考虑因素。

六、共同事权划分与转移支付的逻辑：支出责任划分改革的关键突破口

我国当前中央与地方的事权划分格局下，存在众多的共同事权，需要中央与地方共同承担支出责任，划分不同的财政分担方式。中央对地方的责任分担便体现为转移支付制度。而当前转移支付制度改革与财政事权和支出责任划分改革衔接不够，是造成共同事权领域支出责任划分不清的根本性原因。通过专项转移支付来倒推中央与地方的支出责任划分，是细化共同事权领域支出责任划分的关键突破口。首先，基于权责清单以及中央与地方共同事权的现实配置情况，本研究借鉴功能覆盖型竞争性辖区模型和领土中央性理念，构建基于功能—竞争性与国家自主性的共同事权划分框架，为共同事权改革提供一个功能联邦主义与国家自主权力理论结合的新视角。其次，结合"中央对地方转移支付管理平台"的大量专项转移支付政策文本、项目资金

及地方预决算公开信息，梳理联邦制、单一制、转型制国家的实践经验与我国转移支付的典型事实。与典型国家的事权划分与转移支付制度经验相比，我国的转移支付在制度设计、政策目标、分配方式等方面与之都有明显的差异，但在共同事权方面具有一定的共性，均体现为政府间财政关系与资源配置方式的适应，需要设置有效的激励相容机制。最后，通过完善专项转移支付制度，为理顺我国中央与地方共同事权和支出责任的划分改革提供重要基础。

（一）共同事权的现实配置：基于功能联邦主义与国家自主性的理论分析

1. 共同事权的概念界定

中央与地方共同事权，指中央与地方政府在行政职权范围内的权力重叠。在我国的政策文本中，共同事权指在我国的特殊背景下，中央和地方职责交叉、共同管理的政府事项①。在我国的治理模式中，一项事权的实现包含目标设定、政治决策、方案制定、财政拨款、组织执行、部门协调、上级验收与监督等多项程序，其中涉及主体包括各级党组织、立法部门、行政机关及其下设部门等（卢学晖，2015）。根据事权实施程序中的执行机构隶属政府级次划分，若在事权实现的某一程序中同时存在隶属于中央政府和地方政府的执行机构，或不同程序的实施责任分属两级政府，则该事权属于中央与地方共同事权。

中央与地方事权的交叉重叠不只是我国独有的现象。美国在联邦宪法中明确规定联邦政府与州政府的权力边界，并将宪法授予联邦政府但又未禁止州政府行使的权力划归共享权力（Concurrent Powers），包括征税权、借贷权、财政支付权、执法权等，由联邦政府与州政府

---

① 参见国发〔2016〕49号、国办发〔2018〕6号等文件。

共同行使（Schmidt et al.，1994）；类似的，日本也以法律形式规定了中央与地方之间的权力重叠范围，完备的财政法律体系不仅对共同事权有着详细明确的规定，并对中央与地方间经费负担做出量化规定（魏佳宁，李桂林，2007）。与之相比，虽然自1994年分税制以来，我国逐步认识到厘清中央与地方事权与支出责任范围的关键性，并做出一系列尝试，但由于事权划分的法制建设起步较晚、发展尚不完善，诸多相关的法律法规描述模糊、效力不足，导致中央与地方间分工不明确，缺乏有效的问责机制，进一步使得中央与地方对一些事务相互推诿，致使在共同事权领域存在事权与支出责任不匹配，产生"权"与"钱"错位的问题（马海涛等，2013；楼继伟，2013；李俊生等，2014；卢洪友，张楠，2015）。

2. 我国共同事权配置框架设计

（1）事权的功能属性。

FOCJ模型中的功能性是指特定辖区在其管辖范围内提供的某种公共服务（Frey & Eichenberger，1995）。这一理念与我国的"事权"概念是相通的。在我国特定背景下，事权可视作政府利用资源达成其目的的工具，事权的实现路径，即政府解决特定问题，向社会公众提供公共服务的过程。根据事权的受益范围划定的辖区，符合FOCJ模型的功能特征。

本小节模型引用Musgrave（1959）对公共财政职能的划分体系，作为事权功能属性的划分，即资源配置、收入分配以及经济稳定（见表28）。这一划分方法已经成为公共经济学的研究基准（DH Vo，2010）。由于配置功能事权主要涉及提供与公众日常生活紧密联系的公共产品，与社会公众的切身利益相关，公众对其的感知力度更强、敏感性更高，而分配与稳定职能则恰恰相反，因此，本研究定义与配置职能相关的事权为强功能性事权，与分配和稳定职能相关的事权为弱功能性事权。

表28　　　　　　　　　　　　事权功能属性划分

	理论配置	我国现状
资源配置	地方政府主导	地方政府拥有部分配置职能的执行权，仅保证公共服务的最低限度供给。
收入分配	中央政府主导	部分集中化，中央无法保持区位中立。
经济稳定	中央政府主导	部分集中化，中央无法保持区位中立。

资料来源：Feng et al.（2013）。

（2）事权的竞争属性。

财政联邦主义理论隐含着一个对称性假设，即组成联邦的各个政府的规模和影响力都处于同等规模。因此，提供相同服务组合的不同政府应当划属同等规模的辖区（Congleton，2006）。但在我国的现实情况中，中央与地方政府与不同地方政府之间均存在不对称。

第一，我国中央政府与地方政府间的关系并非绝对平等，而是具有明显的政治意义上的行政集中特点，即中央与地方政府之间存在行政隶属关系，中央政府处于绝对权威和领导地位，统领地方各级政府工作。当中央与地方政府的价值取向与利益不一致时，中央能够依靠其行政权威对地方政府施加控制，形成"行政发包"的关系，即设置相应公共事务的政策目标，发包给"承包"的下级地方政府并对目标完成情况进行检查验收（周黎安，2014；周雪光，练宏，2012）。

第二，我国不同地方政府之间也存在不对称。由于我国幅员辽阔，人文地理因素复杂，各地情况千差万别，中央难以实施全国统一的政策，因地制宜与差异化的政策取向成为必要。在实际工作中，中央与地方间的事权分配变成每一个地方政府单独与中央政府讨价还价并形成协议的结果。不同地方政府在筹码和利益方面的任何差异都可能会对协议内容产生影响，不同的议价能力往往能够达成不同协议，即中央政府对不同地方赋予不同的事权水平以及控制程度（Congleton，2006）。

上述政府间的两种不对称分别为我国地方政府间竞争提供了激励机制与必要场所。中央与地方之间的不对称使得中央对地方具有行政权威，进而能够依靠对地方的行政控制而拥有政策"发包"、绩效考核并依据考核结果向其授权的能力（周黎安，2007）；不同地方之间的不对称则为地方政府提供了开展"标尺竞争"，提高自身议价能力，以期与中央达成更具吸引力协议的必要条件。

所谓"标尺竞争"，指中央政府将地方发展的可度量标尺（或称"政绩"）作为中央治理的重要考量，引发地方政府争相制定以该度量标尺为核心的地方发展规划，开展围绕该标尺的竞争行为（张军等，2007）。自改革开放以来，我国始终强调将经济建设置于发展规划的中心，宏观经济发展成为中央对地方政绩考核的关键词。近年来，不少国内学者已指出地方政府在 GDP、基础设施投资、外商投资等考核指标上存在的竞争激励（周黎安，2004、2007；张军等，2007）。以此为参考，本研究定义事权的竞争属性即为中央政府将事权执行所实现的经济效果纳入政绩考核指标体系，从而引发地方政府在该事权领域内的竞争激励机制。强竞争性事权即指与经济建设相关的事权，在该领域内中央的考核程度更高，地方政府拥有竞争的强激励；弱竞争性事权即指除经济建设以外的事权，中央对这些事权实现情况的考核程度较低，甚至忽略这些过程中不可测度的因素，导致对地方政府参与其中的激励程度较弱，甚至会产生激励不足的情况（见表29）。

表29　　　　　我国地方政府间的竞争激励领域总结

强激励	弱激励
招商引资、GDP、维稳、计生、基础设施建设、物价水平等。	医疗、教育、环境保护、社会保障、食品安全、区域合作、安全监督国防、外交、南水北调、海关、航天工程等。

资料来源：张军等（2007）；周黎安（2014）。

(3)"功能性"与"竞争性"划分框架的说明。

在上述"功能性"和"竞争性"的划分框架之下,不同共同事权是功能属性和竞争属性结合的产物。而为了更加直观地区分不同强弱"功能性"和"竞争性"组合的四类共同事权,本研究以"领土中央性"的概念做进一步说明。中央作为国家代理人,其实施事权的过程即为将国家权威发散到领土各处并穿透公民社会的过程。对于中央与地方共同事权而言,一方面,地方政府作为中央的行政下级,在性质上属于中央派驻到全国各地的权力机构,中央与地方共同参与事权实施的过程,即国家权威由中央辐射至地方的路径体现;另一方面,根据 Mann(1984)的观点,国家自主权力产生于公民为获得超越社会自身所能产生的额外效用而对社会资源的一种让渡,因此公民对政府事权实施的感知即为国家自主权力渗透公民社会发挥其效用的过程。所以,共同事权的功能属性和竞争属性分别对应国家自主权力的渗透路径和辐射路径。其中,共同事权的"功能性"强弱表示公民对事权"感知度"的区别,能够影响国家自主权力的渗透路径,功能性强,则渗透路径通畅,公民能够直接感受到自身对社会资源的让渡转化为公共服务的效率,并在这些公共服务对日常生活的影响下产生对政府事权的认同,形成一个公民维护政治权威的良性循环;反之,则渗透路径堵塞,当无法感知政府所提供的公共服务时,公民倾向于默认政府利用社会资源做"无用功",进而产生反对的情绪,破坏政府在公民心中的权威地位;类似地,共同事权的"竞争性"强弱表示地方政府对事权参与意愿的高低,能够影响国家自主权力的辐射路径,竞争性强,则辐射路径通畅,地方政府受中央控制的程度越大,中央权威的传播效率越高;反之,则辐射路径堵塞,地方政府不愿意配合中央的政策,中央权威无法在地方体现。国家的领土中央性借由渗透和辐射两个路径实现,路径通畅,则实现程度较高,中央政府作为国家代理人对其领土的控制越强,反之,则实现程度较弱,中央政府无法在其领土内施加强有力的控制,其权威在各地方的体现程度不大(见表30)。

表30   "功能性"与"竞争性"框架说明

类型	地方参与	公民感知	领土中央性
强功能性、强竞争性	H	H	H
强功能性、弱竞争性	L	H	M
弱功能性、强竞争性	H	L	M
弱功能性、弱竞争性	L	L	L

注:H=高;M=中;L=低。

从中央与地方权力清单交叉比对的实际情况来看,我国中央与地方共同事权可划分为(强功能性,弱竞争性)与(弱功能性,强竞争性)两类。其中,第一类共同事权与居民日常生活密切关联,受益范围大都限制在地方辖区范围内,社会关注度高,但在中央对地方的以经济建设指标为核心的政绩考核体系中所占权重较小,涉及不多,对地方的经济激励较少,导致地方参与积极度不高;第二类共同事权则恰恰相反,涉及的事务大都与宏观经济建设或是社会稳定相关,属于中央考核范围或是直接由中央指派的任务,参与该类事权能够直接提高地方考核中的政绩指标或提升中央的认可度,因此对地方具备高度的竞争激励,能够调动地方参与的积极性,但该类事权多属宏观领域,与居民日常生活联系不大,居民对其的"感知度"处于较低水平,因此,实施这类事权被社会认可的难度较高(见表31)。

表31　基于"功能性"与"竞争性"的共同事权配置框架

竞争＼功能	强功能性	弱功能性
强竞争性	（地方事权）社会治安、市政交通、农村公路、城乡社区事务、税款征收、货物批发、农作物经营等。	（共同事权）矿山冶炼、金属冶炼、稀土开发、石油成品油、武器装备生产、固定资产投资、防震救灾、海洋开发、旅行业务、电力业务、人民防空、货物进口、税务、特种设备、建筑开发、城市规划等。
弱竞争性	（共同事权）卫生技术服务、会计师从业、资产评估从业、地理测绘、国家档案、企业核准、化学品、无线电（台）、民用枪支（弹药）、游行示威、通行证、环境保护、货物运输、公共教育、森林林木、动植物保护、社会团体、气象、药物医疗、住房保障、律师、文娱演出、考古文物、新闻出版、宗教等。	（中央事权）国家统一、主权维护或社会稳定等宏观事项，如军事、外交、货币发行、港澳台事项等。

政治方面，中央与地方共同事权主要涉及部分国家涉密事项，包括秘密载体、涉密档案的处置以及武器与军工设备等国家权威赖以支撑的暴力强制力量，同时还包括人民防空、游行示威等以地方群众为对象以及部分涉及宗教管理的事权。这部分事权能够直接影响国家权威，因此中央未将其下放至地方，但由于其实施所需资源的规模与范围较广，或是地方能够以低于中央的成本实施，因此中央选择将其设置为共同事权，由中央与地方共同实施。从"功能—竞争"框架的角度看，这部分共同事权涉及国家权力向领土辐射的源头领域，是中央政府的直接需求，因此与社会公民距离较远，功能性较弱，但同时地方政府存在获得中央认可的激励，竞争性较强。

经济方面，中央掌控有大部分包括财政政策、货币政策等政策工具在内的事权，仅将部分从业资格、经济组织、投资项目、进出口货物的管理以及税务核准事项划归中央与地方共有。一方面，这些事权的受益范围大都限制在地方辖区内，相较于中央，地方政府对其具有天然的距离优势，但由于其与国家经济建设的目标领域一致，中央为保证国家发展规划的落实也参与进来，因此这部分事权划归中央与地方共有。从"功能—竞争"框架的角度看，这部分共同事权与国家发展目标相一致，因此纳入中央对地方的考核体系中，地方存在较强的竞争激励，但与公民日常生活的联系依旧较少，功能性较弱。

资源方面，共同事权涉及领域较为广泛，既包括矿山、金属、石油、天然气、海洋、电力等多项经济资源的开发，还包括森林公园设置、旅游开发、农产品审批等与公民生活联系较为紧密的事项管理。其中，前者常具备一定的外溢效应和规模效应，并且能够直接带动地方经济增长，因此由中央组织各地方进行跨区合作、共同开发，地方也具有高度的参与积极性；后者则能够被社会公民较为直接地感知，因此同时具备较强水平的功能性和竞争性。

民生方面，教育、卫生、医疗、社会保障等与公民生活密切关联的一般公共服务均被纳入中央与地方共同事权范围中，中央负责全国性范围事权，地方负责地区性范围事权。这部分事权的实施能够直接影响公民的日常生活，因此具备强功能性，但由于其与中央的发展和考核方向有所出入，对地方的竞争激励较弱，因此竞争性较弱。

基础设施建设方面，中央与地方共同事权包括核电站、机场、公路、河道、气象站等设施建设以及测绘、计量、统计等技术认定事项。这部分事权与资源类共同事权类似，存在一定外溢效应与规模效应，需由中央协调并调动地方资源来实施，同时部分技术认定事项也涉及全国或跨地区标准制定，因此需要中央与地方共同参与。这部分事权也是中央的考核对象，竞争性较强（见表32）。

表32　　　　　　中央与地方共同事权部分关键词

	关键词	功能性	竞争性
政治	国家秘密载体处理、国家档案管理、武器装备研发、军工设备处置、人民防空、游行示威许可、宗教事项审批、宗教资格认定	L	H
经济	节能减排、固定资产投资、基金会管理、外国商会管理、民办非企业管理、社会团体管理、货物进出口、会计师从业、资产评估从业、律师从业、税务核准	M	H
资源	采矿权管理、海域使用权管理、矿山开发、金属冶炼、石油天然气开发、煤矿开采、海洋开发、化学品生产、自然保护区设置、粮食储备、林木种质利用、森林公园设置、动植物保护、旅游资源开发、电力开发、考古文物发掘与保护、废物处置、污染物处置、农药管理、农产品审批	H	H
民生	安全生产检测、卫生服务资质审核、企业核准、民用爆炸物审批、无线电分配、无线电台管理、卫星通信审批、民用枪支弹药许可、护照通行证签发、水运、陆运、教材审定、教师资格认定、高校设置、旅行社管理、导游证核发、养老机构管理、人力资源服务、药品审核、医疗器械审核、医疗机构设置、体育项目审批、文娱演出机构设立、新闻出版、防震救灾	H	L
基建	坐标系统建设、测量标志拆迁、测绘资质与成果审批、计量技术许可、统计资格认定、核电站建设、机场建设、建设用地审核、公路建设、河道建设、航道建设、大气站建设、气候气象站建设、水文测站建设、建筑建设资质认定、地图审核、特种设备生产	L	H

注：H＝高；M＝中；L＝低。

3. 共同事权配置的内在规律

从我国中央与地方共同事权的配置现状来看，在（强功能性，弱竞争性）事权领域内，国家自主权力的"辐射"路径受阻，需要中央参与事权实施过程，对地方提供指导，因而形成共同事权。尽管对于（强功能性，弱竞争性）事权，公民的感知力度较强，这部分事权对社会的渗透作用较为充分，但对地方的竞争激励处于较弱水平，地方参与事权实施的积极性不足，使得从中央辐射出的国家权威难以直接在地方辖区内体现，因此需要中央政府直接参与事权的实施过程，以代替地方政府作为中央政府代理人所起的辐射作用，保证中央领土性在辐射路径上的顺利传递。

对于（弱功能性，强竞争性）事权，国家自主权力的"渗透"路径受阻，同样需要中央政府采取共同事权的方式直接介入。尽管对于弱功能性、强竞争性事权，地方政府受到以政绩考核为核心的竞争激励，领土中央性在"辐射"路径上畅通，但由于该类事权的功能性不强，对公民社会的直接作用强度不足，使得公民对其"感知度"较弱，进而可能导致公民的负面反馈，即在社会终端对国家权威采取抵制态度，影响领土中央性的实现。所以，对于这类事权，也需要中央政府的直接参与，通过中央政府的直接权威迫使辖区内公民接受这些事权的实施，保证中央领土性在渗透路径上的成功实现。

（二）共同事权的改革核心：专项转移支付与支出责任划分的逻辑

1. 中央与地方事权划分与转移支付制度的形成

转移支付制度是我国现行财政体制下的重要制度安排，在中央与地方财政关系中发挥着关键性作用。我国的转移支付制度在典型事实和理论学理两个方面与其他财政联邦制国家相比，有何特殊性；能否提出一个一致的解析框架，理解我国现行转移支付制度的基本逻辑，是推进"中央与地方"财政事权与支出责任划分改革，完善转移支付制度的重要理论基础。

转移支付制度是世界各国普遍的财政活动之一，且各国都存在相应的实践形式。在联邦制国家，转移支付制度发挥的基本作用是弥补地方财力缺口、促进公共服务均等化（Boadway，2015）。而考虑人口和民族众多、幅员辽阔、发展不平衡的基本国情和经济社会发展的阶段性要求等，与美国、日本、俄罗斯、德国等相对成熟的财政联邦制国家相比，我国保留了更多的中央与地方共同财政事权[①]，因而我国的转移支付除了在提供公共服务均等化、提高经济效率等层面发挥重要作用外，还体现着中央政府在政治稳定、统一贯彻国家意志方面的核心作用，反映了中央对于财政事权的全面关注。

财政事权是事权在财政领域的集中体现，是政府运用财政资金提供基本公共服务的任务和职责。自 1994 年实施分税制以来，我国基本形成了中央与地方财政事权和支出责任划分的体系框架，转移支付制度是这一财政管理体制下的关键一环。中央与地方作为财政事权行使主体的"两极"，各自承担中央财政事权与地方财政事权的支出责任。然而在中央财政事权与地方财政事权的"两极"之间，存在众多共同财政事权，这些共同财政事权，需要中央与地方共同承担支出责任，划分不同的财政分担方式，其中，中央对地方的责任分担便体现为转移支付制度[②]（见图 10）。基于我国目前的中央与地方财政事权改革要求，从现实与理论层面分析我国的转移支付制度，并提出合理的设计方案，正是本研究的目的。

---

① 参考国发〔2016〕49 号《国务院关于推进中央与地方财政事权和支出责任划分改革的指导意见》。

② 本研究认为，中央与地方本级财政支出分别用于承担中央财政事权与地方财政事权，用来弥补地方本级支出缺口的均衡性转移支付、税收返还等一般性转移支付不是本研究讨论的重点，本研究重点关注的是针对中央与地方"两极"之间的共同财政事权而设立的专项转移支付。

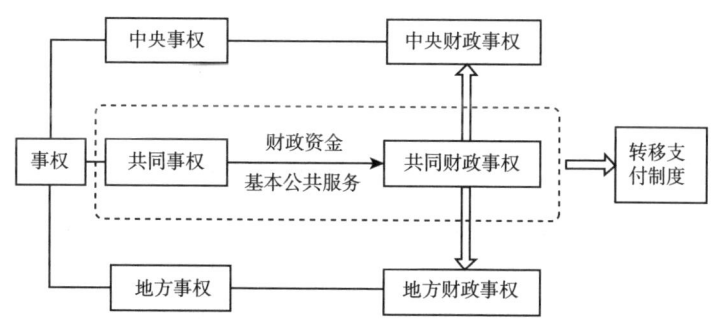

图10 中央与地方事权划分及转移支付制度的形成

2. 我国转移支付制度的典型事实

在我国中央与地方财政事权与支出责任的划分改革中专项转移支付具有十分重要的意义。我国目前的专项转移支付分别承担了中央委托地方事权、中央与地方共同事权与引导、救济、应急类事务的支出责任（见图11）。在公共服务共同财政事权改革中，由中央决定财政事权划分，并特别建立了"共同财政事权分类分档转移支付"，依据公益性、外部性、地方财力等因素确定中央与地方的分担标准或比例。

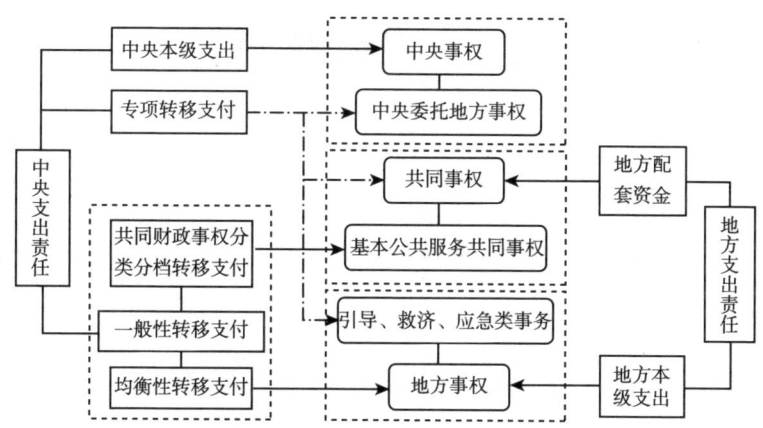

图11 我国目前中央与地方事权与支出责任划分示意图

资料来源：本研究根据国发〔2014〕71号文、国发〔2016〕49号文、国办发〔2018〕6号文等自行整理。

典型事实1：我国的专项转移支付主要针对中央与地方的共同财政事权而建立，体现中央分担部分的支出责任，主要按照项目客观条件与绩效水平两方面因素分配专项资金。

根据承担的具体事项不同，我国目前的专项转移支付可划分为五类（见表33）。中央向省级政府分配专项转移支付资金的方式主要为因素法，采用"因素法"分配的专项转移支付包括共担类、引导类、救济类及应急类，涉及的专项项目具有一定的地域管理信息优势，并主要集中在教育、社会保障与就业、医疗卫生及农林水事务等支出领域，体现中央财政对具有外部性与突发性事项的重点关注。分配因素包括项目涉及的客观条件[①]与绩效水平两方面。而采用"项目法"的委托类专项，由于其具有跨地域、强外部性等特征，本质上属于中央事权，为体现中央政府的特定政策而委托地方履行支出责任。如公立医院补助资金中，用于国家临床重点专科建设方面的补助资金；国家重点档案专项资金中，对支持国家重点档案的开发、区域性国家重点档案保护中心建设的资金等专项转移支付按照项目法进行资金分配。

表33　　　　　　　　我国专项转移支付类型及特征

类型	项目特征	资金分配方式	事权划分	举例
委托类专项	国家重点工程、跨区域投资、强外部性事项。	项目法：规划、竞争性评审，通过发布公告、第三方评审、集体决策等程序择优分配；地方不配套资金。	中央事权（中央委托地方实施）	国家重点档案专项资金中，对支持国家重点档案的开发、区域性国家重点档案保护中心建设的资金按照项目法进行分配。

---

①　客观条件包括地方基础资源因素、需求因素、财力因素、投入因素等（作者根据专项资金管理办法整理）。

续表

类型	项目特征	资金分配方式	事权划分	举例
共担类专项	体现中央战略意图、跨省且具有地域管理信息优势的基本公共服务。	因素法：依据公益性、外部性等因素分配；同一专项设定中央与地方、地方之间不同分担比例。	中央与地方共同事权	自然灾害生活救助资金，由中央财政与地方财政共同负担，具体分担比例根据各地经济发展水平、财力状况和自然灾害特点等因素划分3档。
引导类专项	体现中央政策意图、鼓励引导性事务。		地方事权	中央引导地方科技发展专项资金，根据地方科研、创新、管理等综合能力因素。
救济类专项	中央帮助地方应对自然灾害等增支事项。	因素法：依据项目涉及的自然、经济、社会、绩效等客观条件与地方努力等因素，赋予相应的权重或标准。	地方事权	特大防汛抗旱补助费，根据成灾面积、损失情况、受灾人口与牲畜数量；地方防汛抗旱投入与财力状况等。
应急类专项	中央帮助地方处理影响区域大、影响面广的突发事件。		地方事权	中央财政农村危房改造补助资金，采用各地四类重点对象危房存量、地方财政困难程度、地方工作绩效和相关试点工作开展情况等指标分配。

资料来源：本研究根据财预〔2015〕230号文、财预〔2015〕163号文、国发〔2016〕49号文、"中央对地方转移支付平台"专项转移支付政策文本自行整理。

典型事实2：基本公共服务领域中，共同财政事权支出责任的划分主要根据财政事权的外溢程度、地方财力实际情况划定分档比例，体现公共服务的不同属性。

基本公共服务领域中央与地方共同财政事权的支出责任主要实行中央与地方按比例分担的方式，中央分担比例主要依据地方财力状况、保障对象数量等因素确定；其次按比例分担、按项目分担或按标准定额补助（见表34）。其中，比例分担取决于财政事权的外溢程度，以及对应基本公共服务的受益范围、影响程度等。财政事权的外溢性导致不同地方实际承担的基本公共服务成本有所差异，分档分担兼顾地方财力的差异，具体体现为中央专项资金向中西部、民族地区等有所倾斜。对具有明显外溢性的长江流域治理，中央政府专门针对上海、江苏、四川、云南等11个省市发布长江经济带生态补偿与保护长效机制方案①，通过林业改革发展资金、林业生态保护恢复资金、节能减排补助资金等专项转移支付向长江经济带予以重点倾斜，从而弥补生产治理的外溢性成本，提高跨流域基本公共服务水平。

表34　　　　不同基本公共服务事项下支出责任的分担方式

基本公共服务事项	支出责任及分担方式
义务教育公用经费保障	中央与地方按比例分担。第一档为8∶2，第二档为6∶4，其他为5∶5。
基本公共就业服务	主要依据地方财力状况、保障对象数量等因素确定。
城乡居民基本养老保险补助	中央确定的基础养老金标准部分，中央与地方按比例分担。中央对第一档和第二档承担全部支出责任，其他为5∶5。
城乡居民基本医疗保险补助	中央与地方分档按比例分担。第一档为8∶2，第二档为6∶4，第三档为5∶5，第四档为3∶7，第五档为1∶9。

---

① 财预（2018）19号文中，对上海、江苏、四川、云南、贵州等11个省市提出建立健全长江经济带生态补偿与保护长效机制的指导意见。

续表

基本公共服务事项	支出责任及分担方式
受灾人员救助	对遭受重特大自然灾害的省份,中央财政按规定的补助标准给予适当补助,灾害救助所需其余资金由地方财政承担。
残疾人服务	主要依据地方财力状况、保障对象数量等因素确定。
青少年校外活动场所专项补助	重点补助中西部地区的活动场所。对于项目管理水平高、以前年度专项补助经费绩效评价结果好的省(自治区、直辖市),分配时给予适当倾斜。

资料来源:根据基本公共服务领域中央与地方共同财政事权划分改革方案、不同专项转移支付资金管理办法等整理。

典型事实3:我国中央对省级政府的专项转移支付在不同事项以及不同省份之间发挥的作用具有明显差异,反映出地区经济发展水平及公共服务属性的差异。

根据全国不同省市的财政状况,同一专项转移支付项目,在不同的省份相应支出中所占份额不同;同一省份获得不同的转移支付资金比例也具有相应的差异。本研究认为,事项差异本质上反映了事权外部性大小与形式的不同,省份差异的背后是我国各地迥异的经济发展与公共服务水平,而转移支付总额占地方财政支出总额的比重不同,集中反映不同类型的转移支付在当地发挥的不同作用,以及中央政府从全局出发的特殊考虑。以自然灾害生活救助资金为例,由中央财政与地方财政共同负担,具体分担比例根据各地经济发展水平、财力状况和自然灾害特点等因素划分3档(见表35);城市管网专项资金,根据不同的支持事项采取不同方式进行分配。用于海绵城市、地下综合管廊建设等试点示范类事项的,通过竞争性评审等方式确定支持范围,具体补助数额按城市规模分档确定①（见表36）。

表35 中央自然灾害生活补助资金分档分担比例

分档	覆盖范围	分担比例
第一档	河北、山西、吉林、黑龙江、安徽、江西、河南、湖北、湖南、海南、内蒙古、广西、重庆、四川、贵州、云南、西藏、陕西、甘肃、青海、宁夏和新疆	中央负担70%、地方负担30%
第二档	辽宁、福建、山东	中央负担60%、地方负担40%
第三档	北京、天津、上海、江苏、浙江、广东以及大连、青岛、宁波、厦门和深圳	中央负担50%、地方负担50%

表36 2016年中央财政支持地下综合管廊、海绵城市建设试点城市分档

分档	城市性质	海绵城市建设试点	地下综合管廊试点
第一档	直辖城市	—	—
第二档	省会城市	山东济南 湖北武汉 广西南宁	辽宁沈阳 黑龙江哈尔滨 湖南长沙 海南海口
第三档	其他城市	吉林白城　江苏镇江 浙江嘉兴　安徽池州 厦门　　　江西萍乡 河南鹤壁　湖南常德 重庆　　　四川遂宁 贵州贵安　陕西西咸	内蒙古包头 江苏苏州 厦门 湖北十堰 贵州六盘水 甘肃白银

---

① 海绵城市试点：直辖市每年6亿元，省会城市每年5亿元，其他城市每年4亿元；地下综合管廊试点：直辖市每年5亿元，省会城市每年4亿元，其他城市每年3亿元。

典型事实4：我国的专项转移支付在不同地区的财政支出领域中发挥重要作用，不仅具有横向与纵向公共服务均等化作用，还体现出中央对国家安全战略等政治考虑。

截至2018年2月，根据"中央对地方转移支付管理平台"公布的专项转移支付项目，结合公布的专项政府收支分类科目进行归纳发现，按照项目类别，我国目前实行的专项资金项目共计101项，涉及的一般公共预算支出、政府性基金预算支出科目共计18项，其中，农林水事务、教育、社会保障与就业及节能环保等相关专项资金项目占比达到了56%，体现出中央对与基本民生相关的公共服务的调控意图。根据2016年以来中央对地方专项转移支付项目的资金分配统计，接受各项专项资金最多的省份是四川省，而经济发展水平差异明显的广东省与西藏自治区，接受的主要专项资金总额大致相当（见图12）。为进一步分析转移支付在不同省份发挥的具体作用，本研究又统计了各省市的一般公共预算支出中转移支付的占比情况（见表37）。

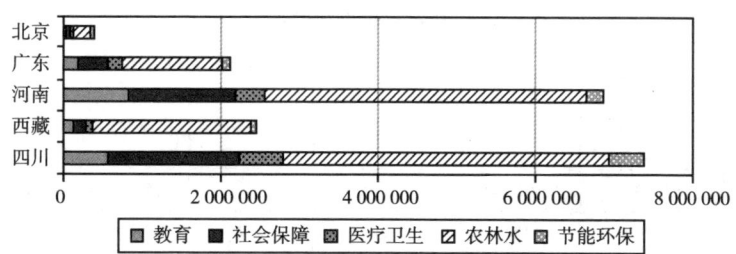

图12 我国部分省份专项转移支付主要涉及支出领域

资料来源："中央对地方转移支付管理平台"公布的专项转移支付项目（2016—2018年）、2018年政府收支分类科目。

按照地方财力水平的差异①，本研究选取了具有代表性的五个省市，对比后发现：中央对西藏自治区提供的一般性转移支付与专项转移支付都远远超过其地方本级财力水平，说明西藏自治区在承担地方公共服务职责的同时，还具有少数民族地区特有的政治稳定作用，体现了中央政府对国家安全等正外部性的重视程度。不同省市接受各项专项资金对地方公共支出发挥了不同程度的财力支持作用。这些差异的背后是我国各地迥异的经济发展与公共服务水平，而转移支付总额占地方财政支出总额的比重不同，集中反映不同类型的转移支付在当地发挥的不同作用，以及中央政府从全局出发的特殊考虑。广东省作为经济发展大省，对于不同省份间的横向公共服务均等化发挥了重要的作用，其接受的一般性转移支付与专项转移支付占本级财力的比重分别为7.04%和5.76%；而其接受的绝大部分专项资金都用于本级对应的公共支出上，在农林水支出领域，更大比重的专项资金用于本级政府对省以下政府的转移支付，发挥转移支付在省内部的纵向公共服务均等化作用（见表37）。

表37　　2016年我国部分省市一般公共预算支出中转移支付占比情况

省份	一般性转移支付相对比重	专项转移支付相对比重	专项转移支付支出比重			
			教育	社会保障	医疗	农林水支出
西藏	512.23%	336.04%	15.35%	6.21%	25.02%	62.62%
四川	69.73%	38.42%	8.87%	14.57%	15.67%	32.41%
河南	6.67%	4.70%	31.83%	2.27%	21.28%	72.10%

---

① 国发〔2018〕6号文发文前，主要采用的标准是对东、中、西部地区分别确定不同的分担比例；国发〔2018〕6号文根据地方实际财力的不同，重新划分五档，明确中央与地方有差别的分担方式。在选取代表省份时，本研究总体上同时考虑了两种分担标准，其中西藏、四川属于第一档；河南属于第二档；广东与北京分别属于第四档与第五档。

续表

省份	一般性转移支付相对比重	专项转移支付相对比重	专项转移支付支出比重			
			教育	社会保障	医疗	农林水支出
广东	7.04%	5.76%	13.45%	60.42%	90.73%	218.51%
北京	3.35%	8.78%	1.33%	51.90%	24.06%	7.16%

资料来源：《中国财政年鉴2017》、各省市2016年财政决算报告。由于各省市预决算公开程度、信息具有较大差异，本研究在计算过程中，保持了各省/省本级的内部数据一致。数据分别来自：西藏全区一般公共预算收支、转移性收支决算；四川全省一般公共预算收支、转移支付补助决算；河南省级一般公共预算收支、转移支付中用于补助省级决算；广东省省级一般公共预算收支、省级中央补助收入决算；北京市市级一般公共预算收支、市级中央转移支付收支决算。

注：相对比重＝转移支付收入／一般公共预算收入，表示地方获得中央的转移支付收入相对地方自有财力收入所占比重。

3. 典型国家事权划分与转移支付制度概述

各国政府间财政关系由于其历史背景、路径依赖、政治环境、经济发展及全球化进程等因素的不同而呈现出复杂的演变历程与特点。但政府间财政关系的安排应该遵循普遍的经济规律和社会生活的内在逻辑。各国之间的共性大于差异性，都普遍走向联邦主义财政模式（楼继伟，2013）。但对于我国还需要考虑经济发展的历史性与阶段性特征，在吸取其他大国在长期探索中积累的有关政府间财政关系的经验的同时，也要结合我国的特殊国情。

结构性与政治性因素推动了亚洲各国的政府间分权，在经历了长期经济增长和快速城市化之后，为迅速扩大和日益集中的人口提供服务的压力迅速增加，中央政府无法有效地作为基本公共服务的主要提供者，因此不得不授权给地方政府分担财政负担。无论是联邦制还是非联邦制国家，都普遍以"分权基础上的制衡"为最高指导原则，确定"哪些财政只能和财政工具适宜集权化，哪些应分配给各级地方政府"（Oates，1999）。但与联邦体制国家相比，亚洲各国面临法律制度不健全、预算软约束、地方财政管理不足、财务信息系统管理、中央对地方过多干预、地方责任不足等六方面的制度性障碍,无法形成中央与地方规范有效的分权制衡。规范的法律框架与分权实施之间存在较大差距,例如,中国的地方政府缺乏规范的分权法律指导,但却是世界上最具有分权特征的国家之一(World Bank,2002)。

在事权和支付责任划分及转移支付制度改革方面,典型国家的经验教训值得借鉴(见表38)。其中,美国是典型的联邦制国家,俄罗斯经历了苏联计划体制成为转型国家,日本是单一制国家,与我国的政治体制有较强的相似性。大多数国家都有很大比例的一般性转移支付,但美国现行的转移支付体系,90%以上属于专项转移支付。一般性转移支付通常发挥的是财力均等化作用,用于解决地区间的财政差异。但过多的实行财政均等化项目,反而会导致地方政府过于依赖转移支付资金,在一定程度上阻碍要素的流动,弱化市场的调节机制;如果地方政府面临的是预算软约束(Kornai,1979),那么可能引致地方政府的道德风险,减少地方官员的财政努力激励,最终会导致地区间财政能力和经济的持续差异。

表38　　　　典型国家的事权划分及转移支付制度

代表国家	事权划分	支出责任与转移支付制度
联邦制美国	以"分权制衡"作为政治建构基础,政府间职能配置实体化,各级政府机构责任明确。通过宪法列举联邦政府专属事权、禁止事权、人民保留事权;通过"州际贸易条款""财政权力条款""基本人权保障条款"保留联邦权力扩张的基础。	法律层面未明确联邦与州政府的共同事权,由联邦政府通过专项转移支付补助,联邦政府对下级政府不设置一般性转移支付;州对地方政府实施以财政均等化为目标的分类转移支付(Block grants)。

续表

代表国家	事权划分	支出责任与转移支付制度
转型制俄罗斯	20世纪30年代，苏联采取"中央列举，地方概括"方式，部长会议与联盟共和国各层级执行决议，高度集中的行政命令式。1993年俄罗斯颁布联邦宪法，规范与细化联邦与各联邦主体事权划分范围，明确列示联邦政府专属事权不得委托或转让，对于共同事权，决定权归属联邦政府，组建统一的执行权力体系，强化联邦职能的实体化。	俄罗斯联邦改革之前实施谈判式的转移支付资金分配方式；改革后明确上级政府委托下级政府实施的事权采用专项转移支付，实行以公式为导向的均等化转移支付。
单一制日本	二战后以《地方自治法》划分中央与地方事权，通过机关委托事务制度，大量中央事权委托地方执行，中央政府保留最终决策权与监督权；20世纪90年代末推行地方分权改革，废除机关委托事务制度，减少中央对地方事权的干预①，减少中央委托地方事权，明确中央干预地方的标准与程序，将各级政府职能的实体地位法律化。	通过地方分权改革，重新划分税权，增加地方自有财源，减少中央对地方的转移支付，鼓励地方间转移支付。中央支出比例上升为40%，收入比例为60%，差额部分用于中央对地方一般性转移支付、中央委托地方事权及共同事权的专项补助。

资料来源：本研究根据楼继伟（2013）自行整理。

美国实行"分权制衡"的联邦体制，宪法仅对国防、外交、州际征税等较为容易区分的公共服务与职责进行了明确规定，因此有大量的公共服务是由联邦、州和地方政府共同提供的，如司法、警察、环

---

① 不仅体现为中央政府对地方政府行政或法律约束的减少，而且还增强地方自有财力水平。

境保护、社会保障、州际交通设施建设、公园、经济管理等，一定程度上符合激励相容与优势互补的要求，但在实践中，一些由不同级政府共同提供的公共服务，由于制度上没有明确责任边界，会导致横向的地方政府之间和纵向的各层级政府之间的责任重叠与混乱，导致相应的公共服务提供效率低下。即使是相对成熟和发达的联邦体制，对于共同承担的事权，要设计或妥协产生激励相容的机制也并不容易。较多的共同事权也使得美国的联邦政府所支持的公共服务要比直接提供的更多，因此联邦政府提供了支持600多个州和地方的项目，且在类别上全部属于专项转移支付，目的是促进个人享受公共服务的均等化，而非不同地方提供的公共服务均等化。

俄罗斯作为转轨国家的典型代表，在由计划经济体制向市场经济体制转型的过程中，在政府间支出责任划分方面进行了多次改革。在苏联解体前，不同地区从中央政府取得的净转移支付有累进与累退之别，差异主要来自社会需求、中央政治偏好与地方政府游说能力（Pelissero and England，1980）。1992年苏联解体时，联邦转移支付并非取决于中央政府的政治目标这一供给侧因素，而是由需求侧因素决定——地方武装力量对中央权威的震慑力、选举反动力量越大，获得的中央拨款越多（Treisman，1996）。1993年俄罗斯颁布联邦宪法，规范与细化联邦与各联邦主体事权划分范围，明确列示联邦政府专属事权不得委托或转让，对于共同事权，决定权归属联邦政府，通过组建统一的执行权力体系执行。尽管法律上规定了各级政府在承担支出责任中的要求，但在实际执行中，上级政府可能将应由其承担的公共服务职责委托给地方政府，导致很多公共事务是由两级或三级政府共同承担的，由此也可能产生激励不相容的问题。

20世纪90年代末，日本实行地方分权改革后，中央委托地方事务和中央与地方共同事务大幅减少①,部分中央事权实体化后进一步提升了中央支出比重,政府间事权划分进一步明晰,行政效率明显提高。由于日本的中央政府与地方政府税收收入分配结构为"六四开",而支出结构接近于"四六开",因此地方财政支出存在巨大的资金缺口,需要通过财政转移支付等手段予以调节和保障。其中,一般转移支付性质的称为地方交付税,专项转移支付性质的称为国库支出金。从内容上看,国库支出金的设立包括三个目标:①基于中央与地方的共同事权,确保重要公共服务的全国平均水平,最具有代表性的是与义务教育相关的国库负担金;②基于中央委托地方事权的时效与便捷性,满足中央事务的财政需要,如用于支付地方代理中央办理国会议员选举等费用的国库委托金;③基于地方事务,反映中央特定政策干预、对地方进行政策鼓励、满足救灾等特定需求的国库补助金。从结构上看,国库支出金中60%为负担金,40%为补助金和委托金,在地方政府财政收入中占比15%~20%,且有缩小的趋势,主要分配领域为教育、就业与灾害救济方面。

政府间财政关系调整的基础环节是不同层级政府间功能职责的明确分配(Martinez-Vazquez et al.,2006)。联邦制和单一制国家,虽然在整体上存在诸多差异,但其政府间财政关系的演进却有着类似的走向,均体现为政府间财政关系与资源配置方式的适应。如美国从联邦政府的权力很小走向逐步承担更多的职能,联邦财政支出占全国比重超过50%;日本从中央权威国家逐步走向分权化改革,中央政府收入占全国财政收入的60%,承担的支出责任占全国的40%。但我国的中央与地方财政关系更加关注的是政府事务的上下对口管理,各级政府都直接面向民众提供公共服务(楼继伟,2013)。我国自分税制改革以

---

① 日本地方分权改革中,理顺约600项中央委托地方事权,分别划归地方事权(50%)、法定委托地方事权(42%)、中央事权(8%)。

来，尽管在政府间财政收入划分和转移支付方面都基本实行了联邦主义财政，但在政府间权责分担和支出责任划分上还十分模糊，这一制度安排与市场经济下的资源配置方式不相适应，因而无法提高资源配置的效率。

4. 共同财政事权划分下的专项转移支付改革路径分析

目前我国政府间财政事权划分改革的重点是，将部分中央委托地方事权、中央与地方共同事权等上收至中央，并进一步规范中央政府对相应财政事权的支出责任。目前在诸多财政事权领域，仍然需要中央层面的实体管理与责任落实，相应地也存在中央与地方支出责任分担不清、缺乏法律基础、转移性支出预算公开程度低、专项资金与财政事权清单不匹配等问题，为接下来我国共同财政事权划分下的专项转移支付改革提出了更高的要求。

（1）专项资金由项目法向因素法过渡，完善共同财政事权的支出责任清单。

国办发〔2018〕6号文确定了基本公共服务领域的八大类18项中央与地方共同财政事权，并明确给出了每一项共同财政事权的基础标准、支出责任划分方式（见表39），并在现有的专项与一般性转移支付项目中，单独成立"共同财政事权分类分档转移支付"，为进一步推进基本公共服务领域共同财政事权的改革奠定了重要基础。采用"因素法"分配专项资金，能够依据项目涉及的自然、经济、社会、绩效等客观条件与地方努力等因素，赋予相应的权重或标准，能够较为科学、准确、灵活地划定中央与地方的共担支出责任，尽可能地保留对地方政府的激励相容。

表39	基本公共服务领域中央与地方共同财政事权支出责任划分
支出责任划分方式	基本公共服务领域共同财政事权事项
按比例、项目分担，按标准定额补助	义务教育公用经费保障 免费提供教科书 家庭经济困难学生生活补助 贫困地区学生营养膳食补助 城乡居民基本养老保险补助 受灾人员救助
中央对地方分档分担	中等职业教育国家助学金 中等职业教育免学费补助 普通高中教育国家助学金 普通高中教育免学杂费补助 城乡居民基本医疗保险补助 基本公共卫生服务 计划生育扶助保障
依地方财力、保障对象数量等因素确定分担比例	基本公共就业服务 医疗救助 困难群众救助 残疾人服务 城乡保障性安居工程

资料来源：根据国办发〔2018〕6号整理。

"十三五"规划对我国基本公共服务制度的界定为：紧扣以人为本，围绕从出生到死亡各个阶段和不同领域，以涵盖教育、劳动就业创业、社会保险、医疗卫生、社会服务、住房保障、文化体育等领域，保障全民基本生存发展需求的制度性安排。其中对基本公共服务范围的界定包括公共教育、劳动就业创业、社会保险、医疗卫生、社会服务、住房保障、公共文化体育、残疾人服务等8个领域的81个项目

(见图13），而此次基本公共服务领域共同财政事权的改革仅占全部公共服务领域事项的22%，表40（简表）中的"中央财政适当补助"等表述进一步说明，"十三五"规划对于大部分基本公共服务支出责任的界定仍然十分模糊。

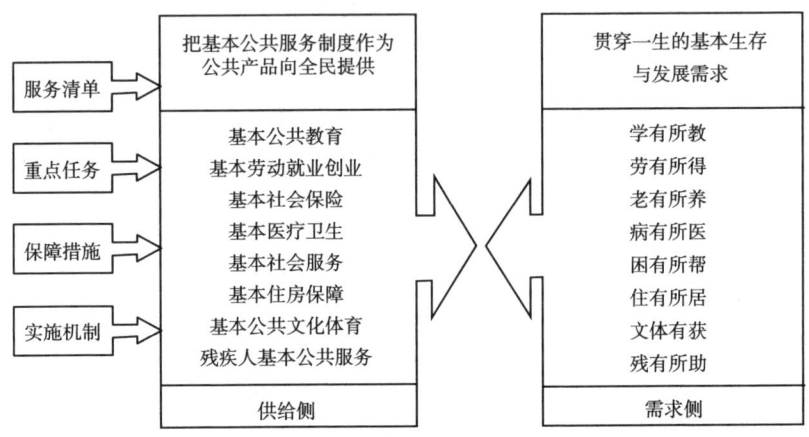

图13 "十三五"规划对基本公共服务范围内涵的基本界定

资料来源：国发〔2017〕9号《国务院关于印发"十三五"推进基本公共服务均等化规划的通知》。

对此，应在明确划分各级政府基本公共服务事权和支出责任的基础上，逐步做到属于地方政府事务，其自有收入不能满足支出需求的，中央财政通过一般性转移支付给予补助；属于中央委托事务，中央财政通过专项转移支付足额安排资金；属于中央与地方共同事务，明确各自支出的分担比例，并制定与完善共同财政事权的支出责任清单，清晰界定各级政府的支出责任，并以相应的转移支付资金予以支持。

表40 "十三五"规划对基本公共服务支出责任的界定(简表)

服务项目	服务对象	服务指导标准	支出责任	牵头负责单位
普惠性学前教育资助	经县级以上教育行政部门审批设立的普惠性幼儿园在园家庭经济困难儿童、孤儿和残疾儿童	减免保育教育费,补助伙食费,具体资助方式和资助标准由省级人民政府结合本地实际自行制定。	地方人民政府负责,中央财政予以奖补。按照"地方先行,中央补助"的原则开展相关工作。	财政部、教育部
基本公共就业服务	有就业需求的劳动年龄人口	提供就业政策法规咨询、职业供求信息、市场工资指导价位信息和职业培训信息、职业指导和职业介绍、就业登记和失业登记、流动人员人事档案管理等服务。	国务院有关部门所属人才中介服务机构开展流动人员人事档案管理所需经费由中央财政予以补助,其余由地方人民政府负责。	人力资源社会保障部
职工基本养老保险	符合条件的参保退休人员	发放基本养老金,包括基础养老金和个人账户养老金,对改革前参加工作、改革后退休的参保人员增发过渡性养老金,建立基本养老金合理调整机制。	用人单位原则上缴纳工资总额的20%,职工缴纳本人缴费工资的8%。在基本养老保险基金中支出,基本养老保险基金支付不足时财政给予补助。	人力资源社会保障部

续表

服务项目	服务对象	服务指导标准	支出责任	牵头负责单位
传染病及突发公共卫生事件报告和处理	法定传染病病人、疑似病人、密切接触者和突发公共卫生事件伤病员及相关人群	就诊的传染病病例和疑似病例以及突发公共卫生事件伤病员及时得到发现、登记、报告、处理，提供传染病防治和突发公共卫生事件防范知识宣传和咨询服务。传染病报告率和报告及时率均达到95%，突发公共卫生事件相关信息报告率达到100%。	地方人民政府负责，中央财政适当补助	国家卫生计生委
城镇棚户区住房改造	符合条件的城镇居民	实物安置和货币补偿相结合，具体标准由市、县级人民政府确定（有国家标准的，执行国家标准）。全国开工改造包括城市危房、城中村在内的各类棚户区住房2000万套。	政府给予适当补助，企业安排一定的资金，住户承担一部分住房改善费用。	住房城乡建设部、财政部
公共文化设施免费开放	城乡居民	公共图书馆、文化馆（站）、公共博物馆（非文物建筑及遗址类）、公共美术馆等公共文化设施免费开放，基本服务项目健全。	地方人民政府负责，中央财政适当补助	文化部、国家文物局、财政部

续表

服务项目	服务对象	服务指导标准	支出责任	牵头负责单位
残疾人基本住房保障	残疾人	对符合基本住房保障条件的城镇残疾人家庭给予优先轮候、优先选房等政策;同等条件下优先为经济困难的残疾人家庭实施农村危房改造,完成农村贫困残疾人家庭存量危房改造任务。	由地方人民政府负责,中央财政安排补助资金、地方财政给予资金支持、个人自筹等相结合。	住房城乡建设部、中国残联

资料来源:国发〔2012〕29号文"国务院关于印发国家基本公共服务体系'十二五'规划的通知"。

(2) 支出责任与转移支付法定化。

无论是单一制国家还是联邦制国家,在政府间事权划分方面有大致的框架,普遍以"分权基础上的制衡"为最高指导原则,确定"哪些财政只能和财政工具适宜集权化,哪些应分配给各级地方政府"(Oates,1999)。

分权制衡原则主要包括以下含义:①强调国家财政权力"从低"行使原则,更多地将权力下放至较低层级的政府来行使;②强调中央政府的主导地位,通过有效制约地方政府,控制重要税收的归属权、征管权和立法权等,掌握全国主要财力,提供全国性公共服务,通过大规模的政府间转移支付,实现公共服务均等化;③强调集权与分权的适当结合。中央政府是国家安全、经济稳定和收入再分配职责的主要承担者,而资源配置、提供公共服务职责主要属于地方政府,但全国性公共产品及空间外溢的事务仍需要中央政府承担或与地方政府共担,因此中央政府直接支出的比重较高。2015—2016年,OECD国家中央政府财政支出比重平均为61%,英国为75%,美国51.5%,德国60%,而我国中央政府财政支出比重仅为11%。

与联邦制国家相比，单一制国家更加强调制衡，即中央政府在更高程度上控制课税权，地方政府的自主性相对较小。联邦制国家普遍采取宪法和法律的形式，对各级政府的职责等事务作出明确甚至详细的规定，为政府间支出责任划分、税收安排以及转移支付提供必要的依据。以宪法和法律的强制性与固定性确保了政府间财政关系基本架构的稳定与连续，避免了因政府换届或最高决策层更替而任意改变规则的可能性。单一制国家普遍通过中央立法规范确定地方政府的权力与职责，宪法并不明确划分中央与地方的权力，而是笼统地规定由中央政府决定。与多数发达国家相比，我国的政府职能配置明显过于分权，地方政府对于国防、边防事务、司法事务等中央事权参与过多，而中央政府对于跨区域外溢性项目、社会保障等中央事权与共担事权的责任不足。

受传统计划体制影响，我国各级政府职能的配置天然缺乏清晰分工理念，机关化特征显著，同一事项各级政府均不同程度地参与，逐级发号施令，主要由基层政府负责事权的具体执行。因此，我国需要遵循外部性、信息处理复杂性和激励相容三原则，综合考虑法律规定、受益范围、成本效率、基层优先等因素，合理界定中央政府与地方政府的基本公共服务事权和支出责任，并逐步通过法律形式予以明确。在此基础上，各级政府采用实体化、合理配置机构执法的方式直接承担相关事权。具体而言，中央政府主要负责制定国家基本公共服务标准和政策法规，提供涉及中央事权的基本公共服务，协调跨省（区、市）的基本公共服务问题，以及对各省级政府提供的基本公共服务进行监督、考核与问责。按照国家统一制度框架，省级政府主要负责制定本地区基本公共服务标准和地方政策法规，提供涉及地方事权的基本公共服务，以及对市级和县级政府提供的基本公共服务进行监督、考核与问责。市级和县级政府具体负责本地基本公共服务的提供以及对基本公共服务机构的监管。

（3）转移性支出预算编制公开化。

我国《预算法》规定各级政府预算中的重点支出和重大投资项目是各级政府工作的重点，但考虑到我国地域辽阔、各地发展结构和水平差异较大，因此并未采取列举法直接规定预算安排的重点支出，而是遵循因地制宜原则，各地可以自主确定重点支出的具体内容。例如，一些以城市为主的地方政府不一定将农业作为支出重点，一些基层政府也不一定要将科技支出作为支出重点。从我国转移支付的典型事实来看，不同省市接受的转移支付资金中农林水支出仍然占据了非常大的比重（见表37）。

2014年我国中央财政首次将专项转移支付预算按照每一个具体项目向社会公开。在规模变化上：2008年后为应对金融危机，实施积极的财政政策，专项转移支付规模大幅增加（2009年占比达到52.2%），2011年后加大专项转移支付清理整合力度，到2013年专项转移支付占比43.3%。在结构上，我国中央对地方专项转移支付大部分用于中西部地区和人民群众生活密切相关的领域，涉及一般公共服务支出科目共18项（见图14）。从预算公开程度来看，转移支付预算公开自2015年起，保送全国人大审议的中央预算草案，中央与地方转移支付预算已做到分项目、分地区编制，并对项目预算安排落实到地区等情况逐一说明，转移支付提前下达的比例明显提高，有助于地方预算编制的完整性。但目前全国31个省市的预算与决算报告对于转移支付数据的公开程度不一，格式各异，而政府收支科目中的"转移性收支"，绝大部分省市并未公开详细的报表数据。由于预算统计的口径、数据缺失等问题，无法针对转移支付资金进行绩效评估，也无法有效衔接中央与地方财政事权的改革、支出责任划分与落实的要求。据此，在落实各项共同财政事权的支出责任的同时，也要不断提高转移性收支预算编制的公开与透明度，完善相应的资金绩效与评价监督机制，切实提高转移性收支的使用效率。对于共同事权、中央委托事务的支出负担应作出明确规定，并根据政策需要，实现中央对地方的支出补偿。预算支出的大头安排在地方，支出的基数核定采取因素法（肖捷，1995）。

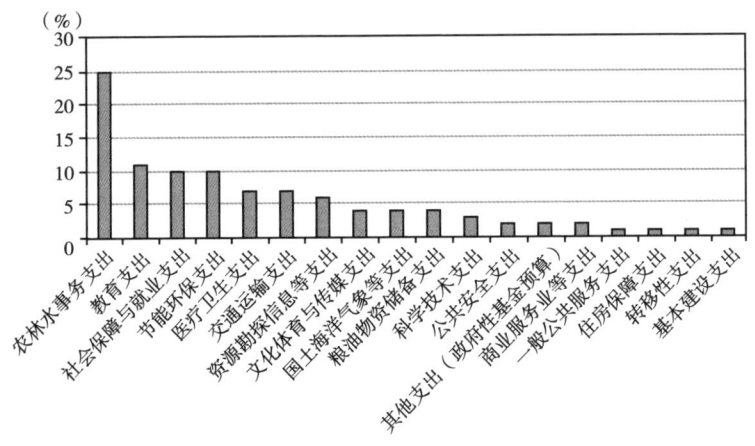

图 14　我国专项转移支付项目类别

资料来源："中央对地方转移支付管理平台"公布的专项转移支付项目（截至 2018 年 2 月统计）、2018 年政府收支分类科目。

（4）建立"大专项+共同财政事权清单"。

我国目前需要调整与进一步完善的财政事权领域包括：①国防、外交、国家安全等关系国家政令统一、维护市场统一、食品药品安全、生态环境保护、知识产权保护、跨区域司法管理等促进区域协调、确保国家各领域安全的重大事务应集中为中央事权，海防、边境安全、界河管理等属于典型的全国性公共物品，涉及国家主权和利益，其支出责任应全部由中央政府承担，并通过实体化改革，重点强化中央政府的执法权。②中央政府集中一部分关系社会和谐稳定，公平争议，涉及全国市场统一标准的管理职能。如司法责任、独立的检察、侦查体系、食品药品监管体系等,由中央政府承担并提供相应的财力保障;③跨区域重大项目的建设与维护职能应当集中到中央。如跨区域交通建设、全国流域国土整治、全国性生态和环保重点项目建设等,具有较强的外部性,地方也是受益者,应由中央政府建设,地方与中央政府共同维护;④中央政府集中部分公共卫生和社会保障职能,对于传染病防治、免疫业务等影响范围是地方政府无法控制的,应当由中央政府承担支出责任;对于医疗资源分布不均衡的问题,中央政府应对落后地区给予相应支持,承担一部分社会保障与公共卫生服务责任。⑤集中一部分教育职能。对于高等教育、科研支出服务范围广、跨地域外部性较大的支出责任应该主要在中央政府。具有地域信息优势,外部性弱,并且主要与当地居民有关的事务交给地方政府。

2016年我国中央对地方转移支付规模达到5.29万亿元,其中一般性转移支付3.2万亿元,专项转移支付2.09万亿元[①],一般性转移支付规模在稳步增加,一般性转移支付占全部转移支付的比重由2013年的56.7%逐步提高至2016年的60.5%。专项转移支付内部结构在不断优化,加大教科文卫、社会保障、节能环保、农林水等重点民生领域的投入力度。2016年,专项转移支付的数量由2013年的220个大幅压减到94个,压缩率为57%。

但目前我国转移支付制度改革与财政事权和支出责任划分改革衔接不够,转移支付资金统筹力度有待加强,以事权属性为遵循,将转移支付改革同中央与地方财政事权和支出责任的划分改革相衔接,同绩效评价、预算公开、问责机制等制度建设相结合,从根本上解决转移支付与财政事权和支出责任不匹配问题。对此,应该大幅度减少专项转移支付下不同支出方向的数量,同时探索建立"大专项+共同财

---

① 2016年12月23日"国务院关于深化财政转移支付制度改革情况的报告"。

政事权清单"机制,推动同一专项下不同支出方向资金的统筹使用,中央制定任务清单进行指导,将项目审批权下放到地方。充分考虑公共服务提供的有效性、受益范围的外部性、信息获取的及时性和便利性以及地方自主性、积极性等因素,清理整合专项转移支付项目。对于中央和地方共同事权,设置专项转移支付要明确分担标准与比例,根据各地财政困难程度,同一专项对于不同地区可采取有区别的分担比例,但不同专项对同一地区的分担比例应尽量统一规范。

七、结论与政策建议

事权和支出责任划分改革是当前我国深化财政体制改革、完善中央与地方财政关系、建立现代财政制度的关键内容。总体而言,我国事权与支出责任划分的主要矛盾集中在以下几个方面:政策文本中事权划分的基本概念表述不规范、内涵不统一;政府间事权与支出责任划分原则不明确;共担事权划分边界极其模糊;转移支付与政府间事权与支出责任划分脱节;各级政府缺乏足够的财力来保障支出责任履行等。致力于细化我国中央与地方事权和支出责任改革,本研究以"事权"和"支出责任"为中心,依据我国有关事权与支出责任划分规范性政策文本和财政联邦主义等主流文献,梳理我国事权与支出责任划分的历史进程,以事权属性为遵循,归纳出我国政府间事权划分的一般规律。基于此,进一步深化研究,着眼于中央与地方的共同事权,从现实配置与改革核心两个角度入手,利用专项转移支付倒推中央与地方的支出责任划分。并将转移支付改革同中央与地方财政事权和支出责任的划分改革相衔接,加强转移支付资金的统筹力度,为理顺我国中央与地方事权与支出责任划分改革提供重要基础。本研究可以归纳出如下几条结论,并由此延伸出对未来事权和支出责任划分的些许政策建议。

(一)结论一:我国已形成独具中国特色的事权概念体系

本研究通过梳理理论文献和政策文本,搭建"元概念"体系,比较和区分不同财政制度下事权及其相关概念的差异,并总结事权概念在国内学术文献、政策文本中概念界定的矛盾与关联,与元概念进行对应和辨析。

依据丰富的理论文献和国际经验,本研究认为事权元概念分为两个大类,即权力类和责任类。其中权力类的元概念包含财政权力、财政自治权、支出权力及财政收入权。责任类的元概念主要为财政责任和支出责任两个术语,其中财政责任的内涵包含了支出责任。

我国所提及的"事权""财力""财权""支出责任"等概念,在英文文献和国外政策实践中难以找到完全对应的术语或表述。由于我国的历史背景,事权概念甚至可以被认为是我国财政理论界的特有称谓。但事权概念实际也经历了由"事权"到"财政事权"的转变,这里的事权是指政府的经济管理权限,而财政事权是一级政府应承担的运用财政资金提供基本公共服务的任务和职责。

更深入的归纳和梳理之后,本研究得到我国事权概念发展存在以下逻辑关系:

第一,事权并非一个严谨的学术概念,涉及财权、财力及支出责任一系列中文术语群。我国的事权相关术语群是伴随我国财税体制改革的发展而产生出来的具有中国特色的政策概念,在英文文献及国外政策实践中没有直接的对应。

第二,在我国的政策实践中,各个阶段提到的事权及其相关概念的含义并不完全相同。随着我国财税体制改革的推进,这些概念的含义也在依据各方面因素的转变而发生改变。我国事权、财权、支出责任及财力四个概念的内涵和逻辑关系逐渐明晰，形成了适应于我国改革现状特有的术语体系。

（二）结论二：我国事权与支出责任划分逐步演进——从分权集权循环期到适度集权期的转变

本研究将我国事权与支出责任划分以分税制作为分水岭。分税制前，政府间"分权与集权"矛盾极为严重，走入中央政府主导下的"分权和集权"循环。1949年我国进入了统收统支的事权过度集权时期。直至1951年，为了充分发挥地方的积极性，国家开始实行"统一领导、分级管理"财政管理体制。而后30年，中央和地方政府不断在进行分权和集权的博弈，事权安排大致呈现"放（1958）→收（1961）→放（1971）→进一步下放（1979）"的格局。但"分权"下放的仅仅只是某项具体事务的执行权力和对地方支出自我安排的程度。即使在分权程度最高的时候，事权的决定权仍然把握在中央政府手中，事权最终格局是中央与地方政府"谈判"的结果，各级政府财政能力"强""弱"会造成事权具体安排的不同。

此后的分税制改革是中央主导、央地博弈后双方妥协的"集权"措施。分税制时期，虽各级政府博弈仍在继续，但总体而言，政府间财政关系基本趋于稳定，从"集权和分权"的博弈转变为对事权"合理划分"的探讨。分税制后，财政制度安排的大趋势是"适度集权"，并开始尝试"财权和事权的匹配原则"试错与实践。

（三）结论三：传统的事权类型化划分缺陷明显

本研究尝试三种传统的事权类型化划分的方法，但这三种方法都显现出不同方面、不同程度的短板，无法作为研究我国事权与支出责任划分一般规律的基本框架。

基于一般公共预算支出科目对事权划分,可将中央政府与地方政府的事权分为地方性与非地方性,非地方性可具体分为全局性与跨区域性。这种方式虽然简单,但它没有对明晰当前政府间事权划分提出新的见解。而且,该分类需要一个很强的前提——事权与支出责任相对应,并不足以作为事权划分的框架。

依照事性依据的事权划分将事权划分为政治、民族、经济、自然、民生、服务六种类别。但这种分类方式,不但没有创新点可言,也没有足够的理论依据。

基于模型化的一般思路,本研究尝试考察不同事权的理论产出,将事权划分为互不相干类、短板类、长板类、取交集类、取并集类这五种事权。这种分类是对后续事权和支出责任的模型化分析所进行的一定尝试。但这种分类方式并不能用来讨论中央事权和地方事权,更多地可能适合解释政府间共担事权划分。

(四)结论四:我国事权划分的两大关键——财政联邦主义的适当借鉴、以事权属性为依据

本研究认为我国政府间事权划分应抓住两个核心点,一是事权划分应适当借鉴财政联邦主义的分权原则;二是事权属性是事权划分的重要依据。

致力于解决我国事权划分问题,为其寻找较规范、统一的分析范式,发现财政联邦主义对我国政府间事权划分存在一定适用性。财政联邦框架的逻辑是认为地方分权是效率的,并根据信息偏好、公共产品的受益范围等来决定各级政府职能的最优分工,并以此来决定财权和财力的分配。但部分公共产品是具有溢出效应的,因此中央政府会以转移支付的形式来弥补这部分的损失;对于全国性公共产品,地方政府既没有激励也没有相应的财政资源，直接划归给中央政府来承担。然而，这种逻辑中的分权标准尚且可以供我国借鉴，但逻辑本身并不适用。原因在于我国并不是财政联邦制，我国的财政分权首先需保证中央政府的"主导地位"，再对部分领域权力进行"分权"。

依据这种逻辑，本研究重新界定了事权属性，首先用政治集中度刻画中国单一制下保证中央权威的特点，同时借助经济维度上外部性、激励相容和提供效率的指标，对我国事权划分的一般规律进行基本说明。政治集中度描述该事权对中央权威的影响程度。政治集中度高意味着此项事权关系到国家主权或关系国家命脉的重要领域，以至于不能下放地方的政府事权，而是倾向于由中央直接负责。随后利用政府工具论中直接性和强制性的概念，对事权性质进一步描述。强制性是政府对目标对象行为的强制或者限制程度，直接性则是政府直接来提供或者满足既定目标的程度。对于（强，强制性）或政治集中度强的事权，履行的目的在于维护国家权威和统一、社会政治经济稳定与战略发展，由中央政府独自承担。而对于（强，直接性）性质的事权可以考虑一定程度的下放，但具体的划分要参照事权的受益范围等共同决定。对于（弱，强制性）和（弱，直接性）的事权，根据属地范围、监督难易、激励因素确定具体归属。

（五）结论五：共同事权划分与专项转移支付衔接是细化改革的关键突破口

本研究着重关注中央与地方政府间共同事权。一方面，考察共同事权的现实配置；另一方面，由共同事权联系专项转移支付，探究我国支出责任划分改革的核心。

借鉴功能联邦主义中的功能覆盖型竞争性辖区模型和国家自主性权力理论中的领土中央性理念，本研究揭示了中央与地方交叉事权的配置现状以及背后的配置逻辑。在对"交叉事权"等相关概念做出梳理后,以功能覆盖型竞争性辖区模型中的"功能性"和"竞争性"理念为基础,结合我国现实背景进行解释与修正,指出我国特殊背景下,事权实施过程中的辖区竞争元素,并以此构建我国交叉事权配置的"功能—竞争"基本配置框架。结合从我国政策文本中整理出的央地权力清单,依据不同的功能边界和竞争边界划分出强功能性、弱竞争性与弱功能性、强竞争性两类交叉事权,并归纳了不同领域内交叉事权的功能属性和竞争属性。最后,将领土中央性的理念纳入分析框架,对我国央地交叉事权的配置逻辑做出基于国家自主性的解释。

在此基础上,本研究将目光投向专项转移支付与共同事权的关联与衔接上。通过梳理典型国家的事权划分与转移支付制度,发现我国的转移支付在制度设计、政策目标、分配方式等方面与之都有明显的差异,但在共同事权方面具有一定的共性,均体现为政府间财政关系与资源配置方式的适应,需要设置有效的激励相容机制,通过转移支付制度保障各级政府支出责任的履行。同时察觉到我国转移支付制度改革与财政事权和支出责任划分改革衔接不够,转移支付资金统筹力度有待加强。

(六)建议一:规范事权元概念——进行"权力"和"责任"的明确分类

事权和支出责任划分改革首先要夯实基础,对于政策文本的基本概念要明确统一。根据本研究思路,理论研究和政策文本中的事权概念可以明确划分成权力类和责任类,其中每一类都对应不同且明确的概念。

具体来说,可以将我国的政府事权、财政事权、财权和财力这些基本概念界定为如下:政府事权是指各级政府根据宪法的规定所享有的管理国家事务的权力;财政事权是政府事权在财政领域的具体化,是指各级财政部门根据法律法规及上级政府授权在特定的职能范围内进行公共物品和公共服务供给与分配的权力;财权指各级政府获得财政收入的权力,即财政收入权;财力指政府履行财政和服务水平义务的能力。而支出责任指各级政府对其所负责的公共事务负有的支出义务,各级地方政府对其所负责的地方公共事务负有支出责任。

为保证我国后续事权与支出责任改革的顺利进行,结合元概念,界定政府间财政事权即是要划分各级政府应当处理并承担支出的事务,财权的分配则是将财政收入在各级政府之间进行划分。

(七)建议二:依照事权属性界定各级政府事权范围

我国是一个单一制国家,国家主权由中央独享,中央政府拥有绝对决策权。我国事权划分首要考虑的是保持中央政府主导地位的前提下,维持整个国家的良好运作。政府为达成明晰政府间事权划分和实现基本公共服务均等化这两大目标,需要结合理论依据和中国的现实情况,依据事权的基本属性进行政府间事权划分。

具体而言,事权划分应该遵循以下逻辑。对于(强,强制性)或政治集中度强的事权,必须由中央政府这个执行国家意志和人民利益的"代理人"以"行政权威"来调和可能出现的各主体间的矛盾,实现对所有主体行为的规制,从而保障整个国家和民族的生存与发展。最典型的是即国家主权和国家安全事务。对于(强,直接性)性质的事权属于中央与地方共担事权,此类事权政治集中度不高,但是它们与民众生活密切关联。其中,由于地方政府在局部有信息收集和处理上的优势,可以直接提供;而受益范围涵盖全国的事权,由中央负责更具效率。(弱,强制性)和(弱,直接性)的各主体事权,一般以属地原则为基准,结合"受益范围"和"监督难易"要素来确定政府归属。

本研究尤其关注中央与地方共同事权的配置问题，共同事权的划分仍然由事性决定。对共同事权进行划分遵循的基本逻辑是，按照事权的功能性和竞争性的特征，对强功能性和弱竞争性的事权，由于国家自主权力的"辐射"路径受阻，需要中央参与事权实施过程，对地方提供指导；对于弱功能性且强竞争性的事权，由于国家自主权力的"渗透"路径受阻，同样需要中央政府采取共同事权的方式直接介入。

遵循事权基本属性进行事权的明确划分，摆正中央政府和地方政府在事权履行中的正确位置，保证各司其职。中央政府承担基本公共服务的能力，充当经济社会等方面宏观管理、事权决策和执法等角色，而地方政府应更好地贯彻事权的执行权力，尤其是具体管理事项。

（八）建议三：建立"权力—责任—支出清单"的统一体系

国务院等机构公开的中央及各省政府权力清单，是明晰政府间事权划分的重要依据，但其在内容和类别的设置上需进一步完善。第一，权力清单公开的主要是行政许可事项，只有少部分省级政府在权力清单中列举了行政处罚、行政强制等事权。这些类别事项的缺失一定程度上会影响我们对事权划分的判断。第二，当前权力清单中仍存在诸多未尽事项，如"能源开发"这类事权在各级政府权力清单中均未有具体安排。再次，各省权力清单事权列举的详尽程度差异明显。以部门为例，某省权力清单中"国资委"仅管理"对省属国有独资公司章程进行审核"一项事权，但列举了安全监管局的三百五十二项事权。第三，当前地方政府的权力清单只制作和公开了省级政府清单，基层政府实际承担的事权仍不明晰。市县以下事权只能通过"中央指定地方实施的行政许可事项"进行大致推测。

而本研究进一步对比"中央指定地方实施事项清单"与"地方权力清单"发现，中央指定地方实施事项与地方权力清单无法完全对应，存在较多"中央指定事权、地方无对应事权""指定事权归属政府与实际执行政府级次不一致""指定事权与实际执行事权不完全一致"等情况。"中央指定、地方无对应事权"构成了政府事权执行和支出责任履行"中空地带"，造成政府职能的缺位；"事权理应归属和执行政府级次的差异"则直接造成事权边界混乱，互相推诿管理和支出责任。

针对这些现象，我们应对当前的权力清单制度进行完善。在拓展当前行政许可事项清单的基础上，统一各部门事权列举口径，并构建市县级次政府权力清单。更为重要的是，要重点关注中央指定地方事权和地方列举事权不一致的部分，从而明确该部分事权的最终归属。其次，各级政府继续编制与当前"权责清单"一致的"支出清单"，详述列举事权的出资主体、资金来源、支出依据等基本内容。通过政府"权力—责任—支出清单"制度的构建，一定程度上可规范财政事权划分。

（九）建议四：以共同事权属性为遵循统筹转移支付资金

转移支付是中央与地方共同事权中，中央分担支出责任的主要手段，在细化我国中央与地方财政事权与支出责任划分改革中具有十分重要的地位。但是目前我国转移支付制度改革与财政事权和支出责任划分改革衔接不够，转移支付资金统筹力度有待加强，应以共同财政事权属性为遵循，将转移支付改革同中央与地方财政事权和支出责任的划分改革相衔接。

首先，明确规定转移支付制度下相应事权与支出责任主体，合理配置专项资金。一方面，通过"中央政府事权及中央承担支出责任事权，由中央本级预算列支，不得要求地方安排配套资金""地方政府事权，中央不安排专项拨款"以及"共担事权由各级政府分担资金，列明支出比例"三项措施，以规范转移支付及责任主体，间接明晰政府间支出责任；另一方面，采用因素法分配专项资金，完善激励相容机制。其次，制定完善国家基本公共服务标准和政策法规，提高支出责任划分法定水平与实体机构落实水平，将事权划分、支出责任归属、转移支付安排纳入法治化轨道，借鉴发达国家的先进经验，在有明确法律法规的保障下进行支出责任划分，并随社会发展不断更新和调整，使其更好适用于社会发展。再次，进一步提高预算公开与透明度，规范与完善转移性收支预算编制要求，提高转移支付资金绩效水平；最后，继续整合专项转移支付项目，建立"大专项与共同财政事权清单"相结合的体系，完善中央与地方的支出责任分担标准与比例。最终通过完善专项转移支付制度，为理顺我国中央与地方共同财政事权划分改革提供重要保障。

本研究从概念界定、历史演进、类型划分尝试到总结按事权属性划分的一般规律，归纳共同事权和转移支付制度的逻辑，无不围绕着坚持"事权与支出责任相匹配"的原则。为了达成这一目标，对事权划分和支出责任的改革都提出了极高的要求，应将各级政府的列举权力、专有权力、禁止权力、共有权力和保留权力中一项或多项以法律法规的形式进行明文规定。与此同时，设置一些专门机构或法律来处理事权和支出责任的争端，减少"讨价还价"或"互相推诿"的情况，从而最终实现"事权和支出责任相适应"。

参考文献

[1] 艾琳，王刚. 行政审批制度改革探究 [M]. 北京：人民出版社，2015.

[2] 安体富，任强. 公共服务均等化：理论，问题与对策 [J]. 财贸经济，2007，

8（1）．

　　［3］鲍尔著，许善达．中国的财政政策——税制与中央及地方的财政关系［M］．北京：中国税务出版社，2000．

　　［4］财政部综合计划司编．中华人民共和国财政史料［M］．北京：中国财政经济出版社，1982．

　　［5］曹正汉．中国的集权与分权："风险论"与历史证据［J］．社会，2017，37（3）：1-45．

　　［6］陈振明．公共管理学［M］．北京：中国人民大学出版社，2017．

　　［7］陈振明．政府工具导论［M］．北京：北京大学出版社，2009．

　　［8］丹尼尔·J．伊拉扎（Daniel J. Elazar）著；彭利平译．联邦主义探索［M］．上海：上海三联书店，2004．

　　［9］范子英，李欣．部长的政治关联效应与财政转移支付分配［J］．经济研究，2014，6：129-141．

　　［10］范子英，张军．财政分权，转移支付与国内市场整合［J］．经济研究，2010，45（3）：53-64．

　　［11］范子英，张军．粘纸效应：对地方政府规模膨胀的一种解释［J］．中国工业经济，2010，12：5-15．

　　［12］冯兴元．财政联邦制：政府竞争的秩序框架［J］．制度经济学研究，2011（1）：92-118．

　　［13］冯兴元．财政联邦制：中国地方政府竞争的秩序框架［A］．北京市海淀和谐社区发展中心、中国人民大学公共政策研究院．"社区治理：组织发展与公共服务"学术研讨会论文集［C］．北京市海淀和谐社区发展中心、中国人民大学公共政策研究院，2009：21．

　　［14］冯兴元．我国各级政府公共服务事权划分的研究［J］．经济研究参考，2005（26）：2-18．

　　［15］冯兴元．地方政府竞争：理论范式分析框架与实证研究［M］．南京：译林出版社，2010．

　　［16］付文林，沈坤荣．均等化转移支付与地方财政支出结构［J］．经济研究，2012，5：45-57．

［17］顾国新，刘雄伟．关于正确划分中央与地方政府事权的几个问题［J］．宏观经济研究，1989（6）：47-51．

［18］郭忠华．当代国家理论［M］．广州：广东人民出版社，2017．

［19］华莱士·E. 奥茨，刘承礼．财政联邦制述评［J］，经济社会体制比较，2011（5）：13-27．

［20］黄建文，杨红伟，罗强．博弈论的观点对中国分税制重新解读［M］．长沙：湖南人民出版社，2011．

［21］黄韬著．中央与地方事权分配机制［M］．上海：格致出版社，2015．

［22］贾俊雪，郭庆旺，高立．中央财政转移支付，激励效应与地区间财政支出竞争［J］．财贸经济，2010（11）：52-57．

［23］冷永生．关于政府间财政关系理论问题的两点思考［J］．财政研究，2011（3）：22-24．

［24］李俊生，乔宝云，刘乐峥．明晰政府间事权划分 构建现代化政府治理体系［J］．中央财经大学学报，2014（3）：3-10．

［25］李俊生，姚东旻．重构政府与市场的关系——新市场财政学的"国家观""政府观"及其理论渊源［J］．财政研究，2018（1）：20-32．

［26］李齐云，马万里．中国式财政分权体制下政府间财力与事权匹配研究［J］．理论学刊，2012（11）：38-43．

［27］李齐云著．建立健全与事权相匹配的财税体制研究［M］．北京：中国财政经济出版社，2013．

［28］李森．试论公共产品受益范围多样性与政府级次有限性之间的矛盾及协调——对政府间事权和支出责任划分的再思考［J］．财政研究，2017（8）：2-17．

［29］李永友．转移支付与地方政府间财政竞争［J］．管理世界，2015，2：0-6．

［30］厉鹗．宋诗纪事［M］．上海：上海古籍出版社，2013．

［31］林光彬．重新理解市场与政府在资源配置中的作用——市场与政府到底是什么关系［J］．教学与研究，2017（3）：12-21．

［32］刘承礼．理解当代中国的中央与地方关系［J］．当代经济科学，2008（5）：26-36，124．

［33］刘承礼．省以下政府间事权和支出责任划分［J］．财政研究，2016（12）：

14-27.

[34] 刘剑文,侯卓. 事权划分法治化的中国路径 [J]. 中国社会科学, 2017 (2): 102-122.

[35] 刘银喜. 财政联邦主义视角下的政府间关系 [J]. 中国行政管理, 2008 (1): 119-122.

[36] 楼继伟著. 中国政府间财政关系再思考 [M]. 北京: 中国财政经济出版社, 2013.

[37] 卢洪友, 张楠. 政府间事权和支出责任的错配与匹配 [J]. 地方财政研究, 2015 (5): 4-10.

[38] 卢学晖. 中国城市社区自治: 政府主导的基层社会整合模式——基于国家自主性理论的视角 [J]. 社会主义研究, 2015 (3): 74-82.

[39] 吕冰洋. 现代政府间财政关系的构建 [J]. 中国人民大学学报, 2014 (5): 11-19.

[40] 马海涛, 任强, 程岚. 我国中央和地方财力分配的合意性: 基于"事权"与"事责"角度的分析 [J]. 财政研究, 2013 (4): 2-6.

[41] 马海涛, 任致伟. 我国纵向转移支付问题评述与横向转移支付制度互补性建设构想 [J]. 地方财政研究, 2017, 11: 13.

[42] 马万里, 李齐云. 公共品多元供给视角下的财政分权: 一个新的分析框架 [J]. 当代财经, 2012 (6): 42-51.

[43] 毛捷, 吕冰洋, 马光荣. 转移支付与政府扩张: 基于"价格效应"的研究 [J]. 管理世界, 2015 (7): 29-41.

[44] 倪红日. 应该更新"事权与财权统一的理念 [J]. 财税观, 2006 (5): 5-8.

[45] 乔宝云, 范剑勇, 彭骥鸣. 政府间转移支付与地方财政努力 [J]. 管理世界, 2006 (3): 50-56.

[46] 乔宝云. 中央和地方财政关系改革的关键问题 [J]. 财经智库, 2017 (1): 51-80.

[47] 宋立, 刘树杰主编. 各级政府公共服务事权财权配置 [M]. 北京: 中国计划出版社, 2005.

[48] 宋卫刚. 政府间事权划分的概念辨析及理论分析 [J]. 经济研究参考, 2003 (27): 44-48.

[49] 孙大光, 冯兴元. 财政联邦制理论反思及其对中国财政体制的应用 [J]. 广东财经大学学报, 2010, 25 (1): 24-33.

[50] 谭建立, 杨晓宇. 关于事权概念的几点理论认识 [J]. 经济与管理评论, 2008, 24 (6): 80-83.

[51] 童之伟. 单一制、联邦制的区别及其分类问题探讨 [J]. 法律科学: 西北政法学院学报, 1995 (1): 32-36.

[52] 童之伟. 国家结构形式论 [J]. 南京大学法律评论, 1998 (1): 107-107.

[53] 王国清, 吕伟. 事权、财权、财力的界定及相互关系 [J]. 财经科学, 2000 (4): 22-25.

[54] 王磊. 论我国单一制的法的内涵 [J]. 中外法学, 1997, 9 (6): 52-58.

[55] 王浦劬. 中央与地方事权划分的国别经验及其启示——基于六个国家经验的分析 [J]. 政治学研究, 2016 (5): 44-58.

[56] 王浦劬著. 中央与地方事权划分的国别研究及启示 [M]. 北京: 人民出版社, 2016.

[57] 王瑞民, 陶然. 中国财政转移支付的均等化效应: 基于县级数据的评估 [J]. 世界经济, 2017 (12): 119-140.

[58] 魏加宁, 李桂林. 日本政府间事权划分的考察报告 [J]. 经济社会体制比较, 2007 (2): 41-46.

[59] 魏建国. 中央与地方关系法制化研究 [M]. 北京: 北京大学出版社, 2015.

[60] 文政著. 中央与地方事权划分 [M]. 北京: 中国经济出版社, 2008.

[61] 肖捷. 论中央与地方财政关系 [D]. 财政科学研究所, 1995.

[62] 杨其静, 聂辉华. 保护市场的联邦主义及其批判 [J]. 经济研究, 2008 (3): 99-114.

[63] 杨述明. 论政府间财政关系 [D]. 武汉大学, 2005.

[64] 杨志勇. 分税制改革中的中央和地方事权划分研究 [J]. 经济社会体制比较, 2015 (2).

[65] 杨志勇. 中央和地方事权划分思路的转变: 历史与比较的视角 [J]. 财政研

究，2016（9）：2-10.

[66] 姚东旻，张诗琪. 如何最优地"放权"——行政事项集权与分权的最优边界[J]. 财经研究，2017（4）：41-54.

[67] 俞可平. 权力与权威：新的解释[J]. 中国人民大学学报，2016（3）：40-49.

[68] 袁飞，陶然，徐志刚，等. 财政集权过程中的转移支付和财政供养人口规模膨胀[J]. 经济研究，2008，5（7）.

[69] 曾令发. 论英国合作政府——英国布莱尔政府改革研究（1997—2007）[D]. 南京大学，2008.

[70] 张军，高远，傅勇，张弘. 中国为什么拥有了良好的基础设施？[J]. 经济研究，2007（3）：4-19.

[71] 赵云旗. 专项转移支付改革中有关问题研究[J]. 财会研究，2014（1）：5-11.

[72] 郑永年著. 中国的"行为联邦制"中央—地方关系的变革与动力[M]. 北京：东方出版社，2013.

[73] 中国科学院语言研究所词典室. 现代汉语词典[M]. 北京：商务印书馆，1996.

[74] 中央财经大学课题组，安秀梅. 中央政府与地方政府责任划分与支出分配研究[J]. 经济体制改革，2006（6）：10-15.

[75] 周黎安. 晋升博弈中政府官员的激励与合作[J]. 经济研究，2004（6）：33-40.

[76] 周黎安. 行政发包制[J]. 社会，2014，34（6）：1-38.

[77] 周黎安. 中国地方官员的晋升锦标赛模式研究[J]. 经济研究，2007（7）：36-50.

[78] 周黎安. 中国地方政府公共服务的差异：一个理论假说及其证据[J]. 新余学院学报，2008，13（4）：5-6.

[79] 周黎安. 转型中的地方政府——官员激励与治理 第2版[M]. 上海：格致出版社，2017.

[80] 周雪光，练宏. 中国政府的治理模式：一个"控制权"理论[J]. 社会学研究，2012，27（5）：69-93，243.

[81] 朱光磊，张志红. "职责同构"批判[J]. 北京大学学报（哲学社会科学

版),2005 (1): 101-112.

[82] 朱光磊,张志红. "职责同构"批判 [J]. 北京大学学报:哲学社会科学版,2013 (1): 101-112.

[83] 朱红琼著. 中央与地方财政关系及其变迁史 [M]. 北京:经济科学出版社,2008.

[84] Ahmad E, Brosio G. Handbook of multilevel Finance [J], edward elgar, 2015, 29 (1): 151-153.

[85] Akai N. Fiscal consolidation and local public finances in Japan: Incentive problems associated with intergovernmental transfers and their political roles [M]. The political economy of fiscal consolidation in Japan. Springer, Tokyo, 2015.

[86] AlbertoDiaz-Cayeros. Federalism, fiscal authority, and centralization in Latin America [M]. Cambridge University Press, 2006.

[87] Anagnoson J T. Politics in the distribution of federal grants: The case of the economic development administration [J]. Political benefits, 1980: 31.

[88] Anderson G. The Council of Australian Governments: A New Institution of Governance for Australia's Conditional Federalism[J]. University of New South Wales Law Journal, 2007, 31 (4): 63-65.

[89] Arrow K J. Uncertainty and the evaluations of public investments [J]. American Economic Review, 1970, 53.

[90] Asatryan Z, Witte K D. Direct democracy and local government efficiency [J]. European Journal of Political Economy, 2015, 39 (6 Pt 1): 58-66.

[91] Balassone F, Marco C. Europe and the IMF: nec sine te, nec tecum…. [J]. LUISS School of European Political Economy Working Paper, 2015.

[92] Baskaran B. Reconciling effectiveness and fairness in the EU leniency policy [J]. Diss. King's College London, 2016.

[93] Baskaran T, Feld L P, Schnellenbach J. FISCAL FEDERALISM, DECENTRALIZATION, AND ECONOMIC GROWTH: A META-ANALYSIS [J]. Economic Inquiry, 2016, 54 (3): 103-133.

[94] Bassein R, Schulman P R. Modelling the growth (and decline) of federal agen-

cies andprograms [J]. 1985.

[95] Bastable C W, and Stephen L. F. The tax collector's windfall[J]. Journal of Accountancy (pre -1986), 1982: 58.

[96] Beramendi, Pablo. Federalism [J]. The Oxford handbook of comparative politics, 2007.

[97] Bernd-Spahn P. Equity and efficiency aspects of interagency transfers in a multigovernment framework [J]. Intergovernmental transfers, principles and practice, 2007: 75 -106.

[98] Besfamille M. Local public works and intergovernmental transfers under asymmetricin formation [J]. Journal of Public Economics, 2004, 88 (1 -2): 353 -375.

[99] Besley T, Coate S. Elected Versus Appointed Regulators: Theory and Evidence [J]. Journal of the European Economic Association, 2003, 1 (5): 1176 -1206.

[100] Bevir M. Foucault, Power, and Institutions [J]. Political Studies, 2010, 47 (2): 345 -359.

[101] Bewley T F. A critique of Tiebout's theory of local public expenditures[J]. Econometrica: Journal of the Econometric Society, 1981: 713 -740.

[102] Blanchard O, Shleifer A. Federalism with and without political centralization: China versus Russia [J]. IMF staff papers, 2001, 48 (1): 171 -179.

[103] Blöchliger H, and Rabesona J. The fiscal autonomy of sub-central governments. Oecd Economics Department Working Papers, 2009.

[104] Blöchliger H, Kantorowicz J. Fiscal constitutions: An empirical assessment [J]. Oecd Economics Department Working Papers, 2015.

[105] Boadway R. 16. Intergovernmental transfers: rationale and policy [J]. Handbook of Multilevel Finance, 2015: 410.

[106] Boadway R, and Anwar S. Fiscal federalism: Principles and practice of multiorder governance [M]. Cambridge University Press, 2009.

[107] Boadway, Robin W., and Anwar Shah. Intergovernmental fiscal transfers: principles and practices [M]. World Bank Publications, 2007.

[108] Boex J, Martinez-Vazquez J. The determinants of the incidence of intergovernmental grants: A survey of the international experience [J]. 2006.

[109] Boix C, Stokes S C. The Oxford handbook of comparative politics [J]. Legal History Review, 2007, 78 (3): 494 - 500.

[110] Brennan H G, Buchanan J M. The power totax: analytical foundations of a fiscal constitution [J]. Southern Economic Journal, 1980, 48 (2).

[111] Brown C V, Jackson P M. Public Sector Economics, 4thEdition [M].

[112] Cao Y, Qian Y. Weingast B R. From federalism, Chinese style to privatization, Chinese style [J]. Economics of Transition, 1999, 7 (1): 103 - 131.

[113] Casella A, Frey B. Federalism and clubs: Towards an economic theory of overlapping political jurisdictions [J]. European Economic Review, 1992, 36 (2 -3): 639 -646.

[114] Cingranelli D L. Federal Aid to the States As a Presidential Resource [C]. annual meeting of the Midwest Political Science Association, Chicago. 1983.

[115] Cingranelli D L. The Effects of State Lobby Offices in Washington on the Distribution of Federal Aid to States [C]. annual meeting of the American Political Science Association, Washington. 1984.

[116] Cogan J, Muris T, and Schick A. The Budget Puzzle: Understanding Federal Spending [M]. Stanford University Press, 1994.

[117] Congleton R. Asymmetric federalism and the political economy of decentralization [J]. Handbook of fiscal federalism, 2006, 131 - 153.

[118] Conway, F. J. Intergovernmental Fiscal Relations in Central and Eastern Europe: A Sourcebook and Reference Guide [M]. World Bank Publications, 2005.

[119] Costello, D. Fiscal federalism in theory and practice. In: The Economics of Community Public Finance, European Economy: Reports and Studies No. 5. Directorate-General for Economics and Financial Affairs, 1993.

[120] Crémer J, Palfrey T R. In or out?: Centralization by majority vote [J]. European Economic Review, 1996, 40 (1): 43 -60.

[121] Dahlby B. The marginal cost of public funds: Theory and applications [M]. MIT press, 2008.

[122] Dietmar Braun. How Centralized Federations Avoid Over-centralization [J]. Regional & Federal Studies, 2011, 21 (1): 35 - 54.

[123] Duit A, Galaz V. Governance and Complexity—Emerging Issues for Governance-Theory [J]. Governance, 2008, 21 (3): 311-335.

[124] Durlauf S N, Blume L E. The New Palgrave: Dictionary of Economics, The new Palgrave dictionary of economics [M]. Palgrave Macmillan, 2008.

[125] Eckstein O. Correction: Theory of Wage-Price Process in Modern Industry [J]. Review of Economic Studies, 1965, 32 (3): 262-262.

[126] Eisenstadt S N. The Political Systems of Empires [M]. New York: The Free Press, 1969.

[127] Filippov M, Ordeshook P C, Shvetsova O. Designing federalism: A theory of self-sustainable federal institutions [M]. Cambridge University Press, 2004.

[128] Fisher P S. State Venture Capital Funds as an Economic Development Strategy [J]. Journal of the American Planning Association, 1988, 54 (2): 166-177.

[129] Fleurbaey M, Maniquet F. A theory of fairness and social welfare [M]. Cambridge University Press, 2011.

[130] Frey B S, Armin S. The Role of Direct Democracy and Federalism in Local Power [J]. IEW-Working Papers, 2004.

[131] Frey B S, Eichenberger R. Competition among Jurisdictions: The Idea of FOCJ [C]. In Competition among Institutions, edited by Lüder Gerken. Palgrave Macmillan UK, 1995.

[132] Frey B S. Functional, Overlapping, Competing Jurisdictions: Redrawing the Geographic Borders of Administration [J]. Eur. j. l. reform, 2005.

[133] Gramlich E. Intergovernmental Grants: a Review of the Empirical Literature, [w:] The Political Economy of Fiscal Federalism, red [J]. W. Oates, Mass: DC Heath, Lexington, 1977.

[134] Gramlich E M, Galper H, Goldfeld S, et al. State and local fiscal behavior and federal grant policy [J]. Brookings Papers on Economic Activity, 1973, 1973 (1): 15-65.

[135] Gramlich E M. Infrastructure investment: A review essay [J]. Journal of economic literature, 1994, 32 (3): 1176-1196.

[136] Gumplowicz L. The Outlines of Sociology [M]. Philadelphia: American Acade-

my of Political and Social Science, 1899.

[137] Hamilton J H. The flypaper effect and the deadweight loss from taxation [J]. Journal of Urban Economics, 1986, 19 (2): 148 – 155.

[138] Hansjörg Blöchliger, Jaroslaw Kantorowicz. Fiscal constitutions: An empirical assessment [J]. Oecd Economics Department Working Papers, 2015.

[139] Hayek F A. The Use of Knowledge in Society [M]. Readings in the Economics of The Division of Labor: The Classical Tradition. 1945: 270 – 284.

[140] Hendrick R. Revenue Diversification: Fiscal Illusion or Flexible Financial Management [J]. Public Budgeting & Finance, 2002, 22 (4): 52 – 72.

[141] Hogwood B W, Peters B G. The dynamics of policy change: Policy succession [J]. Policy Sciences, 1982, 14 (3): 225 – 245.

[142] Hongbin C, Treisman D. Does competition for capital discipline governments? Decentralization, globalization, and public policy [J]. American Economic Review, 2005, 95 (3): 817 – 830.

[143] Hood C C, Margetts H Z. The tools of government in the digital age [M]. Palgrave Macmillan, 2007.

[144] Hoshino M. Measurement of GDP per capita and regional disparities in China, 1979 – 2009 [M]. Research Institute for Economics and Business Administration, Kobe University Discussion paper series. 2011.

[145] Huang Y. Inflation and investment controls in China: The political economy of central-local relations during the reformera [M]. Cambridge University Press, 1999.

[146] Ihori T. The Political Economy of Fiscal Consolidation in Japan [M]. Springer, 2016.

[147] Inman R P, Rubinfeld D L. Rethinking Federalism [J]. Journal of Economic Perspectives, 1997, 11 (4): 43 – 64.

[148] Jin H, Qian Y, Weingast B R. Regional decentralization and fiscal incentives: Federalism, Chinese style [J]. Journal of public economics, 2005, 89 (9): 1719 – 1742.

[149] John Lock. The Two Treatises of Civil Government [M]. McPherson: Hackett Publishing Company Indianapolis and Cambridge, 1980.

[150] Johnston R. And the Last Shall be First: Federalism and Fiscal Outcomes in Germany [J]. 2001.

[151] Johnston R. The allocation of federal money in the United States: Aggregate Analysis by Correlation [J]. Policy & Politics, 1978, 6 (3): 279 – 298.

[152] Jos C N. Raadschelders&Richard, J, Stillman. , Towards a New Conceptual Framework for Studying Administrative Authority [J]. Administrative Theory & Praxis, 2007, 29 (1): 4 – 40.

[153] Junxue Jia, Qingwang, Guo, Jing Zhang. Fiscal decentralization and local expenditure policy in China [J]. China Economic Review, 2014, (28): 107 – 122.

[154] Kim J, Jorgen L, and Hansjörg B, eds. OECD Fiscal Federalism Studies Measuring Fiscal Decentralisation Concepts and Policies: Concepts and Policies [J]. OECD Publishing, 2013.

[155] Kincaid J. The Constitutional Frameworks of State and Local Government Finance [J]. Nursing Outlook, 2012, 38 (6): 256 – 257.

[156] King D. Fiscal tiers: The economics of multi-level government [M]. Routledge, 2016.

[157] Kirchgässner G. Fiscal institutions at the cantonal level in Switzerland [J]. Swiss Journal of Economics & Statistics, 2013, 149 (2): 139 – 166.

[158] Kloha P, Weissert C S, Kleine R. Developing and Testing a Composite Model to Predict Local Fiscal Distress [J]. Public Administration Review, 2005, 65 (3): 313 – 323.

[159] Konrad K A. Fiscal Federalism and Intergenerational Redistribution [J]. FinanzArchiv / Public Finance Analysis, 1995, 52 (2): 166 – 181.

[160] Korea Institute of Public Finance. Institutions of Intergovernmental Fiscal Relations [C]. 2005.

[161] Kornai J. Resource-constrained versus demand-constrainedsystems [J]. Econometrica: Journal of the Econometric Society, 1979: 801 – 819.

[162] Krug B, Zhu Z, Hendrischke H. China's Emerging Tax Regime: Devolution, Fiscal Federalism, or Tax Farming? [J]. Erim Report, 2005.

[163] Lee L, Vuletin G. The Flypaper and Teflon Effects: Evidence from China [J].

Modern Economy, 2012, 3 (7): 811 - 816.

[164] Lewis, B. D. and B. Searle. 'Asia-Pacific', in Local Government Finance: The Challenges of the 21st Century? United Cities and Local Governments Second Global Report on Decentralization and Local Democracy, Cheltenham, UK and Northampton, MA: Edward Elgar, 2010: 60 - 111.

[165] Lockwood B. VOTING, LOBBYING, AND THE DECENTRALIZATION THEOREM [J]. Economics & Politics, 2008, 20 (3): 416 - 431.

[166] Lockwood, Harold. Institutional support mechanisms for community-managed rural water supply & sanitation systems in Latin America [J]. Ehp Strategic Report, 2002, 6: 1 - 8.

[167] Lowndes, V. Rebuilding Trust in Central/Local Relations: Policy or Passion? [J]. Local Government Studies, 1999, 25: 4, 116 - 136.

[168] Maciver R M. The Modern State [M]. Oxford: Clarendon Press, 1926.

[169] Mann M. The autonomous power of the state: its origins, mechanisms and results [J]. Journal of International Affairs, 1984, 25 (2): 185 - 213.

[170] Mathews R L, Lloyd M R. Revenue sharing in federal systems, Centre for Research on Federal Financial Relations [M]. the Australian National University, 1980.

[171] Mcguire M. Group Segregation and Optimal Jurisdictions [J]. Journal of Political Economy, 1974, 82 (1): 112 - 132.

[172] Mcmillan M L. Fiscal Federalism: Principles and Practices of Multiorder Governance by Robin Boadway; Anwar Shah [J]. Journal of Economic Literature, 2010, 48 (3): 766 - 769.

[173] McMillan M, Shah A, Gillen D. The Impact of Provincial-Municipal Transportation Subsidies [J]. Alberta Transportation, Edmonton, Alberta, Canada, 1980.

[174] Mikhail F, Ordeshook P, and Shvetsova O. Designing federalism: A theory of self-sustainable federal institutions [M]. Cambridge University Press, 2004.

[175] Montinola G, Qian Y, Weingast B R. Federalism, Chinese style: the political basis for economic success in China [J], World politics, 1995, 48 (1): 50 - 81.

[176] Morgan P, Trinh L Q. Frameworks for central-local government relations and fis-

cal sustainability [J]. 2016.

[177] M T. Federalism, Fiscal Authority, and Centralization in Latin America [J]. Developing Economies, 2007, 69 (4): 1223 – 1225.

[178] Musgrave R A. The Theory of Public Finance [M]. New York: McGraw-Hill, 1959.

[179] Musgrave, Richard Abel, et al. Public finance in theory and practice [M]. 1973.

[180] Netzer D. Economics of Property Tax [J]. Political Science Quarterly, 1968, 83 (1): 145 – 160.

[181] Nickerson C, Ebel R, Borchers A, et al. Major Uses of Land in the United States, 2007 [J]. Economic Information Bulletin, 2006, 77 (3): 255.

[182] Oates W E. Fiscal Federalism [M]. New York: Harcourt Brace Jovanovich, 1972.

[183] Oates W E. Toward A Second-Generation Theory of Fiscal Federalism [J]. International Tax & Public Finance, 2005, 12 (4): 349 – 373.

[184] OECD Fiscal Federalism Studies Institutional and Financial Relations across Levels of Government [M]. OECD Publishing, 2012.

[185] Olson M. The Principle of "Fiscal Equivalence": The Division of Responsibilities among Different Levels of Government [J]. American Economic Review, 1969 (59): 479 – 87.

[186] Ostrom V, Tiebout C M, Warren R. The organization of government in metropolitan areas: a theoretical inquiry [J], American political science review, 1961, 55 (4): 831 – 842.

[187] Pelissero J P, England R E. Washington Grantsmen: A Study of Municipal Representatives in the Nation's Capital [M]. Bureau of Government Research, University of Oklahoma, 1980.

[188] Porcelli F. Fiscal Decentralisation and efficiency of government—A brief literature review [J]. Decentralisation and efficiency of government, 2009.

[189] Qian Y, Roland G. Federalism and the Soft Budget Constraint [J]. American Economic Review, 1998, 88 (5): 1143 – 1162.

[190] Qian Y. The institutional foundations of China's market transition[J]. Working paper, Stanford University, 1999.

[191] Qian Y, Weingast B R. China's transition to markets:market-preserving federalism, chinese style [J]. Journal of Economic Policy Reform, 1996, 1 (2): 149 – 185.

[192] Qian Y, Weingast B R. Federalism as a Commitment to Perserving Market Incentives [J]. Journal of Economic Perspectives, 1997, 11 (4): 83 – 92.

[193] Reid J N. Politics, program administration, and the distribution of grants-in-aid: A theory and atest [J]. Political benefits, 1980: 37 – 60.

[194] Rich M J. Distributive politics and the allocation of federal grants [J]. American Political Science Review, 1989, 83 (1): 193 – 213.

[195] Riker W, Greenstein F, and Polsby N W. Handbook of politicalscience [M]. Handbook of political science, 1975.

[196] Robin Boadway, Anwar Shah. Fiscal Federalism: Principles and Practices of Multiorder Governance [J]. Journal of Economic Literature, 2010, 48 (3): 766 – 769.

[197] Rodden J. The Dilemma of Fiscal Federalism: Grants and Fiscal Performance around the World [J]. American Journal of Political Science, 2002, 46 (3): 670 – 687.

[198] Roemer J E. Equality of opportunity: A progress report [J]. Social Choice and Welfare, 2002, 19 (2): 455 – 471.

[199] Salamon L M. The tools of government: A guide to the new governance, The tools of government: a guide to the new governance [M]. Oxford University Press, 2002.

[200] Samuelson P A. Diagrammatic Exposition of a Theory of Public Expenditure [J]. Review of Economics & Statistics, 1955, 37 (4): 350 – 356.

[201] Samuelson P A. The Pure Theory of Public Expenditure [J]. Review of Economics & Statistics, 1954, 36 (4): 387 – 389.

[202] Schmidt, Steffen W, Shelley, Mack C, Bardes, Barbara A. American government and politics today [M]. West Pub. Co, 1994.

[203] Searle M B, Ahmad M E. On the Implementation of Transfers to Subnational Governments [M]. International Monetary Fund, 2005.

[204] Shah A. A practitioner's guide to intergovernmental fiscaltransfers[M]. World

Bank Publications, 2006.

[205] Shah Anwar, J Kincaid. The Practice of Fiscal Federalism: Comparative Perspectives [M]. MQUP, 2007.

[206] Shah A, Qureshi Z, Bagchi A, et al. Intergovernmental fiscal relations in Indonesia: issues and reform options [J]. Cema Working Papers, 1994.

[207] Shah A. The new fiscal federalism in Brazil (Washington [J]. DC: The World Bank, 1991.

[208] Sharma C K. When does Decentralization Deliver? 'The Dilemma of Design' [J]. Social Science Electronic Publishing, 2006.

[209] Shen A C, Jin J, Zou H F. Fiscal Decentralization in China: History, Impact, Challenges and Next Steps [J]. Heng-Fu Zou, 2012, 13 (1): 1 - 51.

[210] Shirk S L. The political logic of economic reform in China [M]. Univ of California Press, 1993.

[211] Simon A M. The Application of State Sunshine Laws to Institutions of Higher Education. [J]. Journal of College & University Law, 1976: N/A.

[212] Smith H J M, Conlan T, Posner P, et al. Institutions of Intergovernmental Fiscal Relations Challenges Ahead [M]. 2015.

[213] Smith J L. Public housing transformation: Evolving national policy [J]. Routledge, 2015. 31 - 52.

[214] Stigler G J. Perfect Competition, Historically Contemplated[J]. Journal of Political Economy, 1957, 65 (1): 1 - 17.

[215] Suzuki Y. Fiscal Relations between the Central and Local Governments in China and the Concepts of "Bao (Contract)" and "Bisai (Contest)": A Contract Theory Analysis of Development Governance [J]. Japan Society for the Promotion of Science, 2013: 1 - 38.

[216] Swenden W. Federalism and second chambers: regional representation in parliamentary federations: the Australian Senate and German Bundesrat compared [J]. University of Oxford, 2004.

[217] Treisman D. The politics of intergovernmental transfers in post-Soviet Russia [J]. British Journal of Political Science, 1996, 26 (3): 299 - 335.

[218] Tresh R W, Public Finance: A Normative Theory, Plance, Texas [M]. Business Publications, 1981.

[219] Tsai K S. Off balance: The unintended consequences of fiscal federalism in China [J]. Journal of Chinese Political Science, 2004, 9 (2): 1 – 26.

[220] Varsano R, Mora M. Fiscal Decentralization and Subnational Fiscal Autonomy in Brazil: Some Facts of the Nineties [J]. Social Science Electronic Publishing, 2001.

[221] Vo D H. The Economics of Fiscal Decentralization, Journal of Economic Surveys [J]. 2010, 24 (4): 657 – 679.

[222] Volden C. Intergovernmental Political Competition in American Federalism [J]. American Journal of Political Science, 2005, 49 (2): 327 – 342.

[223] Wagner R E. Fiscal sociology and the theory of public finance: an exploratory essay [M]. Edward Elgar, 2007.

[224] Wallace E Oates. An Essay on Fiscal Federalism [J]. Journal of economic literature, 1999 (10): 1120 – 1149.

[225] Wallace E Oates. Fiscal Federalism, New York: Harcourt Brace Jovanovich [J]. 1972, Reprinted, 2011.

[226] Wallace E Oates. Toward A Second-Generation Theory of Fiscal Federalism [J]. International Tax & Public Finance, 2005, 12 (4): 349 – 373.

[227] Wallis J. A liberal-local hybrid peace project in action? The increasing engagement between the local and liberal in Timor-Leste [J]. Review of International Studies, 2012, 38 (4): 735 – 761.

[228] Wang X, Herd R. The System of Revenue Sharing and Fiscal Transfers in China [J]. Oecd Economics Department Working Papers, 2013.

[229] Wang X, Herd R. The System of Revenue Sharing and Fiscal Transfers in China [R]. OECD Publishing, 2013.

[230] Wan X, Ma Y, Zhang K. Political determinants of intergovernmental transfers in a regionally decentralized authoritarian regime: evidence from China [J]. Applied Economics, 2015, 47 (27): 2803 – 2820.

[231] Wan X, Ma Y, Zhang K. Political determinants of intergovernmental transfers in

a regionally decentralized authoritarian regime: evidence from China [J]. Applied Economics, 2015, 47 (27): 2803 - 2820.

［232］Watts R L. Comparing federal systems in the 1990s [J]. Acoustics Speech & Signal Processing Newsletter IEEE, 1998, 27 (4): 176.

［233］Weber M. Economy and society. In: Conceptual Exposition. 1968: 956 - 1005.

［234］Weingast B R. China's transition tomarkets [M]. Hoover Institution on War, Revolution and Peace, Stanford University, 1995.

［235］Weingast B R. Second Generation Fiscal Federalism: Political Aspects of Decentralization and Economic Development [J]. World Development, 2014, 53 (32): 14 - 25.

［236］Weingast B R. The Performance and Stability of Federalism: An Institutional Perspective [M]. Handbook of New Institutional Economics. 2005.

［237］Weingast B R. Why are Developing Countries so Resistant to the Rule of Law? [J]. 2009.

［238］Wellisch D. Taxation under Formula Apportionment-Tax Competition, Tax Incidence, and the Choice of Apportionment Factors [J]. Finanzarchiv Public Finance Analysis, 2004, 60 (1).

［239］Wheare K C. Federal government [M]. London; New York: H. Milford; Oxford University Press, 1946.

［240］Wheare K C. Federal government [M]. London; New York: H. Milford; Oxford University Press, 1946.

［241］Wildasin D E. Externalities and Bailouts: Hard and Soft Budget Constraints in Intergovernmental Fiscal Relations [J]. Policy Research Working Paper, 1997.

［242］Wildasin D E. Fiscal Competition [J]. Working Papers, 2008: 492 - 501.

［243］Wong C. Ethnic minority regions and fiscal decentralization in China: The promises and reality of asymmetric treatment [J]. Fiscal Fragmentation in Decentralized Countries, 2007: 267 - 92.

［244］World Bank. 'China national development and sub-national finance: a review of provincial expenditures', Report No. 22951 - CHA, Washington, DC: World Bank, 2002.

[245] Xingyuan Feng, Christer Ljungwall, Sujian Guo, et al. Fiscal Federalism: a refined theory and its application in the Chinese context [J]. Journal of Contemporary China, 2013, 22 (82): 573 - 593.

[246] Xu C. The fundamental institutions of China's reforms and development [J]. Journal of economic literature, 2011, 49 (4): 1076 - 1151.

[247] Yao Y. The impact of fiscal decentralization on growth, inequality and local governance in rural China [J]. 2008.

[248] Yongnian Z. Preface to De Facto Federalism in China: Reforms and Dynamics of Central-Local Relations' [J]. Social Science Electronic Publishing, 2009, 62 (Volume 62): 364 - 370.

[249] Zheng Y. "Institutional Economics and Central-Local Relations in China: Evolving Research" [J]. China: An International Journal, 2005, 3 (2): 240 - 269.

[250] Zhuravskaya E V. Incentives to provide local public goods: fiscal federalism, Russian style [J]. Journal of Public Economics, 2000, 76 (3): 337 - 368.

附录　分税制改革后描述"事权"的重要文本归纳

时间	文本	有关表述
1991年12月26日	财地字〔1991〕第215号财政部关于颁发乡（镇）财政管理办法的通知①	乡财政机关是基层政权的行政机构，依法享有执法权和处罚权。预算内资金在县乡两级财政之间的划分，应当遵循财权与事权结合、责权结合和简政放权的原则。民族乡的财权划分和财力分配，应予适当照顾。
1993年2月17日	财综字〔1993〕15号关于进一步做好预算外资金管理工作的通知	按照中央、国务院的规定，收费项目的审批权限集中在中央和省两级，由财政和物价部门共同管理，财政部门侧重于立项审批。物价部门侧重于收费标准的核定。
1993年11月14日	中共中央关于建立社会主义市场经济体制若干问题的决定	把现行地方财政包干制改为在合理划分中央与地方事权基础上的分税制，建立中央税收和地方税收体系。合理划分中央与地方经济管理权限，发挥中央和地方两个积极性。
1993年12月15日	国发〔1993〕85号国务院关于实行分税制财政管理体制的决定	按照中央与地方政府的事权划分，合理确定各级财政的支出范围；根据事权与财权相结合原则，按税种划分中央与地方的收入，将税种统一划分为中央税、地方税和中央与地方共享税。
1994年3月22日	中华人民共和国预算法	各级国库库款的支配权属于本级政府财政部门。除法律、行政法规另有规定外，未经本级政府财政部门同意，任何部门、单位和个人都无权动用国库库款或者以其他方式支配已入国库的库款。

---

① 本文件直接规定了乡级政府事权，因此也纳入表中。

续表

时间	文本	有关表述
1995年7月19日	国发〔1995〕21号国务院批转国家体改委1995年经济体制改革实施要点的通知	继续抓紧研究合理划分中央与地方事权、财权的办法和规范的财政转移支付制度。
1995年11月22日	中华人民共和国预算法实施条例	预算法第八条所称"中央和地方分税制",是指在划分中央与地方事权的基础上,确定中央与地方财政支出范围,并按税种划分中央与地方预算收入的财政管理体制。
1996年3月26日	财地字〔1996〕24号关于完善省以下分税制财政管理体制意见的通知	省级财政承担调节辖区内地区间财力差异的职责。
1996年11月5日	财农字〔1996〕296号关于印发财政部支农周转金管理办法的通知	用款单位要加强对支农周转金借款项目的监督管理,财政部对用款单位有监督检查权,同时,用款单位要接受上级有关部门的专项监督检查。
2000年10月8日	财库〔2000〕12号关于进一步加强地方政府采购管理工作的通知	监督政府采购活动是财政部门的一项重要职责,各级财政部要认真履行监督管理职责,切实做到管理监督职能与采购执行职能相分离。
2000年8月7日	财预〔2000〕128号关于印发中央对地方专项拨款管理办法的通知	按照现行中央与地方政府财权事权划分,属于地方政府事权,原则上应由地方财政安排资金的项目,财政部不安排专项拨款。

续表

时间	文本	有关表述
2001年12月10日	国办发〔2001〕93号 国务院办公厅转发财政部关于深化收支两条线改革进一步加强财政管理意见的通知	项目支出预算要在对申报项目进行充分的可行性论证和严格审核的基础上,按照轻重缓急进行项目排序,并结合当年财力状况,优先安排急需、可行的项目。深化"收支两条线"改革后,严禁将执收执罚权力擅自下放给所属事业单位。
2002年12月26日	国发〔2002〕26号 国务院批转财政部关于完善省以下财政管理体制有关问题意见的通知	完善省以下财政管理体制应合理界定省以下各级政府的事权范围和财政支出责任,各地要按照建立公共财政框架的基本要求,依法界定各级政府的事权范围,进一步明确省以下各级政府的财政支出责任。 完善省以下财政管理体制应坚持突出重点,适当增强财政困难县乡的财力。在明确划分各级政府财政支出责任的基础上,各级政府要各负其责,严格实行行政执法责任制。各地要根据各级政府的财政支出责任以及收入分布结构,合理确定各级政府财政收入占全省财政收入的比重。
2005年4月4日	国发〔2005〕9号 国务院关于2005年深化经济体制改革的意见	按照决策、执行、监督职能分开的要求,进一步理顺市场监管体制。推动各级政府强化社会管理和公共服务职能,在财力物力等公共资源上给予更多的支持。
2005年7月10日	国务院关于2005年深化农村税费改革试点工作的通知	根据财权和事权相统一的原则,继续改革完善县乡财政管理体制,确保乡镇正常经费支出需要。积极推行和完善"省直管县"财政管理体制改革和"乡财县管乡用"财政管理方式改革。

续表

时间	文本	有关表述
2006年3月14日	中华人民共和国国民经济和社会发展第十一个五年规划纲要	深化投资体制改革，合理界定政府投资范围和中央与地方的投资事权，改进和完善决策规则和程序，提高资金使用效率，建立政府投资项目决策责任追究制。 推进财政税收体制改革 调整和规范中央与地方、地方各级政府间的收支关系，建立健全与事权相匹配的财税体制。根据公共财政服从和服务于公共政策的原则，按照公共财政配置的重点要转到为全体人民提供均等化基本公共服务的方向，合理划分政府间事权，合理界定财政支出范围。 按照社会主义集中力量办大事原则，在经济发展和财力增加基础上逐步增加中央政府投资规模。完善政府投资管理体制，整合政府投资，改进投资方式，加强项目监管。明确界定各级政府的财政支出责任，合理调整政府间财政收入划分。合理划分中央与地方及地方各级政府间在经济调节、市场监管、社会管理和公共服务方面的职责，建立环境执法、耕地保护、土地管理、人口和计划生育工作目标、安全生产责任制，形成权责明确的教育管理体制。
2006年8月17日	财预〔2006〕年406号关于完善和推进地方部门预算改革的意见	继续深化部门预算管理体制改革、健全公共财政体系的精神，完善财政资金分配、使用和监督管理机制，优化政府财力资源配置，提高财政资金使用效益。要立足公共财政职能，不断优化财政支出结构，逐步将财政资金从非公共服务领域退出，发挥财政资金在提供保障、实施调控、促进平衡、统筹发展等方面的有效作用。
2006年8月4日	财预〔2006〕年402号关于进一步推进乡财县管工作的通知	实行乡财县管，乡镇政府管理财政的法律主体地位不变，财政资金的所有权和使用权不变，乡镇政府享有的债权和承担的债务不变。属于乡镇事权范围内的支出，仍由乡镇按规定程序审批。要结合省以下政府事权划分进展情况，明确乡镇财政支出范围，并分类制定乡镇支出标准。上级财政部门要通过完善财政体制和加大转移支付力度等方式，增强乡镇财力。
2006年10月8日	国发〔2006〕34号国务院关于做好农村综合改革工作有关问题的通知	县乡财政管理体制改革的总要求是：按照社会主义市场经济条件下公共财政的原则要求，建立健全与事权相匹配的省以下财政管理体制，明确界定县乡政府支出责任。

续表

时间	文本	有关表述
2006年10月11日	十六届六中全会中共中央关于构建社会主义和谐社会若干重大问题的决定	进一步明确中央和地方的事权，健全财力与事权相匹配的财税体制。保障各级政权建设需要。着力解决县乡财政困难，增强基层政府提供公共服务能力。不断增强公共产品和公共服务供给能力。
2006年10月18日	中共中央关于构建社会主义和谐社会若干重大问题的决定	进一步明确中央和地方的事权，健全财力与事权相匹配的财税体制。
2006年10月25日	国办发〔2006〕86号国务院办公厅关于做好清理化解乡村债务工作的意见	各地要按照"财力向下倾斜，财权与事权相统一"的原则，进一步完善地方财政管理体制。
2007年10月15日	中国共产党第十七次全国代表大会上报告	健全中央和地方财力与事权相匹配的体制。加快形成统一规范透明的财政转移支付制度，提高一般性转移支付规模和比例，加大公共服务领域投入。完善省以下财政体制，增强基层政府提供公共服务能力。
2008年3月3日	2008年第11号中共中央、国务院印发 关于深化行政管理体制改革的意见的通知	中央政府要加强经济社会事务的宏观管理，进一步减少和下放具体管理事项，把更多的精力转到制定战略规划、政策法规和标准规范上，维护国家法制统一、政令统一和市场统一。地方政府要确保中央方针政策和国家法律法规的有效实施，加强对本地区经济社会事务的统筹协调，强化执行和执法监管职责，做好面向基层和群众的服务与管理，维护市场秩序和社会安定，促进经济和社会事业发展。按照财力与事权相匹配的原则，科学配置各级政府的财力，增强地方特别是基层政府提供公共服务的能力。

续表

时间	文本	有关表述
2008 年 7 月 22 日	国办发〔2008〕103 号国务院办公厅转发发展改革委关于 2008 年深化经济体制改革工作意见的通知	推进财税体制改革,研究制订改革方案;进一步理顺中央与地方的财力和事权关系,完善转移支付制度和省以下财政体制。深化涉外经济体制改革,完善利用外资管理体制。简化外商投资审批程序,下放审批权限。
2009 年 6 月 22 日	财预〔2009〕78 号财政部关于推进省直接管理县财政改革的意见	推进省直接管理县财政改革,必须坚持因地制宜、分类指导,各地要根据经济发展水平、基础设施状况等有关条件,确定改革模式、步骤和进度,不搞"一刀切";必须坚持科学规范、合理有序,要按照分税制财政体制的要求,进一步理顺省以下政府间事权划分及财政分配关系,增强基层政府提供公共服务的能力。理顺省以下政府间财政分配关系,推动市县政府加快职能转变,更好地提供公共服务。为确保顺利推进省直接管理县财政改革,要逐步建立县级基本财力保障机制,加大对财力薄弱县的支持力度。在进一步理顺省与市、县支出责任的基础上,确定市、县财政各自的支出范围,市、县不得要求对方分担应属自身事权范围内的支出责任。
2010 年 9 月 21 日	财预〔2010〕年 443 号关于建立和完善县级基本财力保障机制的意见	地方财政是建立县级基本财力保障机制的责任主体。省级财政要加强财政科学化精细化管理,完善省以下财政体制,加大对基层的财力倾斜和支持力度。市级财政要强化统筹所辖县区协调发展的责任,帮助困难县乡提高财政保障能力。县级财政要强化自我约束,科学统筹财力,规范预算管理,切实保障相关部门、乡镇基本运转支出和民生政策支出。
2010 年 3 月 1 日	财政部门内部监督检查办法	财政部门内部监督检查,是指财政部门统一领导、财政监督机构具体组织实施的,对本部门内部各业务管理机构和派出机构履行财政管理职责。
2011 年 3 月 16 日	国民经济和社会发展第十二个五年规划纲要	按照财力与事权相匹配的要求,在合理界定事权基础上,进一步理顺各级政府间财政分配关系,完善分税制。合理划分中央与地方管理权限,健全地方政府为主、统一与分级相结合的公共服务管理体制。

续表

时间	文本	有关表述
2011年5月28日	国务院批转发展改革委关于2011年深化经济体制改革重点工作意见的通知	强化政府提供基本公共服务的责任，明确基本公共服务的范围、标准及各级政府的事权和支出责任，建立评价指标体系。对"十二五"规划提出的深化铁路石油等行业改革、理顺各级政府间财力事权关系、调整国民收入分配格局、推进基础养老金全国统筹等中长期重大改革任务，要抓紧制定方案，尽快启动实施。
2012年3月18日	国发〔2012〕12号国务院批转发展改革委关于2012年深化经济体制改革重点工作意见的通知	完善分税制和财政转移支付制度，健全对县级政府一般性转移支付制度，完善县级基本财力保障机制，增强基层政府提供基本公共服务的能力。
2012年7月11日	国发〔2012〕29号国务院关于印发国家基本公共服务体系"十二五"规划的通知	19次提到"事权和支出责任"。12次提到"财力"。26次提到"支出责任"，并在公共服务的各个领域明划分政府间支出责任。牢牢把握基本公共服务的公益性质，明确政府的主体责任，完善公共财政体系，科学划分各级政府基本公共服务事权与支出责任，健全地方政府为主、统一与分级相结合的公共服务管理体制。加强立法、规划、投入、监管和政策支持，有效促进公平公正。充分发挥省级财政转移支付有效调节省内基本公共服务财力差距功能。
2012年11月5日	十六届三中全会中共中央关于完善社会主义市场经济体制若干问题的决定	健全公共财政体制，明确各级政府的财政支出责任。

续表

时间	文本	有关表述
2013年8月28日	财预〔2013〕330号关于印发中央财政县级基本财力保障机制奖补资金管理办法的通知	切实保证县级政府履行基本支出责任的财力需要。
2013年11月12日	中共中央关于全面深化改革若干重大问题的决定	财政是国家治理的基础和重要支柱，科学的财税体制是优化资源配置、维护市场统一、促进社会公平、实现国家长治久安的制度保障。必须完善立法、明确事权、改革税制、稳定税负、透明预算、提高效率，建立现代财政制度，发挥中央和地方两个积极性。建立事权和支出责任相适应的制度。保持现有中央和地方财力格局总体稳定，结合税制改革，考虑税种属性，进一步理顺中央和地方收入划分。
2013年11月15日	十八届三中全会中共中央关于全面深化改革若干重大问题的决定	建立事权和支出责任相适应的制度。适度加强中央事权和支出责任，国防、外交、国家安全、关系全国统一市场规则和管理等作为中央事权；部分社会保障、跨区域重大项目建设维护等作为中央和地方共同事权，逐步理顺事权关系；区域性公共服务作为地方事权。中央和地方按照事权划分相应承担和分担支出责任。中央可通过安排转移支付将部分事权支出责任委托地方承担。对于跨区域且对其他地区影响较大的公共服务，中央通过转移支付承担一部分地方事权支出责任。 必须完善立法、明确事权、改革税制、稳定税负、透明预算、提高效率，建立现代财政制度，发挥中央和地方两个积极性。
2013年12月30日	国务院办公厅转发财政部关于调整和完善县级基本财力保障机制意见的通知	结合中央和地方财政体制改革进程，依法界定省以下各级政府的事权和支出责任。按照建立事权与支出责任相适应的制度的要求，加快推进财税体制改革，合理划分政府间支出责任，理顺收入划分关系，进一步完善转移支付制度，为从根本上解决部分地区县级财政困难问题创造条件。

续表

时间	文本	有关表述
2014年4月30日	国发〔2014〕18号国务院批转发展改革委关于2014年深化经济体制改革重点任务意见的通知	抓紧研究调整中央与地方事权和支出责任。科学界定政府与市场边界，充分考虑公共事项的责任性质和受益范围，合理划分中央与地方、地方各级政府之间的事权和支出责任。结合税制改革，厘清税种属性，进一步理顺中央和地方收入划分，保持现有中央和地方财力格局总体稳定。
2014年9月30日	交通运输部关于加快转变政府职能深化行政审批制度改革的意见	法律法规、国务院文件规定由县级以上地方交通运输部门实施或直接面向基层和群众、由基层交通运输部门就近实施更为方便有效的行政审批事项，特别是对由下级交通运输部门负责受理、审核，上级交通运输部门批准发证的项目，要按照事权财权一致、方便申请人、便于监管的原则，创造条件逐步交由基层交通运输部门组织实施。
2014年10月8日	国发〔2014〕45号国务院关于深化预算管理制度改革的决定	在明确中央和地方支出责任的基础上，认真清理现行配套政策，对属于中央承担支出责任的事项，一律不得要求地方安排配套资金；对属于中央和地方分担支出责任的事项，由中央和地方按各自应分担数额安排资金。
2014年10月20日	中共中央关于全面推进依法治国若干重大问题的决定	推进各级政府事权规范化、法律化，完善不同层级政府特别是中央和地方政府事权法律制度，强化中央政府宏观管理、制度设定职责和必要的执法权，强化省级政府统筹推进区域内基本公共服务均等化职责，强化市县政府执行职责。
2014年12月27日	国发〔2014〕71号国务院关于改革和完善中央对地方转移支付制度的意见	合理划分中央事权、中央与地方共同事权和地方事权，强化中央在国防、外交、国家安全、全国统一市场等领域的职责，强化省级政府统筹推进区域内基本公共服务均等化的职责，建立事权与支出责任相适应的制度。属于中央事权的，由中央全额承担支出责任，原则上应通过中央本级支出安排，由中央直接实施；随着中央委托事权和支出责任的上收，应提高中央直接履行事权安排支出的比重，相应减少委托地方实施的专项转移支付。属于中央与地方共同事权的，由中央和地方共同分担支出责任，中央分担部分通过专项转移支付委托地方实施。属于地方事权的，由地方承担支出责任，中央主要通过一般性转移支付给予支持，少量的引导类、救济类、应急类事务通过专项转移支付予以支持，以实现特定政策目标。

续表

时间	文本	有关表述
2015年3月15日	中华人民共和国立法法（2015年版）	第八条 下列事项只能制定法律： （一）国家主权的事项； （二）各级人民代表大会、人民政府、人民法院和人民检察院的产生、组织和职权； （三）民族区域自治制度、特别行政区制度、基层群众自治制度； （四）犯罪和刑罚； （五）对公民政治权利的剥夺、限制人身自由的强制措施和处罚； （六）税种的设立、税率的确定和税收征收管理等税收基本制度； （七）对非国有财产的征收、征用； （八）民事基本制度； （九）基本经济制度以及财政、海关、金融和外贸的基本制度； （十）诉讼和仲裁制度； （十一）必须由全国人民代表大会及其常务委员会制定法律的其他事项。 第九条 本法第八条规定的事项尚未制定法律的，全国人民代表大会及其常务委员会有权作出决定，授权国务院可以根据实际需要，对其中的部分事项先制定行政法规，但是有关犯罪和刑罚、对公民政治权利的剥夺和限制人身自由的强制措施和处罚、司法制度等事项除外。 第七十三条 地方性法规可以就下列事项作出规定： （一）为执行法律、行政法规的规定，需要根据本行政区域的实际情况作具体规定的事项； （二）属于地方性事务需要制定地方性法规的事项。 除本法第八条规定的事项外，其他事项国家尚未制定法律或者行政法规的，省、自治区、直辖市和设区的市、自治州根据本地方的具体情况和实际需要，可以先制定地方性法规。在国家制定的法律或者行政法规生效后，地方性法规同法律或者行政法规相抵触的规定无效，制定机关应当及时予以修改或者废止。
2015年5月8日	国发〔2015〕26号国务院批转发展改革委关于2015年深化经济体制改革重点工作意见的通知	研究提出合理划分中央与地方事权和支出责任的指导意见，研究制定中央和地方收入划分调整方案，改革和完善中央对地方转移支付制度，推动建立事权和支出责任相适应的制度。
2015年6月16日	国发〔2015〕35号国务院关于印发推进财政资金统筹使用方案的通知	推进教育资金优化整合。按照事权与支出责任相匹配的原则，优化各级政府教育资金支出方向。新增教育经费主要向边远、贫困、民族地区倾斜，逐步缩小区域、城乡、校际差距，促进教育公平。

续表

时间	文本	有关表述
2015年8月29日	中华人民共和国地方各级人民代表大会和地方各级人民政府组织法（第十六次修改案）	第五十九条 县级以上的地方各级人民政府行使下列职权： （一）执行本级人民代表大会及其常务委员会的决议，以及上级国家行政机关的决定和命令，规定行政措施，发布决定和命令； （二）领导所属各工作部门和下级人民政府的工作； （三）改变或者撤销所属各工作部门的不适当的命令、指示和下级人民政府的不适当的决定、命令； （四）依照法律的规定任免、培训、考核和奖惩国家行政机关工作人员； （五）执行国民经济和社会发展计划、预算，管理本行政区域内的经济、教育、科学、文化、卫生、体育事业、环境和资源保护、城乡建设事业和财政、民政、公安、民族事务、司法行政、监察、计划生育等行政工作； （六）保护社会主义的全民所有的财产和劳动群众集体所有的财产，保护公民私人所有的合法财产，维护社会秩序，保障公民的人身权利、民主权利和其他权利； （七）保护各种经济组织的合法权益； （八）保障少数民族的权利和尊重少数民族的风俗习惯，帮助本行政区域内各少数民族聚居的地方依照宪法和法律实行区域自治，帮助各少数民族发展政治、经济和文化的建设事业； （九）保障宪法和法律赋予妇女的男女平等、同工同酬和婚姻自由等各项权利； （十）办理上级国家行政机关交办的其他事项。 第六十一条 乡、民族乡、镇的人民政府行使下列职权： （一）执行本级人民代表大会的决议和上级国家行政机关的决定和命令，发布决定和命令； （二）执行本行政区域内的经济和社会发展计划、预算，管理本行政区域内的经济、教育、科学、文化、卫生、体育事业和财政、民政、公安、司法行政、计划生育等行政工作； （三）保护社会主义的全民所有的财产和劳动群众集体所有的财产，保护公民私人所有的合法财产，维护社会秩序，保障公民的人身权利、民主权利和其他权利； （四）保护各种经济组织的合法权益； （五）保障少数民族的权利和尊重少数民族的风俗习惯； （六）保障宪法和法律赋予妇女的男女平等、同工同酬和婚姻自由等各项权利； （七）办理上级人民政府交办的其他事项。

续表

时间	文本	有关表述
2015年12月27日	中共中央、国务院印发法治政府建设实施纲要（2015—2020年）	推进各级政府事权规范化、法律化，完善不同层级政府特别是中央和地方政府事权法律制度，强化中央政府宏观管理、制度设定职责和必要的执法权，强化省级政府统筹推进区域内基本公共服务均等化职责，强化市县政府执行职责。
2015年12月30日	财预〔2015〕230号关于印发中央对地方专项转移支付管理办法的通知	按照事权和支出责任划分，专项转移支付分为委托类、共担类、引导类、救济类、应急类等五类。委托类专项是指按照事权和支出责任划分属于中央事权，中央委托地方实施而相应设立的专项转移支付。共担类专项是指按照事权和支出责任划分属于中央与地方共同事权，中央将应分担部分委托地方实施而设立的专项转移支付。引导类专项是指按照事权和支出责任划分属于地方事权，中央为鼓励和引导地方按照中央的政策意图办理事务而设立的专项转移支付。救济类专项是指按照事权和支出责任划分属于地方事权，中央为帮助地方应对因自然灾害等发生的增支而设立的专项转移支付。应急类专项是指按照事权和支出责任划分属于地方事权，中央为帮助地方应对和处理影响区域大、影响面广的突发事件设立的专项转移支付。
2016年2月17日	中共中央办公厅国务院办公厅印发关于全面推进政务公开工作的意见	全面推行权力清单、责任清单、负面清单公开工作，建立健全清单动态调整公开机制。推行行政执法公示制度，各级政府要根据各自的事权和职能，按照突出重点、依法有序、准确便民的原则，推动执法部门公开职责权限、执法依据、裁量基准、执法流程、执法结果、救济途径等，规范行政裁量，促进执法公平公正。
2016年3月17日	中华人民共和国国民经济和社会发展第十三个五年规划纲要	建立事权和支出责任相适应的制度，适度加强中央事权和支出责任。 合理增加中央和省级政府基本公共服务事权和支出责任。
2016年3月25日	国发〔2016〕21号深化经济体制改革重点工作意见的通知	完善事权和支出责任相适应的制度。推进中央与地方事权和支出责任划分改革，适度加强中央事权和支出责任，在条件成熟的领域率先启动。

续表

时间	文本	有关表述
2016年8月16日	国发〔2016〕49号国务院关于推进中央与地方财政事权和支出责任划分改革的指导意见	推进中央与地方财政事权和支出责任划分改革，财政事权是一级政府应承担的运用财政资金提供基本公共服务的任务和职责，支出责任是政府履行财政事权的支出义务和保障。
2016年12月19日	中共中央办公厅、国务院办公厅印发关于深入推进经济发达镇行政管理体制改革的指导意见	按照事权和支出责任相适应的原则，逐步明确经济发达镇政府事权和支出责任。上级政府对下放给经济发达镇的事权，要给予相应财力支持。
2017年1月11日	中共中央办公厅、国务院办公厅印发关于创新政府配置资源方式的指导意见	合理确定各级政府的财政事权和支出责任。加强基本公共服务资源均衡配置，推动基层基本公共服务资源优化整合，提高服务效率。
2017年1月23日	国发〔2017〕9号国务院关于印发"十三五"推进基本公共服务均等化规划的通知	深化简政放权、放管结合、优化服务改革，划清政府与市场界限，增强政府基本公共服务职责，合理划分政府财政事权和支出责任，强化公共财政保障和监督问责。合理划分中央和地方财政事权与支出责任，适度加强中央政府承担基本公共服务的职责和能力。财力保障机制。拓宽资金来源，增强县级政府财政保障能力，稳定基本公共服务投入。《"十三五"国家基本公共服务清单》（以下简称《清单》，详见附件1）包括公共教育、劳动就业创业、社会保险、医疗卫生、社会服务、住房保障、公共文化体育、残疾人服务等八个领域的81个项目。每个项目均明确服务对象、服务指导标准、支出责任、牵头负责单位等。其中，支出责任是指各项目的筹资主体及承担责任；牵头负责单位是指国家层面的主要负责单位，具体落实由地方各级人民政府及有关部门、单位按职责分工负责。

续表

时间	文本	有关表述
2017年2月20日	中共中央办公厅 国务院办公厅印发 关于加强乡镇政府服务能力建设的意见	完善乡镇财政管理体制。合理划分县乡财政事权和支出责任,建立财政事权和支出责任相适应的制度。结合乡镇经济发展水平、税源基础、财政收支等因素,实行差别化的乡镇财政管理体制。县级政府要强化统筹所辖乡镇协调发展责任,帮助弥补乡镇财力缺口。
2017年4月18日	国发〔2017〕27号国务院批转国家发展改革委关于2017年深化经济体制改革重点工作意见的通知	加快推进财政事权和支出责任划分改革。落实关于推进中央与地方财政事权和支出责任划分改革的指导意见,争取在部分基本公共服务领域取得突破性进展。推进省以下相关领域财政事权和支出责任划分改革。
2018年1月27日	国办发〔2018〕6号基本公共服务领域中央与地方共同财政事权和支出责任划分改革方案	暂定八大类18项中央与地方共同财政事权范围,并规范公用经费保障、免费提供教科书、家庭经济困难学生生活补助、贫困地区学生营养膳食补助、中等职业教育国家助学金、中等职业教育免学费补助、普通高中教育国家助学金、普通高中教育免学杂费补助、基本公共就业服务、城乡居民基本养老保险补助、城乡居民基本医疗保险补助、医疗救助、基本公共卫生服务、计划生育扶助保障、困难群众救助、受灾人员救助、残疾人服务、城乡保障性安居工程的支出责任方和分担标准。

财政支出结构固化及化解对策研究

◇ 赵福昌　于长革　申学锋　等

　　摘　要：当前我国财政收支矛盾凸显，财政增量空间缩小，如何突破财政支出项目只增不减、存量固化的格局，是当前扩大财政空间的必由之路。本研究在分析了当前我国财政支出结构固化的特点之后认为我国财政支出固化存在以下问题：总体、部门及项目支出多层次固化问题严重；财政资金分配渠道固化问题突出；财政支出结构固化情况在强化；央地支出结构差异化。进一步分析发现，政府治理机制不健全、法定"挂钩"和体制固化、基数法编制预算及绩效管理缺失是导致我国财政支出结构固化的根本性、制度性及技术方面的原因。在总结中外历史上财政支出固化问题及启示的基础上，本研究提出化解财政支出结构固化的思路对策，包括：完善政府预算治理结构，决策上破除支出固化的利益格局；创新预算制度和政策体系，打破支出固化的制度、政策限制；以零基预算理念从技术上奠定打破固化的基础；强化预算绩效评价，完善机制促进财政支出结构的优化。

　　关键词：财政支出；固化；政府

当前，我国财政收支矛盾凸显，财政增量空间缩小，如何突破财政支出项目只增不减、存量固化的格局，是扩大财政空间的必由之路。习近平总书记提出，"改革就要对权力和利益进行调整"，解决财政支出结构固化问题，需要打破支出背后的利益藩篱，探索科学的资金分配机制和预算编制方法，实现高效分配和绩效提高，有效化解不断加剧的财政风险。

一、新常态下财政支出结构固化问题凸显

（一）财政支出结构固化的表现与实质

1. 财政支出结构固化是指财政分配缺乏统筹、优化的空间和弹性

固化指事物形成或处于一种不易改变的状态。通俗地讲，水有气、液、固三态，固化就是处于结冰的固态，是相对稳定而不易改变的状态。财政支出结构固化是所有的财政支出项目只增不减（重点支出增长是合理的），或者存量不动只能动增量，实际上就是指财政资金分配结构固化、僵化，缺少统筹、优化的空间和弹性。主要有如下几种情形：一是资金切块分配，如部门的"二次分配权"和原来的"法定挂钩"等，导致支出只增不减，形成一种部门先有资金、后找项目的分配格局，导致"钱等项目"；二是部门职能交叉重叠，同类性质的项目，在若干部门都有执行，并且每个部门都强调自身的重要性，争取自己分配资金的规模，从单个部门或项目看都是合理的，但是加总起来看，就会是合成谬误；三是指项目因部门利益拘囿而固化，导致项目规模只增不减，旧的项目到期新项目自然递补，分配格局难以打破，形成固化；四是政府转变不及时、不到位，导致"人"的固化，形成"吃饭财政"格局，财政收入只能保障人

员支出和机构运转，缺乏能力推进事业发展和建设，财政支出没有空间调整，不得不维持原有格局，被动固化。无论是哪种情况，都表现为所有支出项目只增不减。

2. 财政支出结构固化反映了财政资金分配严重的路径依赖

财政支出是通过预算程序安排的，预算安排应该根据重点保障领域和政策重点确定支出优先顺序，量力而行予以保障。支出结构固化，就意味着财政支出没有政策或优先顺序，或是政策处于一种有令难行的状态。财政支出结构的固化只是一种表象，说明财政资金分配严重依赖原有的路径，财政支出缺乏科学的决策程序和依据，技术上预算编制基本依赖基数法，或者基数法色彩浓厚，零基预算的理念和思维不足，基数法必然导致路径依赖和结构固化、僵化，缺乏科学的调整机制。

3. 支出固化实质是"人"和"事"的固化，是利益背后治理机制的缺失

财政支出固化的实质是涉及财政支出的"人"和"事"的固化。支出固化和路径依赖的背后，是各方利益的固化，既有机构人员的固化，也有附着部门利益的"事"的固化。财政支出分为基本支出和项目支出。基本支出是指为保障机构正常运转、完成日常工作任务而发生的人员支出和公用支出，主要涉及机构的设置与职能调整，机构设置和人员供养不能调整，基本支出就只能固化；项目支出是基本支出之外为完成特定行政任务和事业发展目标所发生的支出，项目支出与部门的职权紧密相连，体现的是部门的利益，由于既得利益的藩篱难以打破，部门项目完成后不是相应减少项目支出，而是自然递补其他项目，维持项目支出不会下降，甚至要一定增长。"人"和"事"的固化反映了政府治理的重要问题，政府职能边界和供养人员规模以及量力而行的民生保障水平，是政府外部治理关系的重要内容，涉及政府与市场、政府与社会的关系问题；以项目为载体的利益格局难以调

整而固化，涉及政府内部的治理机制问题，财政支出固化的实质是管理财政支出部门的"人"和"事"的固化，没有建立起科学合理的治理机制来打破既得利益的格局，政府与外部治理机制缺失导致政府边界和民生保障水平不合理，政府内部治理机制不顺畅，导致大量转移支付特别是专项资金通过条条分配，部门间利益固化而项目难以调减，等等，说到底是政府治理出了严重的问题。

（二）财政支出结构固化加大收支矛盾和财政风险

保留既得利益是我们推进财政改革的惯性思维，目的是使改革容易推进，无论是分税制等财政改革，还是在财政预算资金分配中，基本是存量不动，增量调整。这种做法在既定的形势背景下是可行的，如过去经济增长在10%左右的速度，财政收入增长速度达到20%，有相当规模的增量可以用来调节。但是，当前我国经济进入新常态，经济增长降档，财政收入急剧下滑，降幅远超经济降幅，增量调节可以说是捉襟见肘，支出结构固化导致支出刚性扩大，该减的减不下来，而需要增支的又不得不增，收支矛盾加大；同时，支出固化导致资金绩效下降，漏损增多，正反两方面加剧了财政收支矛盾，重点任务保障和政策落实，依靠增支眼前看并不现实，日趋依赖财政赤字债务，财政风险不断积聚。

1. 减税降费需求叠加经济增长放缓，财政收入增长有限

我国经过改革开放30多年经济高速发展，取得了巨大的成就，但是受要素、环境等因素制约，经济进入新常态，增速放缓，GDP从2010年之前年均10%的增长速度降到2016年的6.7%。在这个背景之下，一方面，在我国前几年结构性减税的基础上，叠加供给侧结构性改革对降低税费的要求，直接影响财政收入增长；另一方面，由于我国是以间接税为主体的税制结构，财政收入与GDP增速存在一种特殊的关系，也就是在经济高速增长时，财政收入增长速度更高，2010年

以前接近20%的增速，但是当经济下行阶段，财政收入增速下降幅度远超过GDP增速下降幅度，如图1所示，2010—2016年，GDP增速从10.6%下降到6.7%，而财政收入增速却从21.3%下降到4.5%，对财政收入增长影响非常大，远远超过GDP增长速度的降幅。

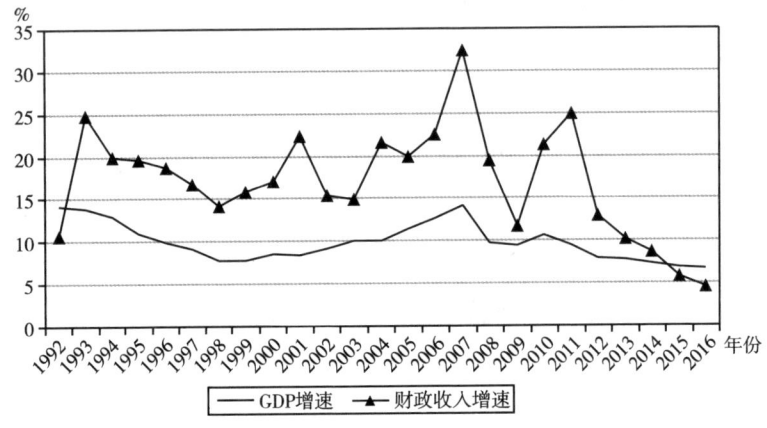

图1　1992—2016年GDP与财政收入增长变化趋势

2. 支出固化导致支出刚性扩大，叠加绩效下降与漏损

财政支出结构固化的表现是所有支出项目只增不减，支出刚性不断扩大，"庙难拆、人难去、事难减"，无论是部门的基本支出，还是项目支出，以及基本支出中的人员经费，都是只增不减。这样就导致该减的支出项目减不下来，而需要增加支出的项目又不得不增却难有资金满足，例如，十八届三中全会和新修订的预算法都明确取消"挂钩"，但是教育支出依然要求支出增长高于财政增速，导致一些地方教育支出钱花不出去，而同时社会保障领域因为人口老龄化等原因资金需求日益增长，却因为财政资金固化而保障能力不足，可见，财政支出结构固化导致支出刚性扩大，最终还是加剧了财政的收支矛盾。

同时，财政支出结构固化还导致资金绩效下降。一是如上所述，如教育支出固化问题，我们调研发现，在不少地方教育经费是保障过度或有钱花不出去的，而鉴于支出进度考核管理，不得不通过提高设备更新换代频次等措施完成财政支出，其中浪费、低效不言而喻，导致财政支出绩效下降；二是由于财政支出固化思维的影响，还有不少项目支出的安排流程，不是先论证项目再安排支出，而是先划分蛋糕保留份额，然后再去安排项目，出现"钱等项目"的情况，导致形成存量资金或是资金无效、低效支出，政策针对性不强、效果不明显，浪费了政府有限的财力；有些财政政策明显属于有关部门打着冠冕堂皇的旗号盲目攀比、不分轻重缓急竞相出台的，致使有限财力分散使用，财政资源配置低效或无效，影响财政资金的总体使用效益。诸如此类的问题，都是财政支出结构固化导致的资金支出绩效的下降，资金漏损增多，对于本来就已经收支矛盾突出的财政收支格局而言，是雪上加霜。

3. 支出固化意味着减支难，偏依增收或赤字都会加剧财政风险

财政支出结构固化背后是利益固化，重点任务的保障难以通过支出项目之间的增减调整解决，只能依靠增支来落实，在支出不能压缩的情况下，增支无非就是增量调节、增加新收入项目或是扩大赤字，增量调节随着经济进入新常态财政收入增速放缓，可以调节的空间越来越有限，对于不断增长的财政支出需求而言，可以说是杯水车薪，于事无补；增加收入项目，本身与当前供给侧改革减税降费的要求不相符合，即使勉强为之，也会进一步恶化政府、企业、个人之间的分配关系，不断压缩企业发展和个人消费的潜力，长远来看必然损害经济发展后劲，进而影响财政收入，加剧财政风险；那么剩下可为我们选择的就是只有扩大赤字债务了，扩大财政赤字就是直接增加财政的债务规模（见图2），直接加剧了财政风险，但这也是"两害相权取其轻"的最易操作的办法。

可见，财政支出结构固化导致支出增长刚性与绩效下降并存，叠加经济新常态增速降档，财政收支矛盾问题日益加大，一些重要的决

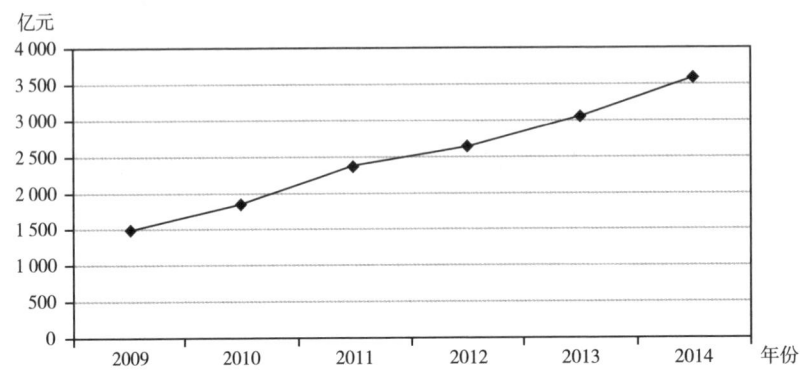

图 2 我国 2009—2014 年财政支出中国债付息支出情况

策和保障领域又不得不保，财政收入难以满足就迫使财政赤字债务不断扩大，财政风险加大。

二、财政支出结构固化情况分析

财政支出结构固化，表现在多个维度、多个层次。横向空间维度看，规模、分配渠道、使用方向等等存在不同层次固化；纵向时间维度看，功能分类的重点支出、部门和项目都存在固化不断强化的趋势；财政体制角度看，支出结构差异也反映了支出结构固化的问题，央、地收入各占一半，而支出中央15%，地方占到85%，其中有35%由中央通过转移支付转移地方，特别是专项转移支付通过部门条条下达，改革过程中呈现的财权上移、事权下移的格局，地方支出结构固化程度要强于中央，而且越到基层财政越困难，财政固化程度越严重。财政支出结构固化涵盖整个政府预算体系，基金预算、国有资本经营预算和社会保险基金预算本身就是专款专用的属性，固化不言而喻，这里不再赘述。

(一) 总体、部门及项目支出多层次固化问题严重

1. 总体上基本支出和项目支出被"人"和"事"绑架,只增不减

基本支出是指为保障机构正常运转、完成日常工作任务而发生的人员支出和公用支出。项目支出是指在基本支出之外为完成特定行政任务和事业发展目标所发生的支出。财政支出结构固化,一个是基本支出的固化,被"人"绑架;一个是项目支出固化,被"事"绑架,背后都是利益的固化。人员固化是因为机构设置只增不减,而且每个部门都强调自己的重要性,导致部门人员膨胀和"事"的固化,只增不减。政府与市场、社会的治理机制不健全,加上人大监督不到位,利益藩篱难以打破,政府与市场、社会职能边界不清,政府"管不住的手"始终在发挥作用。我国部门预算中部门数量与规模难以调减,新增职能又不得不保,导致基本支出刚性增长,项目支出只增不减,其中社会性支出特别是社会保障支出增长比较快,与经济发展水平不相适应。如图 3 所示,中央财政支出中,可查的 75 家部门决算公开的数据加总的基本支出与项目支出合计,2011—2016 年(2016 年为预算数)两者变化基本完全一致,曲线近似平行,并没有呈现一种基本支出相对稳定,而做"事"的项目支出增加的局面。

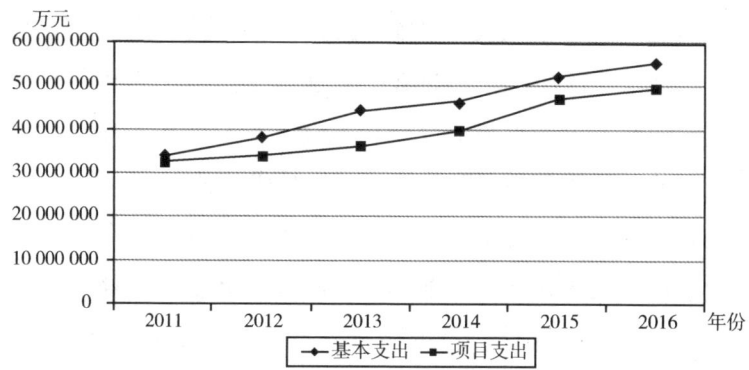

图 3　2011—2016 年中央财政支出基本支出与项目支出变化

《国务院关于2015年度中央预算执行和其他财政收支的审计工作报告》显示，事业单位预算保障办法不够明确，主要是基本支出挤占项目支出、人员经费挤占公用经费问题较普遍。抽查的卫星环境应用中心、工商总局市场研究中心等19家事业单位，2014—2015年挤占项目支出和公用经费等2.36亿元补充人员经费，有的单位人员经费超出财政拨款近4倍。2014年中央部门单位预算执行和其他财政收支审计结果显示，2013—2014年，工程院本级未经批准，自行将专项经费1 812.56万元调剂用于日常公用支出，其中2014年1 020.4万元。商务部2011年度预算执行情况和其他财政收支情况审计结果显示，部本级未经批准自行调整4个对外援助成套及物资项目预算，涉及金额共计12 948万元；自行将项目预算资金306.87万元调剂用于基本支出。2016年12月12日，财政部对外发布一份关于中央大气污染防治专项资金管理使用情况的通报显示，安徽省10个县（区）扩大开支范围，2014—2015年在用于秸秆禁烧的专项资金中列支人员经费及单位奖励、工作经费等保障类经费2.19亿元。部分县区还将257.11万元专项资金挪用于与秸秆禁烧无关的办公楼维修、招待、新打机井、购买变压器等其他事项。这些情况都反映了财政支出中存在人员支出和基本支出固化的情况。

2. 功能分类的重点支出因"法定挂钩"等因素而固化严重

按照功能分类，财政支出大致分为23类，其中重点支出包括教育、科技、社保、医疗、农业等支出，这些重点支出多因为原来不同程度的法定挂钩要求而形成固化。十八届三中全会全面深化改革的要求及新修订的预算法都要求取消挂钩，但是受修法及部门利益的局限，取消挂钩政策执行并不尽如人意，重点领域的支出，不仅存量无法调整，增量也获得大头，如图4所示。总体上，各类支出都是存量规模没有减少的，只是在增量获得的份额不同，但是，重点支出如教育、科技、社保、医疗卫生、农林水事务等都呈现不断增加的趋势。

重点的、该保障的支出增加是应该的,但是,所有支出项目都是只增不减,在一定程度上反映了功能分类的支出结构固化问题。

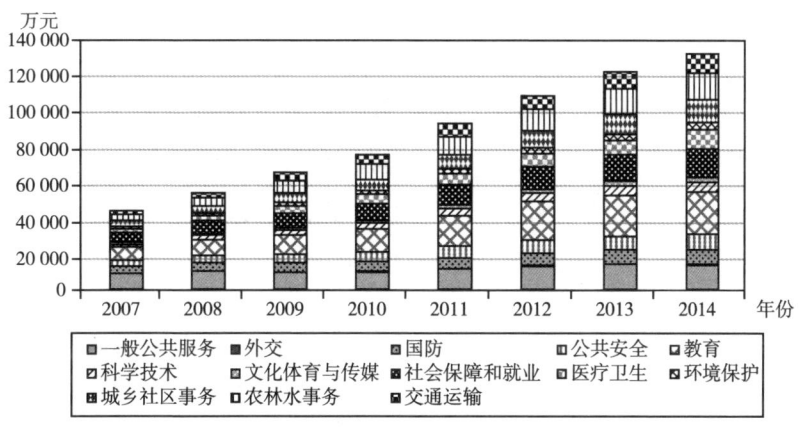

图4　2007—2016年功能分类财政支出情况

资料来源:中国财政年鉴。

3. 部门层面看,基本支出总体增长,项目支出非增即稳无下降

部门个体看,基本支出总体全部连续增长,个别年份下降多与机构职能调整或改革相关。我们根据部门决算公开的情况,查阅了75家部门2007—2016年的部门决算(经费占全部中央本级支出40%),有75家部门基本支出总体上呈现刚性增长趋势;个别部门在2010—2016年期间个别年份出现下降,但总体仍呈增长态势,而且个别年份预算基本支出没有增长的原因多因职能或改革调整的影响。中央层面基本支出总体呈现刚性增长态势,只增不减,充分说明存量财政资金分配的固化程度非常高。项目支出保持增长或稳定,没有下降的。2016年中央部门预算的项目支出靠前的分别是教育部、中科院、南水北调办、科技部、国家自然科学基金委、工信部、全国哲学社会科学规划办公室、农业部、民航总局和国家税务总局,其中教育部项目支出过千亿,达到1 118亿元,其余部委为200亿~300亿元,这些项目在2010—2016年期间,不是持续增长,就是基本维持稳定,没有一个呈下降态势的。

各部门固化情况看,我们从可查的部门决算公开的数据看,选取了 13 个数据相对齐全的部门进行比较,无论是部门的基本支出还是项目支出,2007—2016 年(2016 年为预算数),绝对量都是增长的,如图 5、图 6 所示,绝对数额看,基本支出没有下降的,项目支出除个别部门个别年份有调整之外,总体也是没有下降。从相对结构看,在 13 个中央部门中,虽然绝对额都没有减少的,但是相对关系还是有些变化的,因为在增量分配中各自获得的份额不同。

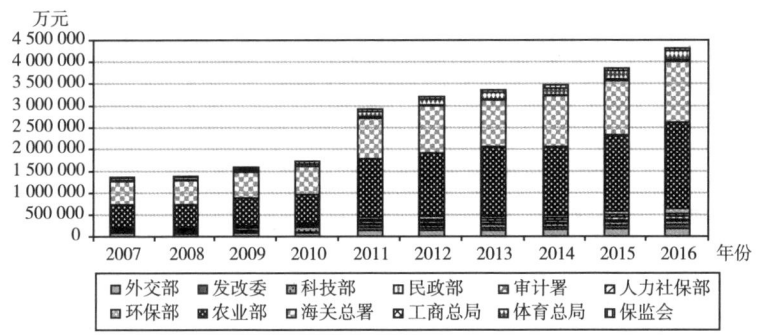

图 5　2007—2016 年中央 13 个部门基本支出规模变动情况

资料来源:根据各部门公开的部门预决算信息。

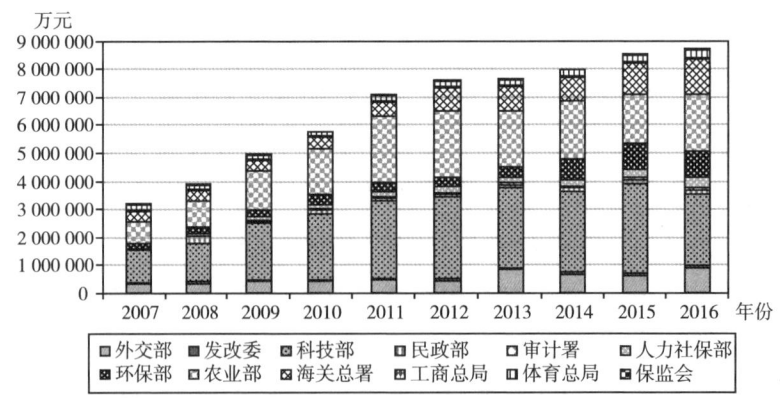

图 6　2007—2016 年中央 13 个部门项目支出规模变动情况

资料来源:根据各部门公开的部门预决算信息。

从部门预算的相对关系看，13个部门预算基本支出和项目支出的相对关系变化如图7、图8所示，总体上各预算部门在13个部门预算合计数中份额相对稳定，呈现明显的固化格局，但是动态中也因为在增量分配中各单位的份额不同，所以导致了不同年份之间的相对关系变化，但总体影响不大，固化态势明显。

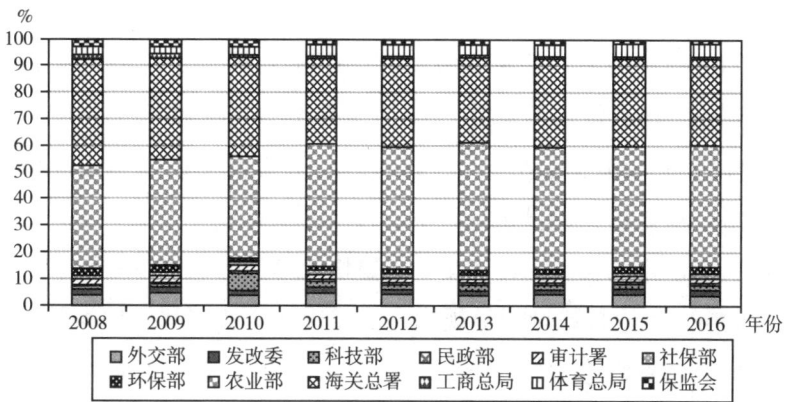

图7　2008—2016年中央13个部门基本支出相对变化情况

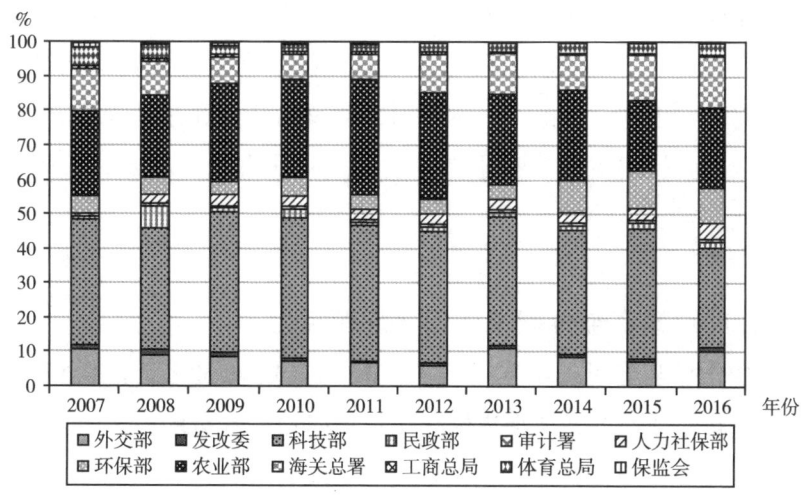

图8　2007—2016年中央13个部门项目支出相对变化情况

虽然我们不能说所有支出项目都增长就不对，但是所有的都只增不减，也在一定程度上说明部门层面的支出固化问题。

4. 从项目看，支出只增不减结构固化明显

从具体的项目看，无论是基本建设、专项转移支付大类的项目，还是具体的单个的如会议费等项目，都呈现规模只增不减、结构固化的态势。

例如经济分类中的基本建设支出，数量规模只增不减，固化情况突出。理论上讲，经济建设支出应该是与经济周期密切关联的，也应该根据经济周期趋势变动，但是我国的经济建设支出，无论经济周期形势如何，基本每年存量是保证的，没有下降的。

1994年以来，我国的转移支付规模快速增长，其中专项转移支付增长尤为突出，无论是数量还是规模，都成快速增长趋势，种类数量上从1994年建立以来快速增长，到2012年达到220多种；规模上从1994年现在可以说是从无到有，快速增长到现在的2万亿元的规模。规模庞大的专项转移支付叠加分配渠道的条条局限，固化情况十分突出。

具体项目支出中如会议费支出，在中央控制三公经费以前，会议费每年都要超支，在控制三公经费以后，各单位的会议费依然是指标全部用完，或想方设法把一些本该列入会议的费用通过其他形式支出，实际上也是会议费支出项目也是固化的，除非有硬性规定，否则也是只增难减。

（二）财政资金分配渠道固化问题突出

资金分配渠道固化实际上与上述横向上规模固化是密切相关的，甚至是相互印证的关系。渠道固化包括部门"二次分配权"、专项转移支付部门条条分配，渠道固化也导致了支出结构固化。

1. 部门"二次分配权"肢解预算统一分配权，固化了分配渠道

预算分配权统一、完整是预算管理的核心要求，三中全会全面深化改革的要求和新修订的预算法，都对预算的完整性提出了要求，但是我国虽然在过去通过预算外资金纳入预算内管理、政府预算体系不断完善等，预算的完整性和统一性有了很大程度提高，但是，大量的部门的二次分配权依然存在，对应的就是财政资金的"切块"分配问题，如基建、教育、科技等方面都存在这样的问题，这样资金分配的渠道就固化到部门，形成资金支出结构固化。

2. 转移支付项目资金的条条分配

专项转移支付的分配，目前仍然是通过部门按照条条进行分配的，是分配渠道固化的另一种表现形式。1994 年分税制改革以来，财政转移支付规模不断增加，专项转移支付种类增加速度更快，到 2012 年增加到 220 种，并且这些专项资金都固定在部门通过条条进行分配，只有设立没有退出、规模只增不减，形成资金支出结构的固化。《国务院关于 2015 年度中央预算执行和其他财政收支的审计工作报告》显示，部分一般性转移支付仍有指定用途。2015 年对地方转移支付中，一般性转移支付占 57%，比上年下降 2 个百分点，其中 1.35 万亿元有指定用途，地方实际可统筹的仅占 52%，特别是均衡性转移支付中有 25% 也指定了用途。财政部应加快推进转移支付改革，防止一般性转移支付"专项化"。专项转移支付多头管理状况还需加大力度改进。有 52 项专项转移支付实际又分解为 301 个具体事项，大多仍按原事项渠道、原管理办法分配。抽查的农业综合开发专项实际分解成 13 个具体事项，其中 3 个由财政部分配，10 个由财政部分别会同其他 5 个部门分配；引导地方科技发展专项整合了财政部两个司分配的 2 个专项，实际仍由这两个司按原有的两个管理办法分别分配。另外，有 8.7 亿元扶贫资金闲置或损失浪费。由于统筹整合不到位等，抽查的贫困县每年收到上级专项补助 200 多项，单个专项最少的仅 4 800 元；抽查的

50.13亿元扶贫资金中,至2016年3月底有8.43亿元(占17%)闲置超过1年,其中2.6亿元闲置超过2年,最长逾15年;17个县的29个扶贫项目建成后废弃、闲置或未达预期效果,形成损失浪费2 706.11万元。这从另一个方面反映了项目支出固化的问题。

3. 财政支出方式固化不能适应形势变化或需要

我国财政支出,特别是转移支付,资金的安排是中央安排的,但是实际使用的是地方政府,导致实际过程出现了脱节、错配问题,支出方式或方向没有与时俱进而优化调整,导致方式或使用方向的固化,影响了资金使用效率。例如义务教育转移支付资金,我们制度仍然按照人口户籍所在地分配下达,但是人口随着城镇化推进早就不在当地了,生活学习早就不在户籍所在地,而是在常住地了,但是义务教育转移支付资金分配方式仍然按照户籍所在地的下到地方,导致支出与人员需求脱节,造成资源错配,低效或无效。再如,农村学校建设资金,财政花了不少资金盖好校舍、配好设施,但是随着城镇化发展相应人口的教育集中到城镇了,等等,也造成资源错配和低效、无效问题,支出方向乃至区域的固化,也导致资源错配和浪费。还有,农村修路的资金,分散在数年,花了很大力气、好不容易完成,但是城镇化推进和人员流动后,修成的路人们基本不走了,用不着了。

(三) 动态看,财政支出结构固化情况在强化

财政支出结构固化不仅表现在横向结构的规模、渠道和方式等多层次方面,从动态看,这种固化也呈强化态势。

1. 总体项目基本支出与项目支出同比例增长,动态中固化加强

从图3的中央财政基本支出和项目支出变动趋势可以看出,动态上两者变动趋势高度一致,几乎是同比例在增长,动态上固化程度在加强。

2. 从重点支出领域的增长趋势看，都快于全国财政的增长速度

财政支出结构固化的另一个层面就是具有重点支出（绝大多数是法定挂钩领域）都保持高速增长。按照经济功能分类看，财政重点保障的领域，财政投入的增长都高于财政收入自身的增长速度，也就是可以说，在增量分配中占据了主体，财政社会性支出内容固化，刚性增长绑架财政。图9是2010—2016年我国财政支出重点支出增长情况。其中，教育、社会保障、医疗卫生、城乡社区支出增速都高于财政收入的增长速度，这从另一个角度反映了社会主要的基本公共服务项目支出固化严重，不仅存量不减，而且增量中的分配也基本固化，主要由这些项目支出分配。

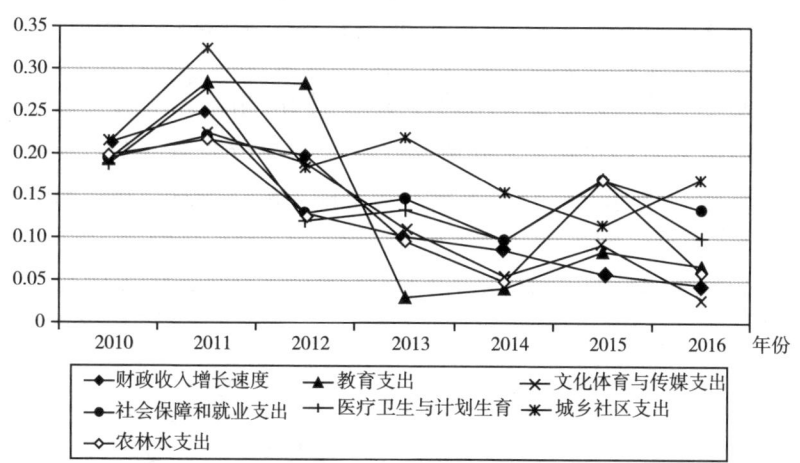

图9 财政重点支出（绝大多数是增长"挂钩"领域）增长情况

3. 部门层面支出同向变动，相对关系稳定

一是部门基本支出动态变化一致性非常高。受部门决算公开的限制，我们从可查阅的2007年开始公开部门决算的14个部门决算看，基本支出变动趋势的一致性非常高，也就是说总体上所有部门基本支出只增不减（如图10所示）。

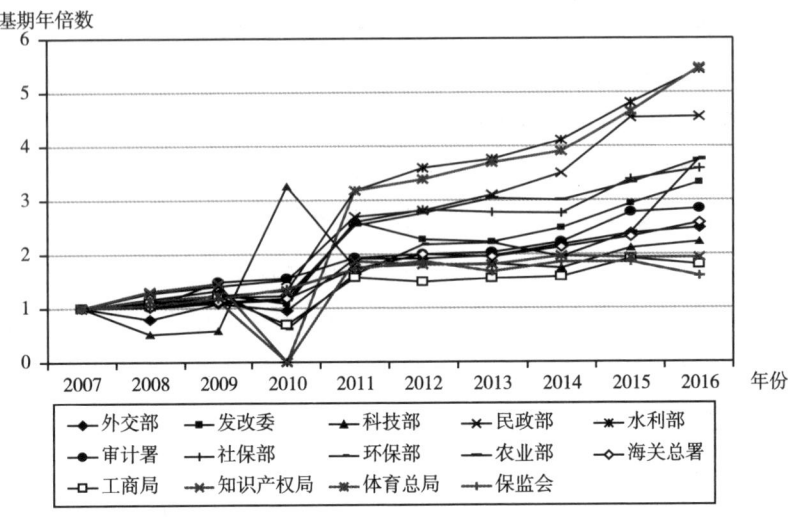

图 10　2007 年开始公开部门决算的 14 个部门基本支出变动趋势

二是部门项目支出总体增长，部门之间的相对关系高度稳定。从 2007—2016 年部门决算公开的情况看，14 家单位的项目支出变动趋势如图 11 所示。所有单位项目支出总体呈增长趋势，而且绝大多数部门

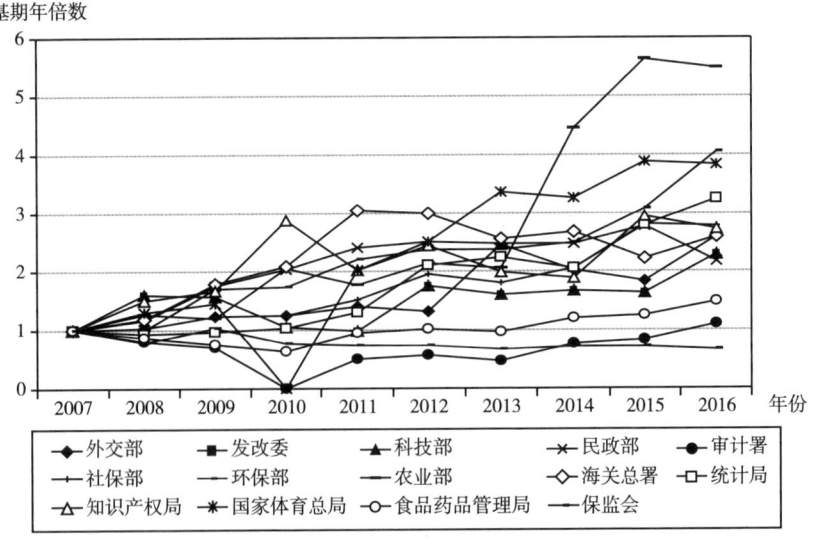

图 11　2007—2016 年 14 个公开部门决算单位项目支出变动趋势

的变动趋势高度一致，反映了部门项目支出相对关系高度稳定，增长也呈现固化的态势。从所有查阅的75家单位公开部门决算的情况，虽然公开时间短，可公开查阅的数据区间时间短，但总体的趋势与图示部门基本一致，变动趋势高度趋同，说明增量资金分配也具有相当程度上的固化。

（四）央地支出结构差异反映出支出固化的财政体制问题

1. 层级越低的政府财政支出调节空间和弹性越小

2016年我们统计的95家中央预算单位的部门预算，基本支出和项目支出大约各一半，其中基本支出约占53%，项目支出约占47%；而到东部地区某地级市，基本支出与本级安排的项目支出比例大致为70∶30，地方财政支出主要是保基本支出，地级市本级支出中，基本支出占到本级安排的财政支出的70%，安排的项目支出仅占本级财政安排支出的30%，而且自2012年以来这种趋势是加剧的，比例由2012年的60∶40变为2016年的70∶30；估计到县级财政，财政保基本支出的比例会更高。

地方财政基本支出被"人"绑架快速增长，挤占项目支出空间，就地方而言，由于"财权上移、事权下移"体制因素的存在，层级越低的政府财政支出固化程度越高。我们从某地级市本级财政基本支出与项目支出情况看（见图12），基本支出稳定增长，从2011年到2016年增长了近80%，而更为突出的是，期间人员工资支出增长趋势与基本经费增长趋势高度一致，而基本支出剔除人员工资之外的公用支出规模高度稳定，几年都维持在一条水平线上，充分说明，机构难调、人员难减导致的财政供养人口支出不断增长，叠加人员福利待遇的不断增长，导致基本支出规模不断提高，占比不断提升，从2013年的62%提高到2016年的69%，这足以说明机构人员缺乏有效调整机制，导致了地方基本支出固化,并呈不断增长态势,相应地项目支出(未包含中央的专项转移支付项目)增长不断放缓,增速越来越慢。这也从一个侧面佐证了地方财政基本支出固化的问题。

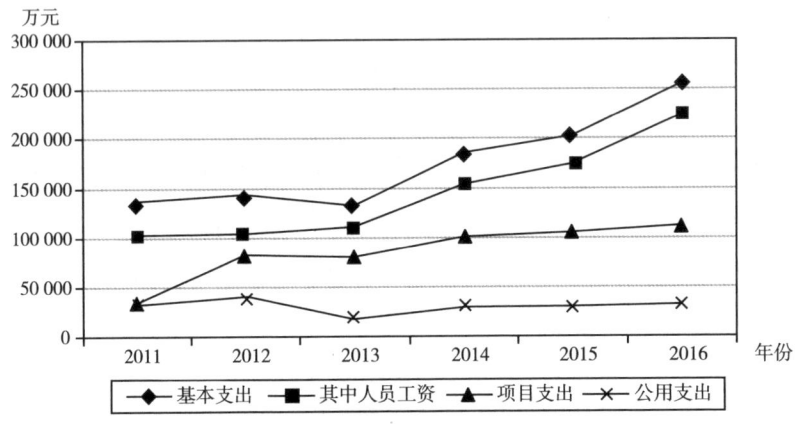

图 12　某地级市市本级财政支出结构变动趋势

结合前述分析,地方层级越低的政府,由于基本支出压力越来越大,项目支出能力越来越小,考察的地级市情况看,2011 年以来项目支出相对基本支出而言增长非常缓慢,这也从另一个侧面反映了支出结构固化带来的后果。

2. 转移支付"小马拉大车"规模不断增长,结构固化严重

央地支出结构差异也反映了我国财政体制以及转移支付的问题。1994 年以来我国财政体制主要是提升中央的宏观调控能力,到 2016 年基本上达到中央与地方收入各一半,而支出却是 15∶85,这样中央有占全国财政收入 35% 的资金要通过转移支付分配到地方。转移支付从 1994 年的 590 亿元增长 2015 年的 50 137 亿元,增长了近 84 倍,2016 年预算达到 52 941 亿元;转移支付占中央财政支出(含转移支付)的比重从分税制改革之初的 25% 左右,增长到 2016 年维持在 60% 以上(见图 13)。这使我国的转移支付制度承担了过多的财政体制"职能",

形成一种"小马拉大车"的局面，导致越低层级的政府财政调节空间和弹性越小，支出刚性越强。规模庞大的转移支付结构也呈现固化、僵化的情况，专项转移支付数量和规模不断增长，并且是通过部门条条分配的，由于部门利益是附着在各自管理的专项转移支付的"事"的，这样专项转移支付也就固化为部门的利益。

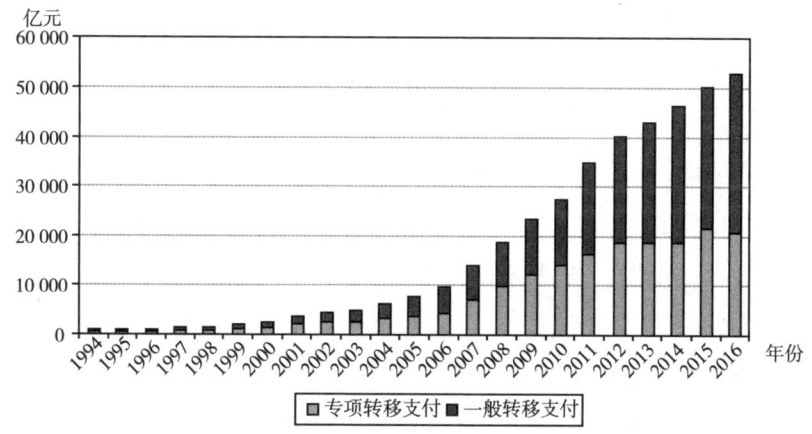

图13　1994—2016年我国转移支付规模情况

注：1994—2015年为决算数，2016年为预算数。

此外，政府性基金预算和国有资本经营预算调整难度也不小。政府性基金预算支出按照项目管理，专款专用难以调整；国有资本经营预算限额调入一般公共预算，调整空间有限。这些是除一般公共预算之外的财政支出固化的表现形式。

三、财政支出结构固化的原因分析

（一）政府治理机制不健全是根本原因

1. 政府治理不完善，政府职能边界和合理支出缺乏决策机制政府外部治理即政府与市场、政府与社会的治理关系。政府外部治理机制不完善，就是政府与市场、政府与社会治理关系中存在"越位""缺位"问题，导致财政支出、社会福利水平超越经济发展阶段。

一是人员机构膨胀问题。相应关系没有处理好，政府及其附属机构相对市场和社会处于强势地位，导致人才过于向政府及其附属部门积聚，从而使政府部门难以随经济社会发展而调整，机构难调、人员难减，并且呈现不仅不能减反而不断上升膨胀的趋势；这种情况下，由于缺乏治理机制，机构人员膨胀的情况就没有相应机制约束，利益格局难以打破，相应财政支出结构调整就缺乏有力的措施和手段，必然导致政府与市场、社会治理关系失衡，反映在财政支出结构上就是基本支出结构固化，并且使财政收入增量在相当程度上也固化了，成了"吃饭财政"。

二是社会福利过快增长问题。近几年，我国不断优化政府、企业和个人之间的分配关系，社会福利水平不断提高，待遇连续12年每年提高10%，导致一些地方深感社会福利水平超越了经济社会发展水平，叠加区域间福利水平的相互攀比，导致过度福利化。如何量力而行确定社会福利保障水平，缺乏政府外部的有效治理机制，无法形成相应福利约束机制，反而因为攀比而不断上涨，导致社会福利水平持续上涨，支出固化。

2. 政府内部治理机制不完善，破除利益藩篱的治理制缺失

一是预算分配权不统一，部门"二次分配权"导致部门支出规模的固化。政府内部，财政部门的地位仍然不是很高，在财政部门之外，其他部门仍然掌握着对某些资金的分配权，不仅各级发展和改革委员会拥有规模庞大的被戏称为"口袋预算"的"切块资金"，而且各级科技、教育等部门也不同程度地拥有较多的预算资金自由裁量权。这些"二次分配权"的存在直接动摇了财政部门的地位，严重肢解了预

算管理权能的统一性，致使部门之间财政资金的统筹受阻。

二是部门间治理机制缺失，资金分配统筹调整力度不够。即使不具有二次分配权的部门，也是由于相应的治理机制不健全，财政难以有效发挥国家治理基础和重要支柱的作用。政府各部门履行职责需要财政资金和财政政策的支撑，所有公共部门都想有一把米。然而问题在于，由于政府部门之间治理机制不合理，没有赋予财政部门统一管理财政预算和财政政策的责权，涉及支出问题时部门往往绕过财政，通过业务分管领导倒逼财政，使财政被动支出；或者就是财政支出的调整有赖于财政和政府部门的吵架，如财政与社保争端，偏倚部门领导吵架解决，该不该支持或该如何支持，没有一个顶层的决策机制，资金问题的解决，依靠部门领导的吵架解决，导致现实中职能上大财政和权力上的小财政部不匹配，小马拉大车制约了财政资金分配的统筹。

（二）法定"挂钩"和体制等因素是支出固化的制度性原因

1. 法定"挂钩"或刚性"提标"政策促进财政支出固化

据统计，之前与财政收支增幅或生产总值挂钩的重点支出涉及教育、科技、农业、医疗卫生、社保、计划生育等7类，2012年财政安排的这7类重点支出即占全国财政支出占到全国财政支出的48%。支出挂钩机制在特定发展阶段为促进有关领域事业发展发挥了积极作用，但也不可避免地导致财政支出结构固化僵化，肢解了各级政府预算安排，加大了政府统筹安排财力的难度，全国财政从中央到县四级都要求挂钩，不符合社会事业发展规律，容易引发攀比，导致部分领域甚至出现财政投入与事业发展"两张皮""钱等项目""敞口花钱"等问题，这是造成专项转移支付过多，资金投入重复低效的重要原因。另外，我国从2003年以来，连续12年对社会养老保障待遇提标，每年

10%，这种刚性的支出政策要求同样也加剧了财政支出的固化水平。

2. 转移支付规模过大、专项过多、依部门条条分配资金是体制原因

转移支付占中央财政收入规模多大合适，各国国情、历史条件、政治体制等因素不同，没有绝对统一的标准，但是从国际看，包括典型的单一制国家英国、法国、日本和典型联邦制国家美国、澳大利亚、印度在内，转移支付规模占中央财政支出（含转移支付）比重各有特点，美国、英国、法国、日本、澳大利亚、印度，转移支付占中央财政比重分别为16.9%、18.3%、29.2%、34.8%、25.3%、32.1%，总体水平在20%~30%左右。相比我国，转移支付从1994年的590亿元增长到2016年预算达到52 941亿元，增长了近百倍，中央财政转移支付比重占中央财政支出（含转移支付）比重高达67%以上（见图14）。

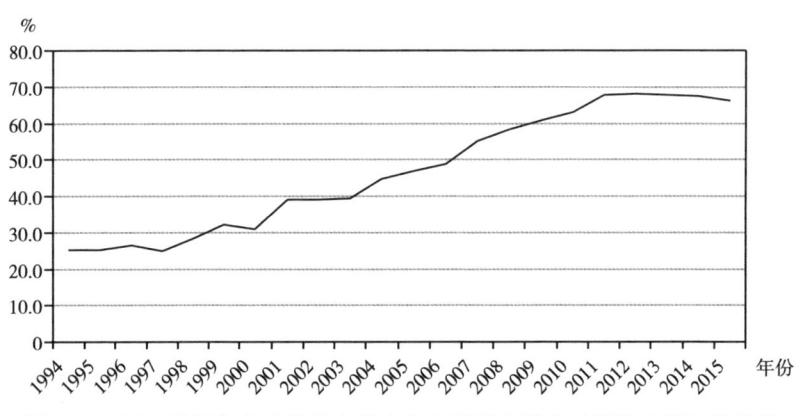

图14　1994—2015年中央转移支付占中央财政支出含（转移支付）的比重

规模庞大的转移支付中，转移支付的结构不尽合理，一般转移支付规模偏小，专项转移支付过多，专项转移支付要求专款专用。1994年以来，专项转移支付内容不断丰富，一些专项转移支付立项依据不够充分、程序不够规范，缺乏严格的研究论证、规范的报批程序和科学的民主决策，有的甚至是一项政策一个专项、一个品种一个专项、

一个行业一个专项,"打补丁"的项目较多,到 2013 年中央对地方专项转移支付达 220 项,覆盖教育、卫生、农林水、公检法、环境保护等各领域。尽管专项转移支付管理也不断加强和完善,严控新设专项,清理、整合、规范已有专项,2014 年预算编制时,将专项压减到 150 个左右。但是这种整合也仅仅是小类归大类,是物理整合而不是化学整合,原有的资金规模和用途基本没有打破。

专项转移支付专款专用,并且是通过条条中的部门来分配资金的,转向转移支付的"事"就成了部门利益的载体,因此项目增加容易,调整清理就阻力很大,导致专项资金的固化。并且这种碎片化的专项资金,在中央资金规模可以,到基层分解后资金规模非常小,导致基层执行困难,执行则资金不足,不执行则形成存量资金,变通使用则有挪用的嫌疑,总之怎么做都有问题,使基层执行部门陷入两难,造成资金浪费或低效。

(三)基数法编制预算及绩效管理缺失是财政支出固化的技术原因

绩效是财政支出管理的重要内容和最终目标,党的十八届三中全会提出审核预算的重点由平衡状态、赤字规模向支出预算和政策拓展,重点就是要突出支出的绩效。但是,由于我们过去财政管理重过程轻结果的倾向,导致财政部门重资金分配轻财政管理,财政资金以及转移支付一分了之,至于结果和绩效如何,并没有得到足够的重视。这样,财政支出就缺少了留存的结果依据,更多地偏倚前端部门的博弈,而对于转移支付,特别是专项转移支付,既未纳入地方预算管理,中央部门又鞭长莫及管理不到位,结果考察和绩效管理严重不到位,这样就更谈不上绩效评价结果的运用的问题,也就没有绩效问责机制和财政支出项目的退出机制。这样的资金分配管理模式,必然就成了基数法编制预算的延续，零基预算缺乏依据。

四、中外历史上财政支出固化问题及启示

财政支出固化并非今天才有的问题，在中外历史上都出现过财政支出固化情况，固化初期是为了财政平衡减少财政风险，但是固化一段时间以后问题就会接踵而来，并造成严重的社会或是国家问题，相应阶段也有不同的应对措施，对我们今天认识和解决财政支出固化问题具有重要的启示作用。

（一）中国古代财政支出固化情况及问题

1. 中国古代财政支出结构固化的初衷、偏离与危害

中国早期的财政制度的探索，似乎就是在寻找一种收支平衡的稳定。《周礼》设计了以九种收入（九赋）对应九种支出（九式）的收支对口平衡模式，并对官员编制、王室用度、祭祀等都做了具体规定，从而限定了各项支出的数量，这也在一定程度上减少了财政风险，就是"以九式均节财用"。这种通过固化支出范围和结构的办法，也成为古代财政管理的主要方法。

春秋战国时期，法家思想家将支出固化进一步制度化。管子提出"明法审数"，只有这样才能做到"法立数得"，他将"审度量"作为首要的支出原则，并提出"九惠""六德""六务""四禁"等，对支出结构进行规划。商鞅治秦，对财政各项支出做了更为细致明确的规定。汉代通过皇室财政与国家财政的分立，基本建构出收支的平衡框架。《汉书·翟方进传》记载当时"百僚用度，各有数"。唐初编制预算，基本是采用零基预算的方法。每年对支出和收入进行统计，最后

编制预算。唐玄宗时进行改革，在前期预算的基础上，形成各项支出的基数，每年根据情况做适当调节。元和年间编制了"国计簿"，开成年间编制了《开成占额图》，确立各项支出所占比例，将各项支出固化。宋以后改称"会计录"，并为宋明清各代所延续。宋代苏辙在《元佑会计录》总序里指出支出固化的好处，"列之以通表，而天下之大计，可以画地而谈也"。

支出固化本是为了防止财政风险，维持收支平衡。实践中，固化初期对促进财政平衡、完成相关职能具有一定积极作用，但一个阶段之后问题就接踵而来，支出固化的结果反而增加了财政风险。多年固定不变，各项都有定数，经不起任何风吹草动，一遇天灾人祸，马上就会引发财政危机。因为支出结构固化，对于财政危机只能从增收或财权下移上着手，这就将财政危机扩展为社会危机和政治危机。唐代藩镇之乱，就是因中央财政困难，将边境军镇财权赋予军事将领而引发。明代农民起义的扩大，也是因为辽东战事支出增大，政府加征"三饷"。清末太平天国运动时期，政府在各省先后开始征收厘金，孙中山在《实业计划中》称厘金是"自杀的税制"，提出"废绝厘金"。而在压缩支出，进行结构调整时，最容易被牺牲的就是弱势群体和水利等福利支出，这就使各种社会矛盾集聚。

2. 中国历史上政府破解支出固化的探索

历代理财家在支出方面，都主张"均节财用""用之有止"。也采取了一些调整措施，来破解支出固化难题。一是调节预算支出额度，即根据上一年度的收入支出和结余情况，为次年"通融节缩之计"。二是对一些不急的事务支出进行压缩。唐初在压缩支出时以养民为先，对祭祀等礼仪支出进行压缩。三是减缩官吏俸禄。官员俸禄开支始终是政府支出中的大项。但这一部分也是最不好减的，如王莽时期、汉末和宋代范仲淹改革都因减俸或借俸等措施，引起官员反弹造成政治危机。四是为一些经常性支出设立一定的资金或土地，通过利息或地租收入来维持动态平衡，如教育、祭祀等支出。五是通过与民间资本合作来解决一些社会福利和农田水利支出。六是根据支出重新调节收入规模。汉武帝时桑弘羊提出"计委量入"，唐代杨炎提出"量出为入"，都是因支出规模扩大后，入不敷出，打破"量入为出"的惯例，根据支出规模重新安排收入。桑弘羊主要通过盐铁专卖，杨炎是重新改革税制。

（二）国外财政支出固化问题及公共财政转型

1. 希腊、罗马福利支出固化及危害

在古代希腊，无论雅典还是斯巴达，公民都享有很高的福利，这也是国家财政的重要负担。斯巴达的每个公民都能从国家分得一份数量相同的土地，缴纳少量的公餐费，每天就能领取非常丰富的食物。雅典公民不仅能得到国家低价供给的粮食，还能通过出任公职获得国家俸禄。国家设立了 2 万多个岗位，仅陪审员就设了 6 000 人。所有公职都抽签轮换。国家还为公民提供竞技比赛、戏剧表演等活动，丰富公民生活。就是观剧津贴，从克莱奥丰到加里克拉底，多次增长。人们的福利形成固化，只增不减，造成很大财政负担。而这一切都是建立在对奴隶、外邦人和其他希腊城邦的压榨之上的，具有很大的不稳定性。为了维持公民福利，就必须加大对奴隶、外邦人和其他希腊城邦的压榨，这就必然导致希腊城邦内战不止，雅典帝国也在长期的战乱中走向衰落。

罗马帝国时期，罗马公民也享有较好的福利，被概括为"面包与竞技场"。"面包"是指帝国为公民提供粮食供给。帝国经常从迦太基、努米底亚和西西里运来粮食赠送给20万罗马公民。也从行省税收中拿出款项，购买葡萄酒和橄榄油等物品，分发给公民。"竞技场"是指各种公共娱乐活动，帝国在节日时，组织赛马、竞技、戏剧、角斗、狩猎等活动，支出由元老院拨款。这些福利逐步固化，并不断增加。随

着征服活动的结束，罗马财政收入逐步下降，不再像以前那样经常获得巨量的征服收入，而影响了福利的发放，引发各种动乱。罗马帝国为罗马城公民提供了多方面的社会福利，却使很多罗马城平民放弃工作，游手好闲，被马克思斥为堕民，据马克思估计这批人至少占罗马城总人口的20%。这也使帝国失去兵源，只能依靠雇佣兵维持。

2. 支出固化引致持续的财政危机推动政府转型

中世纪的欧洲，小国林立，有众多的封建主，战争始终持续不断。不断增长的军费支出冲击着原有的基本固化支出结构，带来了持续的财政危机。各国君主们不得不想尽办法扩大财源，这样就使国王和贵族的矛盾加剧。英国贵族在斗争中取胜，和国王达成妥协，先有《大宪章》，后有光荣革命，逐步建立现代预算制度，建立了通过议会斗争调整国家收支的制度体系。但是在法国，1653年法国贵族反抗国王的斗争彻底失败，原来制约国王征税的三级会议和高等法院形同虚设。在大革命前夕，法国的税收比最专制的路易十四时代还高了3倍，而且大多压在了农民和第三等级身上。这也使法国现代财政建构的路径不同于英国，时间也要更长。在法国大革命后，又经历了3个帝国、5个共和国。法国第一个具有现代意义的预算，要到1814年才出现[①]。直到1958年，法国才正式建立宪法审查制度，承认有限政府的原则。各国君主在支出压力下，不得不想方设法扩大财源，也推动了一系列的财政创新，如出售城市自治权，发明所得税、消费税等新税种，与金融政策相结合等，逐步推动了财政管理技术的现代化转型。

美国是在进步时代实现公共财政转型的。在进步时代的公共知识分子的作用下，1905年一批民间财务专家在纽约成立了"纽约市政研究所"，建议政府通过采取"科学"册方法，管理政府的收入和支出，

[①] 周小兰. 法国现代预算制度研究 [J]. 史学月刊, 2012 (4).

通过数据来界定政府收支范围，规范政府的行为，监督政府是否达到了收支平衡和财政绩效水平。成本收益为财政支出决策的重要依据，为解决部门之间的利益争端提供了决策参考。1908年为纽约市编制了第一份预算，之后在全美普遍实行，现代预算制度的建立，被称为美国的"二次建国"。

五、化解财政支出结构固化的思路对策

财政支出结构固化是表象，背后是分配的路径依赖和利益的固化，说到底是政府治理出了问题，后果就是重点支出和政策保障要么保障不到位，要么偏倚收入增量或赤字债务来保障，加大收支矛盾、加剧财政风险，长此以往还会影响经济社会的稳定。打破固化调整和优化财政支出结构是一个系统性问题。财政支出结构的形成源于财政资金的分配和使用，源于预算编制和执行。预算安排涉及政府外部、内部多个层面、多个维度的主体，各主体追求公共资源配置效率的总体目标一致的前提下，自身利益诉求不尽相同，甚至存在一定的利害冲突，涉及系统内各主体、各层次的关系和利益。

有效解决财政支出固化问题，需要从决策、制度、技术三个层面分别施策，决策要解决政府治理的问题，要处理好外部与市场和社会的治理关系，敢于打破利益藩篱和社会过度福利化的倾向，处理好政府部门间的治理关系，提升预算决策层次，统一预算权；制度层面要创新预算制度安排和政策体系，破除"挂钩"机制、专款专用等维持支出结构固化的制度或政策禁锢或束缚；技术层面则要采用零基预算编制方法和强化绩效管理，以科学的技术和机制防止固化问题的延续或再生。通过决策、制度、技术层面统筹协同推进，分策应对，进一

步调整和优化财政支出结构，实现预算安排和使用的科学化与合理化，从根本上消除财政支出结构固化之弊端。

（一）完善政府预算治理结构，决策上破除支出固化的利益格局

财政支出结构固化的重要原因就在于政府治理机制的缺失，包括政府治理和政府内部治理机制不完善，预算权不统一，预算决策层次低。代行预算权的财政部门和其他部门平行设置，加之"准预算机构"的存在，部门之间的预算统筹难以实现，直接导致财政支出结构固化。因此，调整和优化支出结构首先要提升预算决策层次，打破部门利益的"藩篱"。

1. 处理好政府与市场、政府与社会的治理关系，合理确定支出水平

一是合理确定政府职能边界，科学界定财政作用边界，处理好政府与市场、政府与社会的关系，财政该管的一定管住管好，不该管的坚决放手给市场和社会、放到位。政府从一般竞争性领域退出，区分公共性的层次，调整结构，有保有压。特别是据此科学确定政府机构职能及相应人员的支出水平，建立有利于打破"人"的固化的科学的治理机制。

二是改善民生要循序渐进、量力而行。要立足于保基本、兜底线、促公平，多做"雪中送炭"的工作，不搞"锦上添花"。引导全社会树立靠个人努力勤劳致富、各方面合理承担责任的民生理念。通过科学的治理机制形成对民生支出的有效控制和约束，既要防止保障"缺位"，也要防止保障"越位"，打破"事"的固化，形成民生支出的合理保障水平。

2. 完善政府内部治理机制，建设具有决策职能的核心预算机构

预算改革以来，随着综合预算以及预算细化等改革的推进，预算

权和支出管理权开始向财政部门集中,改革前预算"碎片化"的局面开始得到改善,财政部门也开始迈向现代公共预算所说的"核心预算机构"。然而,预算"碎片化"仍未得到根本性的改观。在政府内部,财政部门的地位仍不是很高。在财政部门之外,其他部门仍然掌握着对某些资金的分配权,这些机构实质上是一些"准预算机构"。为了将财政部门建成真正的"核心预算机构",可以考虑将资金分配权完全集中到财政部门,使财政部门彻底超越目前这种会计导向的职能定位,将自己重塑成一个政策分析机构,树立自身在预算分配中的权威地位。改革重点是:强化各级财政部门的预算管理主导权,具体包括预算工作统筹指导权、部门预算审核权和预算执行监督权,使各级财政部门能够更加有效地发挥政府预算编制和执行的参谋助手作用。财政部门要统揽政府全部收支,所有政府收支活动都要纳入财政部门的管理监督视野,各种政府收支都应在全口径预算体系的平台上进行分配,以全局利益消除局部利益,预算单位只能通过全口径预算体系的平台安排收支,切断预算单位行政履职与其经费拨款之间的直接关联,从而真正形成财政部门统揽政府收支,政府资金分配必须经由预算安排的完整的政府收支管理体系。同时,财政部门要切实加强核心预算机构的预算分析能力。预算与公共决策密不可分,任何公共政策都有其预算含义,如果预算机构不能对公共政策有专业的见解和合理的分析,那么预算机构就不可能做出合理的预算。

3. 提升财政资金分配的决策层次

首先要在观念上提升高层领导对预算分配决策和统一性的认识,绷紧现代预算管理理念这根弦,加强决策和统筹协调的力度。在增强领导观念的基础上,在实践中要切实提高预算分配决策层次。美国和我国台湾地区在每年预算编制之前,美国是总统预算办公室、台湾地区是行政院,都要公布年度的施政大纲,作为预算编制的基础。我国目前预算编制职能属国务院，实际负责编制部门是财政部，政府政策的梳理和部门的协调多依靠财政部，分配决策层次低，重要领导不熟悉预算，导致部门协调难度加大，效果不佳。因此，中长期要完善体制，建议政府统一出台权威的年度施政大纲，作为预算分配和编制的指引，提升预算资金分配决策的层次；或者，在目前部门设立基础上共同成立统一的预算分配决策委员会，共同负责预算资金分配决策，保障信息通明、畅通，健全决策机制。

预算决策委员会为预算编制决策机构，首脑由各级政府主要领导担任，委员由财政、发改、教育、科技等主要部门的领导组成。主要职责是：根据政府施政纲领，制定预算编制的指导思想、基本原则和目标任务；根据宏观经济形势分析，预测财政收入规模，确定支出限额；统筹综合发展规划、部门发展规划和政府政策目标，明确支出预算结构框架；根据相关规划和政府政策目标，确定重大支出项目；负责政府内部相关部门之间关于重大预算事项的组织协调工作等。

4. 合理配置部门的部门预算编制和管理权

在将财政部门打造成核心预算机构的基础上，有限度地赋予其他公共部门对本部门预算资金的项目安排、调剂权，相应明确他们对本部门预算资金使用的绩效责任、预算执行进度及资金使用效率责任和对本部门资产监督管理的责任。同时要强化部门的主体责任和自我约束机制。要强化科学预算编制和严格执行的自觉性，准予部门在法律权限范围内统筹重点科目和专项资金的自主性，推进项目库建设，明确财政支持的项目必须纳入项目库管理，没有纳入项目库的，财政不能支持；改善项目资金分配办法，将项目资金全额分配给部门，由部门统筹安排，改变过去留有余地的做法。部门预算管理好的，要有奖惩机制，强化主体责任，形成一个自主决策、自负责任、自觉约束的机制。

5. 强化跨期预算约束

积极推进中期财政规划管理，实现决策从年度到中期的机制转变，强化跨期预算约束，完善决策机制，强化连贯性，加强年度预算和中期财政规划与部门业务规划相衔接，避免决策中随意性和领导换届等因素干扰，增强决策和政策的连贯性、稳定性，避免资金安排使用脱节问题，促进财政支出结构的动态调整和优化。

（二）创新预算制度和政策体系，打破支出固化的制度、政策限制

预算权力结构理顺之后，接下来的任务就是要完善预算管理制度和相关政策，将所有的政府性资金纳入预算管理体系之内，取消影响财政资金分配统一性的挂钩事项，弱化专款专用，并通过行政管理体制改革强化部门间的协同配合，从根本上逐步化解财政支出固化问题。

1. 建立各项预算之间的统筹与审批机制

目前，我国各子预算统筹程度不同，且相互间联系较差。其中，一般公共预算基本上可统筹；而政府性基金预算不可统筹，不仅与其他类型预算之间不可调剂使用，且不同类别的基金收支之间也是"互不干扰"；国有资本经营预算封闭运行，上缴红利与其他类型预算之间的关联度较低；社会保险基金预算严格规范收支内容、标准和范围，实行专款专用。

从预算的完整性出发，各子预算应统一在政府预算这个大盘子中，形成具体细分而又总量有数的政府预算，保证财政资金的真正统筹使用。下一阶段，要进一步探索一般公共预算、政府性基金预算、国有资本经营预算与社会保险基金预算之间的有机衔接制度。其中，对于收入较稳定的政府性基金，要及时纳入一般公共预算管理；国有资本经营预算应将更多的收入转入一般公共预算，与社会保险基金预算的

资金联系必须通过一般公共预算进行。

2. 取消影响财政资金分配统一性的挂钩事项

目前,包括教育、农业、科技三项法律层面的挂钩和四项部门规划层面的挂钩,共七项挂钩支出,占全国财政支出比重达48%。采取挂钩方式之后,原本应该统一的预算被肢解而分散化、碎片化,制约了财政资金分配的统一性、自主性。例如教育,有的地方应保尽保,但资金仍花不完,只好配备高端的设备,超出正常要求,导致效益低下或浪费;而其他需要资金的领域却得不到相应保障。所以,要推动尽快修订重点支出同财政收支增幅或生产总值挂钩事项的相关规定,对相关领域支出根据推进改革的需要和确需保障的内容统筹安排,优先保障,不再采取先确定支出总额再安排具体项目的办法。

3. 加强部门间职能协同

目前,一些业务关联性强的部门,包括涉农、教育科技、市政建设等,部门间职责划分不够清晰,职能交叉严重。例如科技支出,科技部、教育部、农业部等部门职能同构化问题突出,存在明显的交叉、重复情况,每个部门安排的支出项目都是理性的,但是由于业务的关联性,集合起来就发现比较严重的重复、浪费问题。即使没有职能重复交叉的部门也需要协同,例如市政部门在修路和管网建设方面,各自精打细算开展业务,单个部门看都没有问题,但是综合起来看就有问题,刚修好的路就挖开铺管网,就是浪费。因此,短期来看,在部门预算编制和管理过程中,一方面财政部门要充分发挥核心预算机构的作用,从全局角度做好统筹和协调工作;另一方面,相关部门之间也要从大局出发,破除部门利益的束缚,加强协调配合,共同做好部门预算编制和管理工作,确保预算政策与政府政策协调一致,充分发挥财政资金的使用效益。长期来看,要稳步推进行政管理体制改革,明确划分政府各部门之间的职责和权利,彻底消除职能同构化之弊端,从根本上逐步化解财政支出固化问题。

4. 严格规范"专项"设置，清理整合归并中央对地方各种补助项目

一是精简项目，优化结构，加大清理整合归并力度。专项转移支付要突出重点，仅对涉及重大国计民生的事项设立，取消无足轻重的零星专项，彻底改变专项转移支付项目分散繁杂的现状。要着力优化转移支付结构，增加均衡性转移支付的规模，保证各级政府职责的实现，缩小各地区政府财力差距。

二是着力提升转移支付的政策有效性。财政转移支付不单纯是对资金的简单分配，更关系到提高财政资金使用效益、实现国家宏观调控目标、促进政府机构改革和政府施政效能的提高等多个方面。但是继续加大专项转移支付规模显然不是我们的追求目标，加大一般性转移支付规模也存在政策失效的现象。下一阶段要通过体制和制度设计，将地方的激励和积极性尽可能地调整到中央方针政策上来，使得上下层级政府能"拧成一股绳"。

三是完善转移支付管理体制，取消部门多头管理和分配。增强政府间转移支付的统一性和完整性，明确财政部门为财政性转移支付唯一的实施和管理主体，取消系统内转移支付做法，上下级政府部门之间往来的专项资金应当一律纳入财政转移支付，由财政安排到具体的支出部门，并纳入部门预算管理，接受同级财政和同级审计的监督。

四是对现有地方专项进行整合、压缩。首先，将现有地方专项按政府收支分类科目的款级进行归类，与部门预算的编制协调统一起来，使地方专项分类更合理、规范、有序，也有利于人大和审计监督。其次，进行整合、压缩。专项整合有自上而下和自下而上两种路径，但目前条件下，地方自下而上整合比较困难，基层财政承受压力较大。

因此，必须在自下而上整合的同时，进行自上而下的整合，双管齐下。对使用方向一致、可以进行归并的项目予以整合；对到期项目、一次性项目以及根据宏观调控需要不必设立的项目予以取消或压缩。

（三）以零基预算理念从技术上奠定打破固化的基础

所谓零基预算，就是一切预算支出归零开始，从现实经济业务情况出发，注重现在，注重新的发展方向，在预算编制过程中逐步剔除过往非合理与非必要的支出，不必考虑过往账管时期所发生的用度名目、数额，使支出对象与当前资金使用需要相符，以提升资金的使用效率。零基预算的采用就是要在改革过程中逐步使其成为增量预算的替代方法，注重预算编制对预算执行、预算平衡、预算监督和预算效果的影响，从而打破财政支出结构的固化格局，在与时俱进中实现动态调整和优化。

零基预算的突出特点是：第一，预算编制要以实际支出需要为基准，能花多少钱就花多少钱；第二，预算编制要对预算期间所发生的支出全面做出决策，打破一切约定俗成的规定约束，对预算期间的新旧业务全面进行评价、估计、决策和追踪反馈；第三，零基预算不能着眼于以往"基础"的增长资金模式，而要根据业务需要，并按照业务发展轻重缓急合理编制预算、执行预算，实事求是地规范财政资金到点、到边、到底、到面，资金链条的流向在事前可以做到审核完备、事中使用流畅、事后考核清晰明了。实行零基预算，要突出抓好以下四个方面工作。

1. 零基预算需要得到有关部门领导的重视与支持

回望零基预算之起源，零基预算在美国的发展离不开当时卡特总统在内的各级领导的支持与关心。北宋政治家苏辙说："财者，为国之命而万世之本。国之所以存亡，事之所以成败，常必由之"。各级政府和有关部门领导的重视程度深浅、决策时间长短、科学执行力度大小，事关零基预算的推进与发展，这就需要各级领导的工作智慧，更需要行动上的高度重视与支持。

2. 加快完善与零基预算相关的法律法规体系

首先，要对现行与零基预算相关的预算法律法规体系实施清理，与《会计法》《审计法》《统计法》《税法》《税收征管法》《行政处罚法》等相参照、相承接。要"有法可依、有法必依、执法必严、违法必究"，严格用好法律"武器"，懂法、学法、用法。其次，根据法律法规认真摸清财政资金"家底"，全面掌握各部门预算真实情况，为制定零基预算管理措施提供信息、数据，让预算法约束力提升，克服预算法观念淡泊、管理弱化的不正常状况。第三，零基预算的结果要根据预算法进行考核和奖惩，并追究相关人员的责任，从而降低零基预算改革的"交易成本"（制度成本），特殊情况可加大违规处罚力度，促使零基预算良性发展。

3. 零基预算需尝试使用新的预算信息处理系统

零基预算必将打破常规，需要采用新的技术手段处理相关资料，如果没有先进的信息处理系统，实行零基预算难度较大。只有充分利用系统软件，通过信息共享、精确的数据、规范的资料整理，才能取得预期效果。适应零基预算的工作要求，可考虑设立零基预算办公室，由专人负责整理决策包及资料，明确政治纪律、工作纪律、组织纪律和保密纪律，系统内容应包括各部门、单位与预算编制相关的政策，适时引入云数据库提炼人员信息、预算表基础数据、业务需要支出数据等。人员信息要及时更新，动态把控，以减少主客观因素的影响，真正实现公开、公平、公正、透明和利于监督、管理。预算编制人员要熟悉使用预算编制处理信息系统，从而保证差错率下降，实现安全与高效管理。

4. 零基预算要与相关财税改革协调联动

零基预算不是一个独立的预算改革，而是推进部门预算改革的派生物。部门预算编制原则本就要求坚持零基预算，依据部门和单位的定员定额标准、本年度预算收支变化和"两上两下"的程序进行编制，二者相辅相成，都是新一轮财税改革的重要内容。此外，零基预算改革也要与预算执行领域的国库集中收付制度和政府采购制度改革相呼应，要从现代财政制度建设的宏观视角来推进零基预算改革。

（四）强化预算绩效评价，完善机制促进财政支出结构的优化

政府办事与花钱是一个问题的两个方面，花钱是服务于办事的，办事必须有资金支撑。因此，财政支出项目一般都有明确的政策支撑，并且对扶持对象、政策措施、完成目标、实施的政策效果等内容都有相应的规定。为了确保财政支出项目预期效果，尤其是政策性效果的全面实现，必须依托科学的预算决策来保障支出预算方案设计的周密性和严谨性，在此基础上引入全过程绩效预算管理理念，以项目支出的相关性、可行性和预见性论证为前提展开系统性、规范化的绩效预算评价工作，并通过绩效评价奖优罚劣，改善财政支出结构的固化格局，提高财政支出使用效益。

1. 事前评估：建立健全预算前评价机制

财政支出预算的源头是预算编制工作，在以结果为导向的绩效评估体系中，预算编制过程建立健全预算前评价机制是一个至关重要的环节。预算前评价不是现行简单的绩效前评价，而是一种综合性评价，主要目的是利用和政策目标的关联度标准确定项目的优先次序问题，对排名靠后或达不到评价基本要求的项目给予淘汰。预算前评价适宜在"一上"阶段完成，主要包括部门自评和财政部门他评两个方面。

在自评和他评中，视参与评价的人员类型，分别设计项目评分表，如专家评分表，人大代表评分表，公众评分表等。

部门自评由各预算部门负责，其事实上是提供给部门对各预算单位报送的项目进行排序、筛选的一种机制。所有项目在申报中都要根据统一要求填制项目前评价书，重点说明该项目的定位、意义、预算、结果等内容，要突出项目与政府政策的关联度。项目评价书由预算单位填写，部门自行组织人员对项目前评价书进行评议打分，对项目进行优先排序，决定是否纳入预算，然后上报财政部门进行审核。

财政部门负责他评，其重点：一是有权利抽查部门自评结果；二是对于各部门超过一定规模以上的项目统一进行评价。评价人员应包括人大、政协、专家等政府外部人士，也可以适当吸纳政府内部人士，如综合部门人员。他评结果达不到一定等级和分数的项目不能纳入当年预算。

2. 事中评估：明确以跟踪评价模式开展绩效评价工作

基于财政支出项目通常具有投资金额大、建设和运营期限长、专业化程度高等特点，跟踪评价有利于对项目进行全过程的评价和监督，从而有利于从项目决策、规范化管理和结果应用等多个层面保障支出绩效的实现。

财政支出项目政策效果绩效跟踪评价由于持续时间长、项目规模大等因素，各级财政部门、预算主管部门、项目建设主体、项目运营主体、第三方评价机构等多个部门（或机构）参与其中，明确各部门（或机构）职责对跟踪评价工作实行全过程质量控制显得尤为重要。通过跟踪评价的全过程质量控制，不仅能强化各部门（或机构）在评价工作质量中的责任，一定程度上防范跟踪评价工作流于形式，而且能为部门（或机构）选择支出项目、优化支出结构及调整支出方向提供有力依据。

3. 事后综合评估：把好决算评估关

在预算从编制到执行结束的漫长过程中，决算可谓是走到最后的一个环节，它是对整个预算的运行状况进行深入分析和评估阶段，可以说是占据着预算绩效评价的半壁江山。决算评估的核心就是借助一套完整的、多角度的评估指标体系，对公共支出预算执行的最后结果进行剖析、测评和报告，评估的目的是判断结果是否达到相关的目标和标准，是否满足该财政年度所提出的预算承诺，通过相关目标的比照和分析得出影响财政支出效益的原因，评估的成果将作为决算总结和下一年度预算计划的重要根据。为了做好事后的预算绩效综合评估，形成项目的后续延伸，切实需要前期确定好相对应的测量目标和指标体系，最终评估时将最后的数据导入对应的数学综合评估模型中实施结果评估，然后将报告予以公布上报。

4. 一种具体评价方法的探索：平衡计分卡在预算绩效评价中的应用和方法设计

第一，可结合平衡计分卡评价方法，设立以下符合财政资金特点的四个绩效评价维度：一是服务对象类指标，即财政资金服务对象满意程度方面的相关指标；二是分配机制体系类指标，即财政资金管理的内部流程方面的相关指标；三是投入成效类指标，即财政资金配置与投入方面的相关指标；四是战略规划类指标，即学习与发展方面的相关指标。

第二，结合编制部门年度绩效计划，确定平衡计分卡四个维度的绩效目标、绩效指标、目标值和行动计划方案。部门可以结合年度绩效计划的制定，阐明以下内容：一是阐明预算的绩效目标。部门通过战略目标的分解确定的绩效目标，将各部门职能和预算编制、预算执行始终紧密结合在一起，使预算的整个过程紧紧围绕部门的战略发展。二是设计绩效指标。绩效指标是用更为准确的术语描述如何确定部门在实现绩效目标方面所取得的成功。它能够降低语言陈述固有的模糊性，清楚无误传递组织在关于战略目标、使命和愿景的语言陈述中要表达的意思。所选择的绩效指标也向员工提供了明确的标尺，即如何评价他们的改进努力。三是确定目标值。将绩效目标转化成指标后，管理者就要为每个目标选择目标值。目标值确立了一个指标所衡量和应该达到的业绩水平或者改进程度。四是确定实现其目标值的行动方案。对于每个绩效指标，部门必须确定实现其目标值的行动方案，使战略通过执行行动方案得以管理。行动方案的关键在于将绩效目标转化为切实可行的措施，并落实到每个责任人。

第三，平衡计分卡在预算绩效评价中的计分方法。公共预算绩效评价的过程为了便于量化评分，将数值指标与定性指标结合进行研究，以每个指标的得分以及权重计算出各项指标的综合得分结果，最后形成绩效评价结果。该计分方法主要是在得分档次划分时更加注重达到不同标准的时候得分档次表述明确，用明确的标志将定性的评价计分有依据地归入不同档次，在档次内进行相对准确的计分。

第四，实施部门预算绩效评价和管理。在实施过程中，平衡计分卡体系强调有序、灵活和及时的反馈与调整。在部门预算行动方案执行过程中可以定期或不定期地进行评价，以跟踪和分析预算执行过程中的绩效，及时反馈绩效目标的执行结果和趋势。部门可以根据对其预算执行和绩效评价信息的层层反馈，使高层管理者快速而全面地考察部门支出绩效管理的整体状况，及时发现预算执行各步骤可能存在的问题，根据问题选择所需修正的步骤，并采取必要的措施进行修正和改进。

第五，评价结果的反馈与运用。平衡计分卡体系下的绩效评价结果不仅可为下一年度预算编制提供参考依据，还可用于发现管理上的薄弱之处并加以改进，以完善部门的内部管理。

"一带一路"国际财税政策协调研究

◇ 中国财政科学研究院课题组*

摘　要：当今世界正发生复杂深刻的变化，世界经济缓慢复苏、发展分化，各国面临的矛盾和问题纷繁复杂，人类和平发展迫切需要加强国际协调与合作。秉持开放的区域合作精神，推进"一带一路"建设，有利于促进沿线各国经济繁荣与区域经济合作，符合国际社会的根本利益，是一项造福世界各国人民的伟大事业。

推进"一带一路"建设是一项系统工程，需要沿线国家发展战略的深度对接，切实加强国际协调、对话与合作。财税政策协调是国际协调与合作的重要内容，对于推动"一带一路"规划落实起着举足轻重的作用。

本研究将财税政策支持"一带一路"建设的作用渠道归纳为税收政策、投资政策、融资政策、财政政策和产业政策五个方面，并选取中国—中亚—西亚经济走廊、中巴经济走廊、"义新欧"班列通道和中白工业园项目等典型案例进行比

---

* 课题组指导：唐在富（财政部办公厅）。课题组组长：费太安（国家信息中心）。课题组成员：秦悦、康玺、张昊、冯利红、慕达（中国财政科学研究院）。

较分析，结合面上情况全面梳理了国际财税政策协调面临的困难与挑战，为有针对性地提出解决办法奠定基础。

关键词：一带一路；国际；财税政策；协调

一、导　　论

"一带一路"（The Belt and Road）是"丝绸之路经济带"和"21世纪海上丝绸之路"的简称。2013年秋，习近平总书记提出建设"新丝绸之路经济带"和"21世纪海上丝绸之路"倡议。2013年9月，习近平总书记在哈萨克斯坦访问时提出，为了使欧亚各国经济联系更加紧密、相互合作更加深入、发展空间更加广阔，可以用创新合作模式，共同建设"丝绸之路经济带"，以点带面，从线到片，逐步形成区域大合作。2013年10月，在出访东盟国家时，习近平总书记再次强调，中国愿同东盟国家加强海上合作，发展海洋合作伙伴关系，共同建设21世纪"海上丝绸之路"。

2014年11月4日，习近平总书记主持中央财经领导小组第八次会议，研究丝绸之路经济带和21世纪海上丝绸之路规划、发起建立亚洲基础设施投资银行和设立丝路基金。习近平总书记指出，发起并同一些国家合作建立亚洲基础设施投资银行，目的是要为"一带一路"有关沿线国家的基础设施建设提供资金支持，设立丝路基金是要利用我国资金实力直接支持"一带一路"建设，促进经济合作。2014年，李克强总理在《政府工作报告》中把"抓紧规划建设丝绸之路经济带、21世纪海上丝绸之路"作为政府重点工作。

4年来，全球100多个国家和国际组织积极支持和参与"一带一路"建设，中国同40多个国家和国际组织签署了合作协议，同30多个国家开展机制化产能合作，涵盖互联互通、产能、投资、经贸、金融、科技、社会、人文、民生、海洋等合作领域。联合国大会等国际组织重要决议也纳入"一带一路"建设内容。2015年7月10日,上海合作组织发表了《上海合作组织成员国元首乌法宣言》,支持中国关于建设丝绸之路经济带的倡议。2016年11月17日,联合国193个会员国协商一致通过决议,欢迎共建"一带一路"等经济合作倡议,呼吁国际社会为"一带一路"建设提供安全保障环境。2017年3月17日,联合国安理会一致通过第2344号决议,呼吁国际社会通过"一带一路"建设加强区域经济合作。"一带一路"建设逐渐从理念转化为行动,从愿景转变为现实。

(一)"一带一路"倡议提出背景

"一带一路"倡议有着深刻的现实背景,从国际角度看,一方面,经济全球化和区域经济一体化已成为不可阻挡的趋势;另一方面,全球经济复苏缓慢,民粹主义、贸易保护主义抬头。从国内角度看,存在的产能过剩及经济结构不合理问题,亟须更大范围的对外开放;区域发展不平衡问题突出,继续加大均衡性发展机会;受制于航路因素,我国的进口能源安全面临威胁。"一带一路"倡议,是基于国际国内的现实需要应运而生。

1. 适应经济全球化和区域经济一体化的新形势

经济全球化和区域经济一体化已成为全球发展不可逆转的两大趋势,"一带一路"战略的实施将有效促进区域经济一体化。通过"一带一路"倡议的实施,沿线地区的交通等基础设施将不断便利,沿线国家和地区的生产要素将更自由流动,从而实现优化配置。与此同时,沿线国家的贸易往来、投资活动将不断加强加深。2017年年初,习近平总书记在达沃斯论坛再次强调了"命运共同体"的理念,指出各经济体"你中有我,我中有你",各民族国家"利益高度融合,彼此相互依存"。"一带一路"建设设想的落实,将促进沿线国家和地区形成一个共同市场,在此基础上,通过政策沟通,各国规则和政策将趋于统一，有力推动区域经济文化更紧密的交流合作。

2. 进一步提升我国对外开放水平的需要

我国改革开放30多年来取得了一系列辉煌成就，其成功得益于通过经济开放融入世界经济。随着全球金融危机的爆发，我国的出口受到巨大冲击，产能过剩的问题也随之而生。与此同时，我国经济也面临着产业层次低、核心技术受制于人、附加值低等经济结构问题，无法适应当前经济发展的需求。我国迫切需要通过进一步提升对外开放水平，打造对外开放的升级版。我国与"一带一路"沿线国家资源禀赋、产业结构、技术水平等存在较大差异，并且在一定程度上具有互补性。相比于大多数"一带一路"沿线国家，中国的工业基础完善，具备较强的生产能力，技术水平较为领先，与此同时，具有比较雄厚的投资资本。而沿线国家大多工业基础薄弱，产业结构单一，技术实力不强，经济欠发达，却拥有相对丰富的能源矿产资源。通过"一带一路"建设，可以将资金、技术、产能带到沿线国家，改善该地区的产业结构，提升沿线国家的经济发展水平。与此同时，可以为我国国内的产业升级转型赢得腾笼换鸟的战略机遇，使国内生产要素向更高附加值的行业转移，推动产业升级转型。

3. 统筹实现区域平衡发展的需要

改革开放以来，东部沿海地区发展迅速，领跑全国经济，我国区域发展呈现出东西发展严重不平衡的态势。"一带一路"战略意在实现东西双向开放，通过向西开放，弥补西部地区的区位劣势，使其成为我国对外开放的新窗口。通过增强我国中西部与沿边地区同"一带一路"沿线国家的交流与合作，将促进生产要素向西流动，提高我国整体的资源配置效率，实现区域的平衡发展。

4. 维护国家安全与促进国际社会和平稳定发展的需要

资源与能源对于一个国家的崛起和发展有着重要作用，对于尚处于发展中国家且作为能源消费和进口大国的我国更是如此。中俄原油管道、中哈原油管道及中亚天然气管道、中缅油气管道和海上液化天然气通道是我国的四大油气能源通道，这些重要的能源通道都与"一带一路"国家相连。"一带一路"倡议的实施，将我国与沿线国家更加紧密地联系起来，有助于深化各项合作，对于维护我国的资源能源安全，具有非常重要的意义。与此同时，由于新疆、西藏地区的区位特点以及历史渊源使其成为境内外分裂势力的标靶。"一带一路"倡议的实施，将为新疆等地带来前所未有的发展战略机遇，经济的发展有利于该地区的长治久安，有利于维护我国国家安全。同时，也有利于促进沿线国家或地区经济持续发展，维护沿线国家的社会稳定。

（二）"一带一路"倡议主要内容

"一带一路"贯穿亚欧非大陆，一头是活跃的东亚经济圈，一头是发达的欧洲经济圈，中间广大腹地国家经济发展潜力巨大。"一带一路"倡议以"五通"，即政策沟通、设施联通、贸易畅通、资金融通、民心相通为主要内容（见图1），旨在通过推动相关国家多领域基础设施的建设与改造升级，提升亚洲与欧洲、非洲等区域国家间的互联互通，提升相关国家经济发展水平，改善人民生活。

1. 加强政策沟通是"一带一路"建设的重要保障

加强政府间合作，积极构建多层次政府间宏观政策沟通交流机制，深化利益融合，促进政治互信，达成合作新共识。沿线各国可以就经济发展战略和对策进行充分交流对接，共同制定推进区域合作的规划和措施，协商解决合作中的问题，共同为务实合作及大型项目实施提供政策支持。

"一带一路"建设将加强各国间政策沟通作为主要内容之一，就是要为改善略显疲态的国际政策沟通机制作出贡献和示范。在政治互信的基础上，针对宏观政策、发展战略和区域规划三方面，形成更务实合作、协调有效的政策支持机制。

目前，我国同有关国家协调政策，包括俄罗斯提出的欧亚经济联盟、东盟提出的互联互通总体规划、越南提出的"两廊一圈"、英国提出的"英格兰北方经济中心"、波兰提出的"琥珀之路"等。同老挝、柬埔寨、缅甸、匈牙利等国的规划对接工作也全面展开。中国同40多个国家和国际组织签署了合作协议，同30多个国家开展机制化产能合作。我国将继续与相关国家保持政府间合作，积极构建多层次政府间宏观政策沟通交流机制，深化利益融合，促进政治互信，达成合作新共识，共同为务实合作及大型项目实施提供政策支持。

2. 基础设施互联互通是"一带一路"建设的优先领域

在尊重相关国家主权和安全关切的基础上，推动沿线国家加强基础设施建设规划、技术标准体系的对接，共同推进国际骨干通道建设，逐步形成连接亚洲各区域以及亚欧非之间的基础设施网络。

一是以交通基础设施的关键通道、关键节点和重点工程为目标，优先打通缺失路段，畅通瓶颈路段，配套完善道路安全防护设施和交通管理设施设备，提升道路通达水平。推进建立统一的全程运输协调机制，促进国际通关、换装、多式联运有机衔接，逐步形成兼容规范的运输规则，实现国际运输便利化。推动口岸基础设施建设，畅通陆水联运通道，推进港口合作建设，增加海上航线和班次，加强海上物流信息化合作。拓展建立民航全面合作的平台和机制，加快提升航空基础设施水平。

二是加强能源基础设施互联互通合作，共同维护输油、输气管道等运输通道安全，推进跨境电力与输电通道建设，积极开展区域电网升级改造合作。当前，中国与塔吉克斯坦启动中国—中亚天然气管道D线建设；开工建设中俄天然气管道东线，俄罗斯争取在2018年通过该线管道向中国供气；启动中俄亚马尔LNG合作项目，已经在2016年

6月通关启程；启动实施土库曼斯坦"复兴"气田开发项目，一期工程已经竣工，勘探开发工作仍在进行；推进哈萨克斯坦卡尔恰加纳克天然气田开发、卡沙甘油田开发等。

三是共同推进跨境光缆等通信干线网络建设，提高国际通信互联互通水平，畅通信息丝绸之路。加快推进双边跨境光缆等建设，规划建设洲际海底光缆项目，完善空中（卫星）信息通道，扩大信息交流与合作。

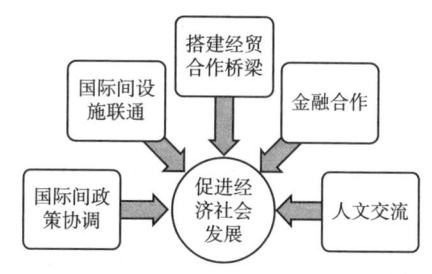

图1 "一带一路"沿线国家合作主要内容图

3. 投资贸易合作是"一带一路"建设的重点内容

"一带一路"沿线国家或地区间经贸往来历史悠久，积淀深厚，在新的时期理应成为合作共赢的主要内容和重点领域。第一，努力促成沿线国家宜加强信息互换、监管互认、执法互助的海关合作，以及检验检疫、认证认可、标准计量、统计信息等方面的双多边合作，推动世界贸易组织《贸易便利化协定》生效和实施。改善边境口岸通关设施条件，加快边境口岸"单一窗口"建设，降低通关成本，提升通关能力。第二，拓宽贸易领域，优化贸易结构，发展跨境电子商务等新的商业业态。建立健全服务贸易促进体系，巩固和扩大传统贸易，大力发展现代服务贸易。第三，加快投资便利化进程，消除投资壁垒。加强双边投资保护协定、避免双重征税协定磋商，保护投资者的合法权益。第四，拓展相互投资领域，开展农林牧渔业、农机及农产品生产加工等领域深度合作，积极推进海水养殖、海洋工程技术、环保产业和海上旅游等领域合作。第五，推动新兴产业合作，按照优势互补、互利共赢的原则，促进沿线国家加强在新一代信息技术、生物、新能源、新材料等新兴产业领域的合作，推动建立创业投资合作机制。第六，优化产业链分工布局，推动上下游产业链和关联产业协同发展，鼓励建立研发、生产和营销体系，提升区域产业配套能力和综合竞争力。

4. 资金融通是"一带一路"建设的重要支撑

深化金融合作，推进亚洲货币稳定体系、投融资体系和信用体系建设。发起建立亚洲基础设施投资银行，弥补亚洲发展中国家在基础设施投资领域存在的巨大缺口，为打通亚洲互联互通及区域合作提供资金支持。设立丝路基金，重点为"一带一路"沿线国家基础设施、资源开发、产业合作和金融合作等与互联互通有关的项目提供投融资支持。启用人民币跨境支付系统，为人民币跨境使用搭建了一个重要的平台。进一步推进亚洲货币的稳定体系和投融资体系，包括扩大货币市场、商业性金融机构的信贷合作，以及金融稳定和金融监管的合作。同时，加快债券市场的合作和开放。"一带一路"沿线的基础设施建设，为国内的开放性、政策性机构和商业银行提供了更广阔的发展前景。

5. 民心相通是"一带一路"建设的文化沃土

传承和弘扬丝绸之路友好合作精神，广泛开展文化交流、学术往来、人才交流合作、媒体合作、青年和妇女交往、志愿者服务等，为深化双多边合作奠定坚实的民意基础。扩大相互间留学生规模，开展合作办学。加强旅游合作，扩大旅游规模，提高沿线各国游客签证便利化水平。强化与周边国家在传染病疫情信息沟通、防治技术交流、专业人才培养等方面的合作，提高合作处理突发公共卫生事件的能力。充分发挥政党、议会交往的桥梁作用，加强沿线国家之间立法机构、主要党派和政治组织的友好往来。加强沿线国家民间组织的交流合作，重点面向基层民众，广泛开展教育医疗、减贫开发、生物多样性和生态环保等各类公益慈善活动,促进沿线贫困地区生产生活条件改善。加强文化传媒的国际交流合作,积极利用网络平台,运用新媒体工具,塑造和谐友好的文化生态和舆论环境。

(三)"一带一路"建设需要加强国际协调与合作

4 年来,"一带一路"倡议得到了沿线国家、国际社会的广泛认同,"五通"建设成果丰硕,通过与有关国家协调政策,与多国的规划对接工作也全面展开,规划实施了一大批互联互通项目。目前,以中巴、中蒙俄、新亚欧大陆桥等经济走廊为引领,以陆海空通道和信息高速路为骨架,以铁路、港口、管网等重大工程为依托,一个复合型的基础设施网络正在形成。贸易畅通不断提升,2014—2016 年,我国同"一带一路"沿线国家贸易总额超过 3 万亿美元,对"一带一路"沿线国家投资累计超过 500 亿美元,并同"一带一路"建设参与国和组织开展了多种形式的金融合作。亚洲基础设施投资银行已经为"一带一路"建设参与国的 9 个项目提供 17 亿美元贷款,"丝路基金"投资达 40 亿美元,我国与中东欧"16+1"金融控股公司正式成立。在科学、教育、文化、卫生、民间交往等各领域广泛开展合作,各类丝绸之路文化年、旅游年、艺术节、影视桥、研讨会、智库对话等人文合作项目百花纷呈,人们往来频繁,在交流中拉近了心与心的距离。

"一带一路"建设涵盖亚太、欧亚、中东、非洲地区等,沿线国家国情和发展阶段不同、社会制度和经济模式各异、文化传统和宗教信仰不一,甚至一些国家动荡不安,对于"一带一路"建设,各个国家有不同的认知和期待。同时,沿线各国的国家法律体系、政治体制、民族宗教等方面存在较大差异,地缘环境和社会形势复杂。主要表现在:一是制度差异大,沿线国家间的法规、政策不兼容;二是民心不通,沿线各国在历史上创造了形态不同、风格各异的文明,但相互交流时好时坏，民心不通的问题长期存在；三是缺乏政治互信，一些国家出于地缘政治原因对"一带一路"建设存在戒心。如何培育和凝聚这种共识，化解分歧和矛盾，是推动"一带一路"建设、促进"互联互通"的关键。因此，加强国际协调就显得尤为重要。

与此同时，在全球化、信息化深入发展的形势下，亚欧国家之间的相互融合程度不断加深，亚欧人民在贸易、旅行、通信等方面享受前所未有的便利。但"一带一路"沿线的大多国家和地区，特别是中亚、东南亚地区的基础设施较为落后，基础设施建设能力薄弱，国家和地区存在交通、通信、电网、油气管线等基础设施"不联不通"，这已成为这些国家后续经济发展的短板和资源开发的瓶颈，欧洲一些国家甚至出现了基础设施老化问题，制约着这些国家的发展，亟须"升级换代"。

通过国际政策协调，沿线国家可以就"一带一路"战略的原则、路径等重大问题取得共识，这将减少国家与地区之间不必要的摩擦和损耗，为"一带一路"战略的实施提供有力的保障，为战略的顺利实施营造良好的外部环境。在此基础上，积极推进国际基础设施的联通，搭建经贸合作、金融合作以及人文交流桥梁，为沿线国家营造良好的外部发展环境，注入发展的新动力。同时，也将加速我国与沿线各国的经贸合作，有效服务于国内"四个全面"战略布局和"五位一体"总体布局。

财税政策协调涉及面广、政策性强，在国际协调和合作中具有举足轻重的地位。推进"一带一路"项目建设，不可避免地会面临协调与处理沿线国家利益分配问题，包括不同国家、地区之间的利益分配，政府部门、企业与居民之间的利益分配，这些分配政策最终也需要财税政策的设计与实施来落实。目前，在对"一带一路"战略的财税扶持政策研究方面，学者们大都是笼统地对当前的财税体系的不完善之处进行了分析并提出相应的改善意见，研究成果还缺乏针对性和可操作性，特别是具体的政策措施建议不多。因此，围绕推进"一带一路"

规划落实,深入研究相关的财税政策国际协调,促进有关国家或地区之间的合作,不仅十分重要而且非常迫切。有鉴于此,本研究立足于"一带一路"战略规划总体思路,从时代背景、理论依据、典型案例分析出发,围绕推进落实"一带一路"建设,查找当前国际财税政策协调存在的问题和面临的挑战,进而对我国推动加强相关领域国际协调、完善国内制度机制和政策措施提出了意见建议,以期对下一步的政策制定和规划落实提供参考(见图2)。

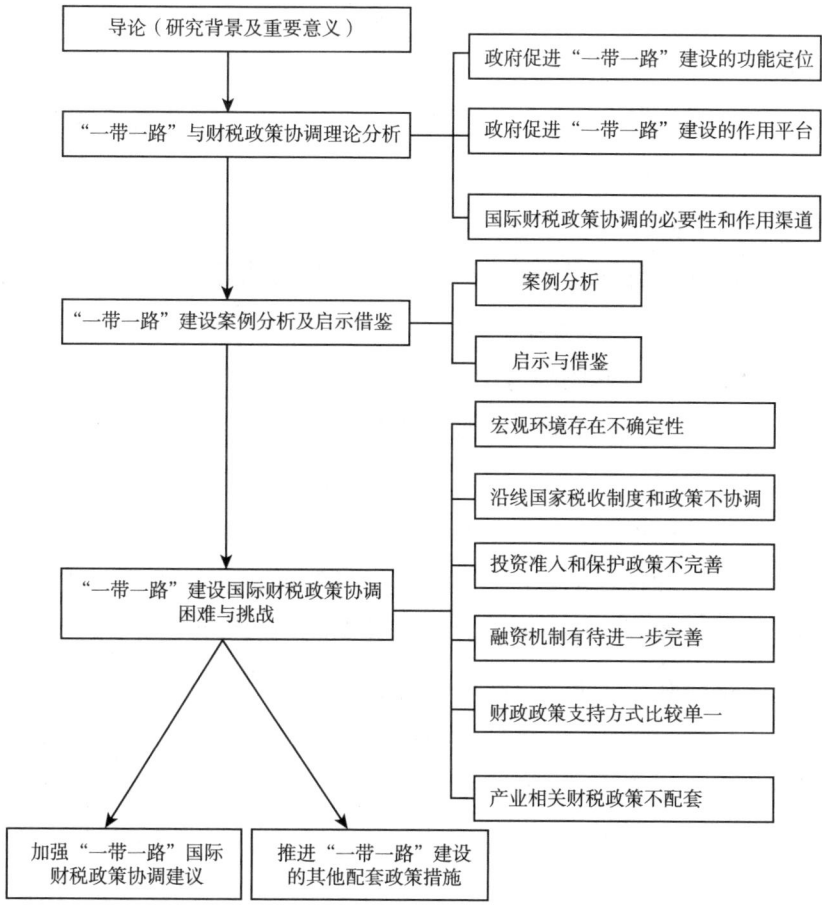

图2 "一带一路"建设国际财税政策协调研究技术路线图

二、"一带一路"与财税政策协调理论分析

"一带一路"建设作为我国"深化改革开放、构建发展新体制"重要组成部分,其顺利实施离不开政府的大力推进。沿线国家经济水平参差不齐,文化差异性大,有些国家国内政治的连续性和稳定性较差,国家间关系、民族宗教状况错综复杂,利益诉求多元化,需要加强政府间合作,特别是要处理好我国与世界主要大国以及沿线各国的关系。财税政策作为政府的主要抓手,要充分发挥国际财税政策协调在推动"一带一路"建设中的重要作用。

(一)政府促进"一带一路"建设的功能定位

"一带一路"建设需要处理好市场和政府的关系,总的原则是市场运作,政府引导,形成政府主导、企业参与、民间促进的立体格局。应当明确的是,企业作为"一带一路"建设的主体,要充分调动和发挥企业的积极性、自主性,特别是促进沿线国家中小企业的合作,以企业为纽带,将各国利益捆绑在一起,逐步实现市场一体化。在确立企业主体地位和作用的同时,需要充分认识政府在推进"一带一路"建设中所能发挥的作用,明确政府在其中的功能定位、作用平台和政策工具,以更好地促进沿线国家的合作和经济社会发展。

政府在推动"一带一路"建设的过程中,其功能定位主要体现为:提供国内法律保障、提供稳定的政策保障、加强国际协调和直接推动重大项目落实、营造稳定的经济社会环境等,着力在宏观布局、政策支持、信息传递、平台建设、资金保障、人力资源保障、海外权益保护等方面起到关键作用(见图3)。通过减少国内行政审批、推进贸易

投资便利化、提高金融服务水平、完善保险机制、加强政府和组织间合作等多种形式为企业提供必要的政策保障,尽可能减少企业对于各种风险的顾虑,切实解决企业面临的实际问题和困难,降低企业风险和成本。

1. 提供法律保障

"一带一路"建设已有100多个国家和国际组织参与,各个国家国情不同、法律各异,我国企业在"一带一路"倡议下走出去的过程中面临很多风险,需要法律的保驾护航。然而,我国当前的自身法律体系有许多不完善之处:对"走出去"企业的海外投资单行立法存在空白;对知识产权的保护不到位;缺乏外经方面的立法等。因此,提供国内法律保障尤为重要。政府应对"走出去"企业给予优惠,保护企业在海外投资的合法权益,修改与WTO国际协定中不符的内容,与国际接轨。针对不同国采取强弱对应的知识产权保护制度,完善国内法律。要重视对外贸易法律制度的完善,制定外国投资法等法律法规,构建中国特色援外法律制度,以完善的对外投资法律政策促进带动对外投资。

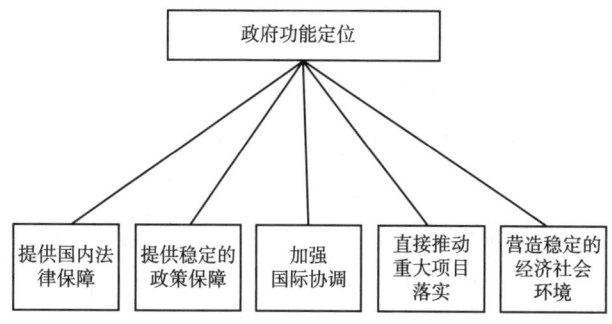

图3 政府在"一带一路"建设中的功能定位图

2. 提供政策支持

2013年,习近平总书记正式提出"一带一路"倡议;2013年11

月,十八届三中全会将"一带一路"上升为国家战略;2014年12月中央经济工作会议将"一带一路"与京津冀协同发展、长江经济带建设共同列为国家三大战略;2015年3月,发改委、外交部、商务部联合发布了《推动共建丝绸之路经济带和21世纪海上丝绸之路的愿景与行动》,《愿景与行动》是"一带一路"首次公布的总体的顶层设计和战略规划;2016年3月,政府将其列入"十三五"时期主要目标任务和重大举措。政策逐层演进,由理念到框架,由框架到战略规划,由战略规划到深入实施。我国政府自上而下,从理论到实践,政府为"一带一路"建设的实施提供了一以贯之的稳定政策保障。

3. 加强国际协调

政府应当充分利用现有的合作对话平台,如 APEC 领导人峰会、亚洲合作对话、亚信峰会等,为"一带一路"的顺利推进与有关国家展开对话合作,共同协商优化关税制度、减少贸易壁垒、推动贸易和投资便利化水平、进行联合反恐行动。此外,我国政府应当发挥好"一带一路"建设引领者的角色,加快推动交通、能源、通信等基础设施的联通,加快推动自贸区建设,并致力于引领协商建立新的更科学的沟通和争端解决机制。

4. 直接推动重大项目落实

当前,中国与塔吉克斯坦启动中国—中亚天然气管道 D 线建设;开工建设中俄天然气管道东线,俄罗斯争取2018年通过该线管道向中国供气;启动中俄亚马尔 LNG 合作项目,已经在2016年6月通关启程;启动实施土库曼斯坦"复兴"气田开发项目,一期工程已经竣工,勘探开发工作仍在进行;推进哈萨克斯坦卡尔恰加纳克天然气田开发、卡沙甘油田开发等。新亚欧大陆桥经济走廊项目正在加快推进,中哈物流二、三期规划建设进展顺利。国家电网已与俄罗斯、蒙古、吉尔吉斯斯坦等建成10条互联互通输电线路,近期正在研究推进与俄罗斯、蒙古、哈萨克斯坦和巴基斯坦等国电网互联互通,规划建设6项工程。这些前期重大项目的洽谈落实,离不开政府的直接大力推动。

5. 营造稳定的经济社会环境

古丝绸之路,和时兴,战时衰。"一带一路"建设离不开和平安宁的环境。共建"一带一路"需要政府构建以合作共赢为核心的新型国际关系,打造对话不对抗、结伴不结盟的伙伴关系。要在和平共处五项原则基础上,尊重彼此主权、尊严、领土完整,尊重彼此发展道路和社会制度,尊重彼此核心利益和重大关切。"一带一路"沿线很多地区目前存在着较多冲突动荡和危机挑战。政府要推动树立共同、综合、合作、可持续的安全观,营造共建共享的安全格局。要着力化解热点,坚持政治解决;要着力斡旋调解,坚持公道正义;要着力推进反恐,标本兼治,消除贫困落后和社会不公。

(二) 政府促进"一带一路"建设的作用平台

"一带一路"沿线国家政治体制、文化传统、宗教信仰各异,经济社会发展水平和建设需求也不相同,必须借助于双边、多边的合作框架来进行国际协调,以达到推动项目实施、互利共赢的目的。政府在推动"一带一路"战略实施的过程中,需要借助一系列的作用平台来实现其功能,发挥政府的影响力和推动作用,这些平台主要包括:国内平台、区域平台、国际机构以及项目主体等(见图4)。

1. 国内平台

为推动"一带一路"战略设想和有关规划的落实,我国在中央层面成立了推进"一带一路"建设工作领导小组,在国家发展和改革委员会设立领导小组办公室。为落实好已签署的共建"一带一路"合作协议,领导小组办公室制定工作方案,有步骤地推进同相关国家的合作。各级政府以及国内跨区域的政府平台是促进战略实施的主要推动平台,借助这些国内平台,"一带一路"建设得以在全国范围内展开,并有效开展国际合作。另外,像丝路基金、中投公司等国内投资基金、主权投资基金,也将为"一带一路"建设提供重要的资金支持,发挥其独特作用。

2. 区域平台

我国参与的区域、次区域国际论坛、对话合作机制等在推动落实"一带一路"规划、促进发展合作方面也起着非常重要的作用。主要包括双边、多边合作框架。例如,上海合作组织(SCO)、中国—东盟"10+1"、亚太经合组织(APEC)、亚欧会议(ASEM)、亚洲合作对话(ACD)、亚信会议(CICA)、中阿合作论坛、中国—海合会战略对话、大湄公河次区域(GMS)经济合作、中亚区域经济合作(CAREC)等多边合作机制。一些区域、次区域的论坛和展会也可以起到推进"一带一路"建设的重要作用,包括博鳌亚洲论坛、中国—东盟博览会、中国—亚欧博览会、欧亚经济论坛、中国国际投资贸易洽谈会,以及中国—南亚博览会、中国—阿拉伯博览会、中国西部国际博览会、中国—俄罗斯博览会、前海合作论坛等。同时,在"一带一路"建设深入实施的过程中,沿线国家还可以继续探索建立多边合作机制和作用平台。

3. 国际机构

随着"一带一路"倡议越来越多地获得国际社会的认同,包括联合国相关机构、世界银行、亚投行、金砖国家新开发银行、亚洲开发银行等国际机构也积极呼应我国倡议,在各自影响的领域推动相关合作的开展。除了这些传统的国际机构以外,我国政府近年来主导设立的亚投行、金砖国家新开发银行等机构,将在推动"一带一路"建设方面发挥自己应有的作用。

4. 项目主体

在"一带一路"总体规划与建设思路之下，沿线国家与地区通过签署备忘录、合作协议等方式明确合作规划纲要，编制并签订对接合作文件，这些建设规划最终还要落实到具体的项目上，通过包括国内企业、跨国企业、企业联合体等执行主体来实施，这些企业或企业合作组织作为"一带一路"建设项目的参与方或具体实施者，担负直接推进"一带一路"建设的责任，在获得企业合理利润的同时，也将为沿线国家经济社会发展和人民福祉作出贡献。政府的促进作用很大程度上要依靠项目主体实现其意图，应当因势利导，使宏观调控政策目标与微观主体的行为有机协调起来，更好地推动"一带一路"有关项目的落实。

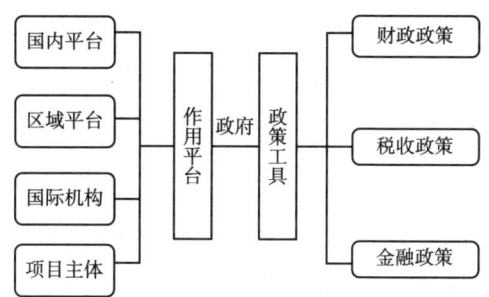

图4 政府推动"一带一路"建设作用平台和政策工具图

在推进"一带一路"沿线国家合作和项目建设的过程中，一国政府可以通过法律手段、行政手段等进行推动，行政手段主要作用于国内主体，而法律手段则应用的范围更广。就具体政策工具而言，可以采用财政、税收、金融政策等，这些政策工具中，财税政策又是政府的主要抓手，是其他政策发挥作用的基础和关键。

我国作为"一带一路"倡议的发起国和主要推动者，在推进"一带一路"建设过程中，要加强政府部门之间的协调，落实相关配套政策，打好政策工具组合拳。将"一带一路"建设有效融入沿线地区的发展战略，找到合作各方的契合点。认真研究合作方的需求，在明确重点国别、重点项目后，集合外交、商务、金融、企业等各方面资源全力推进，建立示范效应。加强配套的财税、金融政策研究，完善各种投资保护措施，包括签订国家间的投资保护协议、经贸保护协议等，帮助企业防范和降低风险，为企业保驾护航。

（三）国际财税政策协调的必要性和作用渠道

财税政策是指国家为实现一定的经济政策目标而采取的各种财政、税收等手段和措施。广义上的财税政策包括财政收入、财政支出、国债和政府直接投资等传统的政策手段，也包括通过财税手段来落实的金融、产业、投融资引导等其他政策措施。

1. 开展国际财税政策协调的重要意义及迫切性

目前直接针对"一带一路"的财税支持政策，特别是相关国际协调方面的研究还不多，已有的研究成果大多集中在财税政策助力"一带一路"的宏观政策建议方面，深入分析并提出有针对性、可操作性的措施建议很少。长期以来，对于财税政策支持企业的出口贸易和对外投资的研究成果积累，为研究"一带一路"建设财税扶持政策打下了一些基础，但是针对"一带一路"建设的财税政策研究战略层级更高，内容也应更为丰富而复杂。因此，研究相关财税政策的国际协调必须聚焦于核心关键内容和工作实践的迫切要求，在优化政策环境、完善税收制度、健全税收和财政补贴政策等方面着力，找出存在的问题，明确努力方向，有效服务于"一带一路"建设实践。

在国际基础设施联通方面，"一带一路"战略所涉及的基础设施项目，一般是在区域内政府或在各国利益的共同驱动下安排建设的，大多具有公共产品的属性，外部效应明显。因此，这些项目的落地需要公共财政的支持。另一方面，大部分的"一带一路"基础设施联通项目投资周期长、风险大，融资需求缺口巨大，融资难问题比较突出。政府通过投资政策、融资政策、产业政策以及直接的财政投入和补贴可以直接发挥引导和支持作用，对于这些基础设施项目的建设非常重要。

在促进贸易畅通方面，财政政策在一定程度上影响着贸易畅通的程度。税收、转移支付等可以直接带来经济效益的政策，出口退税政策、增值税抵扣政策、关税减免政策、财政补贴政策等财税优惠政策，是影响我国企业"走出去"和国外企业"引进来"的重要因素。与此同时，财税征管及服务水平、国际财税争端的解决机制等问题，也在很大程度上影响着贸易往来程度。

在推动资金融通方面，资金融通是"一带一路"建设的重要支撑，对于战略的顺利实施有着不言而喻的重要作用。我国发起设立的亚洲基础设施投资银行、丝路基金等，对"一带一路"建设起到了强有力的支撑作用，在其建设过程中财政给予了支持。虽然丝路基金与亚洲投资银行更多的是以金融手段促进"一带一路"建设，但其筹备和组建离不开大量财政资金的支持，尤其是亚投行是政府间性质的机构，其资本构成来自于各成员的财政收入，而中国是亚投行的资金主要来源国，其牵头建设亚洲投资银行，最主要的目的是加大沿线国家的基础设施建设投资，进一步实现"一带一路"倡议。

2. 国际财税政策协调的主要作用渠道

自从20世纪50年代世界经济联系加强，西方经济学者就注意到宏观经济政策在国际协调的重要性，随着全球经济一体化的深入发展，经济领域的国际协调与合作日益频繁。广义上的财税政策国际协调，既包括传统意义的财政收入、支出政策在内的财政政策协调，还包括税收政策、投资政策、产业政策、融资政策等方面的国际协调。

（1）国际税收政策协调。

综合理论研究与政策实践，税收政策协调主要包括三种协调模式：税收协定模式、区域协调模式、国际协调模式。从国家层面来看，"一带一路"背景下的国际税收协调应包括以下三方面内容：

一是减税趋势下的国际所得税利益分配协调。自20世纪末开始的国际税收竞争掀起全球性的减税热潮，进入21世纪之后国际金融危机、欧洲主权债务危机进一步助推多国减税。目前，沿线一些国家仍在持续减税，而且沿线大多数国家的公司所得税名义税率并不高。低税国与高税国之间的税收利益分配，一方面已经通过签订的双边税收协定得以明确，另一方面当前的利益分配是否会影响未来"一带一路"建设的实施仍有待探究。如何突破当前税收协定网络下的局限性，激励我国企业"走出去"，吸引境外企业"引进来"，从根本上应着眼于所得税的国际协调行动。

二是电子商务背景下的国际增值税征管协调。除了所得税的国际协调之外，随着全球电子商务的普及，在"一带一路"战略的合作发展进程中，国际增值税的协调问题不容忽视。尽管关于增值税的跨境协调原则已经明确，但是无形资产和跨境劳务所涉及的国际增值税协调还存在现实征管问题。在"一带一路"的战略背景下，加强对电子商务增值税的跨境征收管理，有助于顺应全球贸易形势，增强我国与沿线国家的贸易合作关系。

三是税基侵蚀与利润转移（BEPS）行动计划下的"一带一路"国际税收协调。2015年10月OECD发布BEPS行动计划最终报告，不仅对国际税收规则进行了修改，而且针对如何遏制跨国企业规避全球纳税义务、侵蚀各国税基的行为提出了具体的行动方案。BEPS行动计划的出台，为我国实施"一带一路"建设指明了国际税收协调与管理的行动方向，尤其是在国际反避税领域。但是考虑到沿线国家的经济发展水平和税收征管水平，如何在促进与沿线国家的跨境投资贸易以及遏制跨国公司避税行为之间做出平衡，在操作层面面临短期困难。

（2）投资政策协调。

外国投资是推动经济增长的重要动力，许多国家在希望外资进来的同时，出于种种考虑，对一些领域又采取了诸多不必要的限制。对此，要协调引导"一带一路"相关国家调整相关政策，更好地平衡投资自由化和实施监管之间的关系，并设法在投资保护和可持续发展之间实现更好的平衡。国际的投资政策协调，主要包括投资准入、投资保护、税基侵蚀与利润转移等政策的磋商与沟通。同时，政府提供投资担保、发挥投资引导基金的杠杆作用等来实现推动国内投资、扩大对外投资的目的，因此投资政策在一定程度上也需要财政、税收、金融政策工具来实现其功能。一是投资准入政策。出于经济安全和产业保护等多方面的考虑，一个主权国家往往会限制外资进入特定领域，而"一带一路"建设项目大多是事关国计民生、经济安全的基础设施建设项目，或多或少会受到政府的限制，需要通过政府间协调才能获准进行投资。二是投资保护政策。跨国、跨区域投资面临的政治、法律等风险加大，需要通过政府间协商、签订投资保护协定等方式，来保护投资者权益。三是应对税基侵蚀与利润转移的政策。在保障投资者合理利润、正当利益的同时，国与国之间的协调还可以有效防止企业恶意避税行为，促进形成公平竞争的投资环境。四是政府对海外投资进行担保。将投资过程中投资者无法控制的部分风险转由政府承担，这对投资者而言是重大的投资利好，将直接促进投资的增加。五是设立政府投资引导基金。政府通过设立引导基金等方式，从预算划拨一部分资金成立母基金，通过发挥政府资金的杠杆作用吸引民间投资。另外，对海外投资予以税收优惠，也可以起到促进企业增加对"一带一路"建设项目投资的目的，虽然这是税收政策的运用，但客观上也是促进企业投资的调节手段。

（3）融资政策协调。

融资政策协调是设施联通的重要支撑和抓手。实现设施联通和资金融通的相互促进，持续推进"一带一路"建设，需要破解基础设施建设融资难题，不断完善互利共赢、稳定多元、可持续的融资机制。目前，国际融资合作机制单一，多双边机制尚未形成合力。有些项目收益与风险不匹配，私营资本参与积极性不高。投融资促进平台不多，影响融资的充足性和效率。在"一带一路"沿线国家大多数是发展中国家，自身财力不足，融资渠道较窄，融资机制的稳定性和可持续性是基础设施互联互通的重要基础和关键点，有必要进一步加强。加强融资政策协调，能够为"一带一路"建设创造稳定的融资环境，也有利于引导各类资本参与实体经济发展和价值链创造，推动世界经济健康发展。融资政策协调主要包括：一是加强金融合作机制对接。通过区域性金融机构高层交往、联合融资、贸易投资合作和政策沟通等方式，不断加深交流合作。二是打造新型合作平台和创新融资机制。中国倡议成立了亚洲基础设施投资银行，设立了丝路基金，中国提出中国—中东欧协同投融资框架，中国工商银行牵头成立了中国—中东欧金融控股有限公司并设立中国—中东欧基金。三是深化金融机构及金融市场合作。中国政府鼓励开发性、政策性金融机构积极参与"一带一路"金融合作。四是加强金融监管合作。中国推动签署监管合作谅解备忘录，在区域内建立高效监管协调机制，完善金融危机管理和处置框架，提高共同应对金融风险的能力。

（4）财政政策协调。

"一带一路"相关国家，随着一体化程度的加深，成员国之间的经济联系日益紧密，彼此的开放程度不断拓宽，成员国内部市场失灵会部分地转变为区域市场失灵。相关国家客观存在国家利益与整体利益的矛盾，成员国在制订财政政策时，常常只考虑本国追求的经济目标，导致各国之间的政策效果往往相互冲突，这样既不利于自由贸易区整体经济的运行，又影响到各成员国实现自己的经济目标。为了避免溢出效应，需要相关国家间进行税率、税制、赤字的协调，克服要素跨国配置以及对宏观经济稳定的负面影响。财政政策国际协调，主要是通过各国对财政政策的配合、协作及调整，探索进一步完善制度、增进协调规则的执行力，以促进相关国家和地区的共同发展。财政政策协调主要包括：一是财政支出。政府可以通过财政补贴、专项资金支持、政府购买服务等对财政支出规模的调整，实现对社会总需求的调节，此外，政府还通过对财政支出结构的调整，影响和改变社会资源配置的状态，实现政府的财政目标。二是政府投资。财政用于资本项目的建设性支出，它最终将形成各种类型的固定资产。这种投资是经济增长的推动力，而且具有乘数作用。三是公债。国家按照信用有偿的原则筹集财政资金的一种形式，同时也是实现宏观调控和财政政策的一个重要手段。财政可以通过调整国债规模，选择购买对象，区分国债偿还期限，制定不同国债利率等来实现财政政策的目标。四是政府与社会资本合作模式（PPP）。PPP可以有效缓解预算压力、提高财政效率、分化财政风险等，因此，是一项重要的财政政策工具。

（5）产业政策协调。

产业政策是指中央政府或者是地方政府为了促进某种产业在该国或该地区的发展而有意识采取的一些政策措施。产业政策被视为政府弥补"市场失灵"的一种手段，随着"一带一路"建设深入推进，一国的产业政策不仅会影响本国的产业和相关企业，也会对有经济往来的其他国家产生影响。以增进共同利益、从合作大局出，需要通过加强政府对特定领域、特定产业的财税政策的国际协调。产业政策协调主要包括对产业投资政策和关税保护、贸易保护政策、税收优惠，还有各种补贴，如土地补贴、信贷补贴、加速折旧、债券发行、税收优惠等政策的协调，对区域内不同产业发展、具体项目的建设起到推动作用。根据国际竞争原理，协调制定适应性较强的国际竞争规则。在协调制定产业政策时，需要构建一个产业政策体系，基于全球分工和比较优势构建的理念来明确发展战略。同时，我国采取积极的措施，全面融入"一带一路"沿线国家产业分工与重组当中，制定和实施一种立足于长期发展的、开放和竞争的，能充分发挥比较优势的，有利于迅速提升国际竞争力的产业发展思路，从根本上提高我国比较优势产业的国际竞争力。

三、"一带一路"建设案例分析及启示借鉴

自"一带一路"倡议提出以来，在我国与周边国家政府、民间力量的共同推动下，在政策沟通、设施联通、贸易畅通、资金融通、民心相通等方面都取得了超预期的进展与成效，促成了中国—中亚—西亚经济走廊、中巴经济走廊、"义新欧"班列通道等规划的加速落实，并收获了早期成果。浙江、山西、陕西、湖南、四川、甘肃、宁夏等沿线地区也纷纷出台相关政策，发挥"一带一路"规划落实对当地经济社会发展的带动作用。围绕"一带一路"建设进行国际合作和地区实践，在取得早期收获和明显成效的同时，在政策协调等方面积累了不少好的经验和做法，值得认真总结推广。但也不可否认，相关实践中也存在一些不足和问题，需要在今后的工作中汲取教训，防止再犯类似错误。

（一）中国—中亚—西亚经济走廊建设

中国—中亚—西亚经济走廊东起中国，向西经中亚至阿拉伯半岛，是丝绸之路经济带的重要组成部分。该条经济走廊由新疆出发，抵达波斯湾、地中海沿岸和阿拉伯半岛，主要涉及中亚五国（哈萨克斯坦、吉尔吉斯斯坦、塔吉克斯坦、乌兹别克斯坦、土库曼斯坦）、伊朗、土耳其等国。沿线国家能源和矿产资源丰富，历来为兵家必争之地。目前，多数国家亟须经济结构调整，基础设施不完善，有的国家或地区

还没有形成良好的水电输送网络，交通运输存在布局不平衡、设施不完善等问题，通信设施覆盖率低、港口运转能力有限、航空线辐射世界不足，这些因素都严重制约了国内经济发展和国际合作的深化。

2013年以来，中国同西亚国家高层互访频繁，依托常态化的高层互访和政府间合作机制，相互之间的政策协调不断加强。中国积极推进丝绸之路经济带战略同哈萨克斯坦"光明之路"等发展战略之间的全面对接，与哈萨克斯坦、塔吉克斯坦、吉尔吉斯斯坦、乌兹别克斯坦等国家签署了与共建丝绸之路经济带相关的双边合作协议，为加强务实合作创造了良好的政策环境。2014年6月5日，习近平总书记在中国—阿拉伯国家合作论坛第六届部长级会议开幕式上发表讲话，倡导构建中阿"1+2+3"合作格局，即以能源合作为主轴，以基础设施建设、贸易和投资便利化为两翼，以核能、航天卫星、新能源三大高新领域为新的突破口，全面加强中国同阿拉伯国家之间的合作。

随着"一带一路"倡议的深入人心，中国与中亚、西亚国家之间的合作也日新月异，取得了丰硕成果。中国—中亚—西亚经济走廊建设，不仅为沿线国家经济发展、民生改善起到了重要推动作用，对于我国企业也意味着巨大的商机。随着中国与中亚、西亚的贸易合作步伐不断加快，能源、基建和高科技领域投资合作不断深化。中国—中亚—西亚经济走廊建设的主要项目进展情况见表1。

表1　中国—中亚—西亚经济走廊建设主要项目进展情况

项目名称	项目简介	进展情况
中国—中亚天然气D线管道	中国—中亚天然气管道起于阿姆河右岸的土库曼斯坦和乌兹别克斯坦边境，经乌兹别克斯坦中部和哈萨克斯坦南部，从霍尔果斯进入中国，成为"西气东输二线"。	管道全长约一万公里，截至2016年12月，A/B/C三线已经通气投产，D线正在铺设中，预计将于2020年底全线完工，按照2020年中国天然气消费将达到4 000亿~4 200亿方来计算，可满足国内超过20%的天然气需求。

续表

项目名称	项目简介	进展情况
卡姆奇克隧道项目	卡姆奇克隧道是乌兹别克斯坦是"安格连—帕普"电气化铁路的"咽喉",该项目由中铁隧道集团有限公司承建,是目前中国企业在乌兹别克斯坦承建的最大工程。	2013年9月5日正式开工,2016年2月25日实现全隧贯通,2016年6月22日"安格连—帕普"铁路隧道正式通车。
安格连火电厂项目	安格连火电厂项目是中国在乌兹别克斯坦的第一个火电厂施工项目,哈电国际与乌兹别克斯坦国家能源股份有限公司签订的火力发电总承包项目。	安格连项目合同于2013年12月31日正式生效计时,2016年8月21日总承包项目成功并网发电。
安伊高铁二期项目	2006年由中国铁道建筑总公司和中国机械进出口总公司组成的联合体成功中标安伊高铁二期项目,是中国与土耳其建交40年来最大的工程合作项目,也是中国企业在北约国家拿下的第一单高铁项目。	2014年7月25日正式举行开通仪式,2016年8月10日安伊高铁项目安全商业运营两年后,完全移交给土耳其铁路总局。
"瓦赫达特—亚湾"铁路项目	瓦亚铁路是中国铁建首次在塔吉克斯坦承揽的工程项目,也是中国铁路施工企业首次进入中亚铁路市场。	2016年3月7日,"瓦赫达特—亚湾"铁路项目一号隧道顺利贯通,2016年8月24日,塔吉克斯坦瓦赫达特—亚湾铁路(简称瓦亚铁路)正式建成通车。
杜尚别2号热电厂	塔吉克斯坦能源部与中国新疆特变电工股份有限公司(以下简称特变电工)签订了建设杜尚别2号热电厂的合同。塔吉克斯坦杜尚别二期2×150MW电厂是塔吉克斯坦重点建设项目,也是"一带一路"重点建设项目之一。	电厂主体工程建设始于2015年6月10日吊装第一根锅炉钢架,至2016年11月13日塔吉克斯坦杜尚别二期项目2号热电厂竣工。二期工程完成后,全年总发电量将达22亿度,可解决整个塔吉克斯坦电力缺口的60%,同时提供430万平方米采暖面积,覆盖杜尚别70%的供热面积。

中国—中亚—西亚经济走廊建设，特别是铁路、公路、航空、能源等交通基础设施建设的深入推进，国际合作也面临一些新的挑战。

一是宽轨与准轨的铁路轨距之争。俄罗斯历来就是个具有战略视野的强国，它很早就形成了南下阿富汗，将影响力扩散到印度洋海岸的地缘战略目标。铁路被俄罗斯视为扩张势力的手段，为此俄罗斯力图将宽轨铁路系统向南延伸到阿富汗境内。对待中亚地区铁路系统，俄罗斯保持着强烈的控制欲，尽管其铁路开发资金有限，但是运用深厚的政治、文化影响力，俄罗斯力图在合作进程中影响中亚国家，使新铁路项目的建设最大限度地符合其国家利益。目前，周边国家的轨距大致有三种：北部与土库曼斯坦、乌兹别克斯坦和塔吉克斯坦相连接的1 520毫米宽轨，东、西两边的1 435毫米国际标准轨和南部与巴基斯坦铁路连接的1 676毫米超宽轨。铁路运输人为增加换轨、换装环节，大大降低了该国际运输通道的竞争力。而俄罗斯对于中亚地区规划的新铁路项目基本态度是，凡是宽轨铁路就基本支持，而凡是准轨项目则必然反对。

二是经济利益之争激发中亚国家间的复杂矛盾。中亚国家虽然在民族（塔吉克斯坦除外）、文化、经济结构上存在很多相近的地方，但是相互间由于领土划分、跨界民族、资源分配等问题而产生了错综复杂的矛盾，这些矛盾深刻影响着其相互间的合作关系。例如，哈萨克斯坦立足自身交通枢纽地位，不支持南线铁路项目，由于中吉乌铁路冲击了自身的铁路运输中枢地位，哈萨克斯坦持反对态度。围绕塔境内罗贡水电站的建设，塔吉克斯坦与乌兹别克斯坦的水资源冲突愈演愈烈，为此乌兹别克斯坦实行惩罚性的交通封锁，导致塔吉克斯坦的货运量连年下降，索格特州地区苏联时期遗留的过境铁路被弃用。为了应对交通封锁，塔吉克斯坦积极推进南北铁路线的建设，而乌兹别克斯坦则对于吉、塔两国积极推动的南北铁路方案持激烈反对的态度。

三是吉尔吉斯斯坦试图获取渔翁之利。基于同乌兹别克斯坦之间涉及领土、边界人口、水资源争端等复杂的矛盾,吉尔吉斯斯坦不想其南部地区借助中吉乌铁路与乌兹别克斯坦关系更为紧密,这将加剧那里的分离主义倾向。因此,打通穿越天山山脉连接本国南北的铁路被吉尔吉斯斯坦视为当务之急。为此,吉尔吉斯斯坦为了向俄罗斯、哈萨克斯坦施压,督促它们尽快启动南北铁路项目,吉尔吉斯斯坦频繁打中吉乌铁路的牌;而为了促进中国投资,则利用南北铁路说事。这种危险的做法存在较大的风险,不利于地区合作的开展。

四是阿富汗、中东地区安全形势的不确定。阿富汗、中东地区还无法彻底实现和平与稳定,在这些地区建设基础设施、开展贸易受到恐怖活动的威胁,存在较大的风险。近年来,从伊拉克、叙利亚发端的"伊斯兰国"在中东地区以战争手段不断扩大影响,美、欧、俄等大国纷纷介入,几经演变,目前已然形成俄罗斯、伊朗、土耳其、叙利亚为一方,美、英等西方国家为另一方的对垒,中东地区陷入动荡,对丝绸之路经济带中线建设带来极大的负面影响。

由于国家战略利益的博弈,使得有关项目建设受政治因素影响太多,而且,这些项目的建设大多是国有大型企业在实施,其能够享受的财政补贴、税收优惠、融资投资政策相对比较稳定,政府间的谈判也比较有规律可循。因此,在项目推进过程中,财税政策等经济因素的影响反而退居次要地位。

(二) 中国—巴基斯坦经济走廊建设

中国—巴基斯坦经济走廊(China-Pakistan Economic Corridor, CPEC)由李克强总理于2013年5月访问巴基斯坦时提出,是一条包括公路、铁路、油气和光缆通道在内的贸易走廊,其初衷是加强中巴之间交通、能源、海洋等领域的交流与合作,加强两国互联互通,促进两国共同发展，是"一带一路"的重要组成部分。2015年3月我国政府发布的《推动共建丝绸之路经济带和21世纪海上丝绸之路的愿景与行动》明确提出，"中巴、中印孟缅两个经济走廊与推进'一带一路'建设关联紧密，要进一步推动合作，取得更大进展"。

中巴经济走廊起点在喀什，终点在巴基斯坦瓜达尔港，全长3 000公里，北接"丝绸之路经济带"、南连"21世纪海上丝绸之路"，是贯通南北丝路的关键枢纽。两国政府已制定了修建新疆喀什市到巴方西南港口瓜达尔港的公路、铁路、油气管道及光缆覆盖"四位一体"通道的远景规划，计划于2030年完工，沿线交通运输和电力设施建设总工程费预计达到450亿美元。据巴基斯坦官员预计，经济走廊将在2015至2030年期间创造230万个就业岗位，并为该国的年度经济增长增加2~2.5个百分点，所有拟实施的项目价值将大致相当于自1970年以来所有在巴基斯坦的外国直接投资，相当于巴基斯坦2015年国内生产总值的17%。

自2013年以来，中巴经济走廊建设取得了显著成绩，双方建立了良好的沟通协调机制，签署了一系列合作框架与协议（见表2）。2015年4月，中巴两国政府初步制定了修建新疆喀什市到巴方西南港口瓜达尔港的公路、铁路、油气管道及光缆覆盖"四位一体"通道的远景规划。中巴两国将在沿线建设交通运输和电力设施，预计总工程费将达到450亿美元，计划于2030年完工。4月20日，习近平和巴基斯坦总理纳瓦兹·谢里夫举行了中巴经济走廊5大项目破土动工仪式，并签订了中巴51项合作协议和备忘录，其中超过30项涉及中巴经济走廊。例如《中国国家铁路局和巴基斯坦铁道部之间关于ML1升级和巴基斯塔铁路赫韦利杨干散货中心的联合可行性研究的框架协议》《拉合尔轨道交通橙线项目商业合同》《喀喇昆仑公路（KKH）升级工程第二期（赫韦利杨至塔科特）、卡拉奇至拉合尔高速公路（KLM）、瓜达尔港东湾高速公路以及瓜达尔国际机场项目的谅解备忘录》等。

表 2　　　　　　　　　中巴经济走廊主要项目进展情况

项目名称	项目介绍	项目进展
瓜达尔港建设与运营项目	瓜达尔港项目包括修建瓜达尔港东部连接港口和海岸线的高速公路、瓜达尔港防波堤建设、锚地疏浚工程、自贸区基建建设、新瓜达尔国际机场等9个早期收获项目，中国拥有该港40年的运营权。	2015年5月瓜达尔港首次进行了货物出口，2016年启动自贸区工作，瓜达尔自由区也与瓜达尔港一并移交中方企业，中方首先开发临近瓜达尔港区的25公顷土地，也被称为自由区的"起步区"，预计"起步区"将于2017年4月完成建设。
卡拉奇—拉合尔高速公路（苏库尔至木尔坦段）	卡拉奇至拉合尔高速公路（苏库尔至木尔坦段）是连接巴基斯坦南北的经济大动脉。项目由中国进出口银行提供融资支持，承建方是中国建筑股份有限公司。	2016年5月6日该项目在巴南部信德省苏库尔市正式举行了开工仪式，目前项目进展顺利。
卡西姆港燃煤电站项目	卡西姆火电站是首个开工的中巴经济走廊框架下能源项目，该燃煤电站建成后预计可以填补巴全国电力约20%的缺口，由中国电建旗下的中国电建集团海外投资有限公司和卡塔尔王室控股的AMC公司共同投资开发，75%的资金由中国进出口银行提供贷款。	2015年5月，项目全面开工。截至2016年8月24日，项目电厂部分建设已完成43%，码头及航道建设完成51%。项目计划于2017年底实现首台机组发电，2018年6月底两台机组进入商业运行。
巴基斯坦ML-1号铁路干线升级与哈维连陆港建设项目	巴基斯坦1号铁路干线全长1 726公里，是巴基斯坦最重要的南北铁路干线，哈维连站是巴基斯坦铁路网北端尽头。该项目是中巴经济走廊远景规划联合合作委员会确定的中巴经济走廊交通基础设施领域优先推进项目。	该铁路升级项目初期投入约40亿美元，总投资达60亿美元，预计2年内完工。截至2016年11月，该项目仍处于前期勘察与试验阶段。

续表

项目名称	项目介绍	项目进展
卡洛特水电站	卡洛特水电站位于巴基斯坦北部印度河支流吉拉姆河流域，是"一带一路"首个水电大型投资建设项目，也是"中巴经济走廊"首个水电投资项目，丝路基金与中国进出口银行、中国发展银行一起将向负责建设项目的三峡南亚子公司卡洛特水电公司提供贷款。	2016年1月10日，巴基斯坦卡洛特水电项目主体工程奠基仪式，截至2016年12月，卡洛特水电站临建设施已基本完成，导流洞工程进入主体开挖，项目进程正有序推进。
恰希玛核电项目	巴基斯坦恰希玛核电工程是中国自行设计、建造的第一座出口商用核电站，被中巴双方誉为"南南合作"的典范。	截至2016年底，中核集团已向巴基斯坦出口建设4台30万千瓦级核电机组、2台百万千瓦级核电机组，并正积极开展铀资源、人才培训等领域合作。
喀喇昆仑公路二期改扩建工程（哈维连至塔科特段）	喀喇昆仑公路是目前中国和巴基斯坦唯一的陆路交通通道。项目二期将在对原有公路进行提升改造的基础上，逐渐将喀喇昆仑公路延伸至巴基斯坦腹地。	2016年4月28日，中巴经济走廊首个重点公路项目——喀喇昆仑公路升级改造二期（哈维连至塔科特段）开工，目前项目进展顺利。
拉合尔轨道交通橙线	项目正线全长约25.58公里，全线共设车站26座。项目采用中国标准，地铁车辆及机电系统全部采用中国设备。由中国进出口银行提供融资支持。	截至2016年12月，橙线项目土建总体工程进度约为50%，正线部分基本完成桩基、承台、墩柱施工，并已展开U型梁、车站结构及地下段部分施工。

随着中巴经济走廊建设的推进，一批有影响的项目逐步落地，经贸合作日益广泛开展，越来越多的企业和个人受惠于这一走廊建设。总体看，中巴经济走廊建设符合甚至超出预期，并日益成为中巴共享发展机遇的重要载体。

一是政府高层亲自推动，顺利完成顶层设计。2013年5月中巴发表《联合声明》提出要共同研究制订中巴经济走廊远景规划,同年7月中巴双方还签署了《中巴经济走廊合作备忘录》。2014年2月巴基斯坦总统侯赛因访问中国,中巴签署了一系列协议推进走廊建设。2014年11月谢里夫总理访华,与中国签署了19项合作协议和备忘录。2015年4月习近平总书记访问巴基斯坦,将中巴关系提升为全天候战略合作伙伴关系,双方又签署了50多项合作文件,其中30多项涉及中巴经济走廊。同时,习近平总书记还提出"以中巴经济走廊建设为中心,以瓜达尔港、交通基础设施、能源、产业合作为重点,形成'1+4'经济合作布局,实现合作共赢和共同发展"。2016年1月,巴基斯坦政府成立了中巴经济走廊建设指导委员会,由总理谢里夫亲任主席,并在指导委员会下设立了办事机构,专门负责协调走廊建设中的各省工作,实现信息共享。

二是工作机制迅速建立,总体规划已基本完成对接。中巴经济走廊自2013年提出后,两国迅速成立了中巴经济走廊联合合作委员会、联合经济委员会、联合投资公司,开展了货币互换协议、金融和银行业等领域的合作。自2013年至今,联委会共召开五次会议,达成诸多共识。目前,中巴经济走廊建设已确定了重点合作领域以及早期收获项目和中长期项目,实现了中国"一带一路"倡议与巴基斯坦"2015年远景规划"的完美结合。

三是早期合作推进顺利,成果超过当初预期。主要体现在:互联互通建设加快,卡拉奇至拉合尔高速公路等多个公路、铁路建设重大工程开工建设,开通了北京—伊斯兰堡国际航线,瓜达尔港顺利完成建设并交付使用,瓜达尔港到信德省白沙瓦的长约700公里的天然气管道铺设相关工作正在有序推进。产能合作不断推进,在农业、工业等领域取得了诸多具体进展。

我国外长王毅把"中巴经济走廊"描述为"一带一路"交响乐中

"第一乐章"。它是"一带一路"建设推进的先行试点区,特别是瓜达尔港建设项目则是"一带一路"建设实施的里程碑项目。它是"一带一路"建设成效的"示范区",建设涉及港口建设、能源管道、交通基础建设、产业合作等重点领域,一定程度上具有较强的示范效应,不仅对中巴两国发展具有强大推动作用,也有助于促进整个南亚的"互联互通",更能把南亚、中亚、北非、海湾国家等通过经济、能源领域的合作紧密联合在一起,形成经济共振,将惠及近30亿人口。它是"一带一路"建设实践的"创新区",作为"海丝之路"的一个重要连接点,"中巴经济走廊"是打通"21世纪海丝之路"与"丝路经济带"两个战略的连接区、交汇区、受益区,其合作模式具有崭新的开创性。

虽然中巴双方对中巴经济走廊建设都非常重视,走廊建设获得明显进展,但在推进过程中仍面临着政治、经济、安全等风险,一些问题迫切需要加以解决。主要是:①巴政府受国内政治斗争和体制牵制,执行能力较低,项目执行和落实乏力。②巴国内民众对中巴经济走廊及中方抱有不切实际的期待,一旦项目后续进展不顺,容易加剧民众失望情绪,而且中国公司之间的恶性竞争,对中国形成一种负面印象。③中巴经济走廊沿线局部地区的安全形势仍不容乐观,特别是巴基斯坦塔利班问题牵扯印度、阿富汗等各方,极端组织"伊斯兰国"势力也可能会向本地区扩散,对中巴经济走廊的安全威胁将会逐步扩大。④美日等一些国家秉持冷战思维,习惯从地缘政治和地缘战略竞争角度看待中巴经济走廊建设,外部势力干扰长期存在。这些都需要两国政府继续深化战略协调,加强舆论引导,强化安全合作,深化财税、产能、金融等领域合作,提升基础设施和互联互通水平,把两国高水平政治关系优势转化为实实在在的务实合作成果,造福两国人民。

(三)"义新欧"班列通道建设

"义新欧"班列是众多中欧班列路线中的一条。中欧班列是指中国开往欧洲的快速货物班列，适合装运集装箱的货运编组列车。截至 2017 年 3 月底，我国依托新亚欧大陆桥和西伯利亚大陆桥，铺划了东中西 3 条通道、途经"五个口岸"、51 条中欧班列运行线，国内开行城市增加到 27 个，到达欧洲 11 个国家 28 个城市，已累计开行班列 3 200 多列。与其他中欧班列相比，"义新欧"班列运输线路最长，全程 13 052 公里，是所有中欧班列中最长的一条；途经国家最多，几乎横贯整个欧亚大陆；国内穿过省份最多，从浙江出发经过安徽、河南、陕西、甘肃，在新疆阿拉山口口岸出境，共计 6 个省（自治区）。首趟班列于 2014 年 11 月 18 日上午从义乌首发，是中国史上行程最长、途经城市和国家最多、境外铁路换轨次数最多的火车专列（见表 3）。

表 3　　　　　　　　　　中欧班列开行情况介绍

班列名称	开行情况
中欧班列 （义乌—马德里）	自义乌铁路西站始发，作为铁路中欧班列重要组成部分，中欧班列（义乌—马德里）的首发线路，将贯穿新丝绸之路经济带，从义乌铁路西站到西班牙马德里，全程 13 052 公里，运行时间约 21 天。
中欧班列 （重庆—杜伊斯堡）	从重庆团结村站始发，由阿拉山口出境，途经哈萨克、俄罗斯、白俄罗斯、波兰至德国杜伊斯堡站，全程约 11 000 公里，运行时间约 15 天。截至 2016 年 6 月，渝新欧列班次数量占全国中欧班列数量的 45% 左右。
中欧班列 （成都—罗兹）	从成都城厢站始发，由阿拉山口出境，途经哈萨克斯坦、俄罗斯、白俄罗斯，至波兰罗兹站，全程 9 965 公里，运行时间约 14 天。货源主要是本地生产的 IT 产品及其他出口货物。
中欧班列 （郑州—汉堡）	从郑州圃田站始发，由阿拉山口出境，途经哈萨克斯坦、俄罗斯、白俄罗斯、波兰至德国汉堡站，全程 10 245 公里，运行时间约 15 天。货源主要来自河南、山东、浙江、福建等中东部省市。
中欧班列 （苏州—华沙）	从苏州始发，由满洲里出境，途经俄罗斯、白俄罗斯至波兰华沙站，全程 11 200 公里，运行时间约 15 天。货源为苏州本地及周边的 IT 产品。

续表

班列名称	开行情况
中欧班列（武汉—捷克、波兰）	从武汉吴家山站始发，由阿拉山口出境，途经哈萨克斯坦、俄罗斯、白俄罗斯到达波兰、捷克斯洛伐克等国家的相关城市，全程10 700公里左右，运行时间约15天。货源主要是武汉生产的消费电子产品，以及周边地区的其他货物。
中欧班列（哈尔滨—俄罗斯）	班列全程运行6 578公里，经滨洲铁路1 004公里到达满洲里口岸站出境，再经俄罗斯西伯利亚大铁路5 574公里到达比克良站。通过铁路国际货物班列运输货物，黑龙江省到达俄罗斯中部地区比空运可节省运费四分之三左右，较普通零散运输，运到时间可缩短三分之二以上，运费可节省25%以上。
中欧班列（哈尔滨—汉堡）	哈欧班列东起哈尔滨，经满洲里、俄罗斯后贝加尔到赤塔，转入俄西伯利亚大铁路，经俄罗斯的叶卡捷琳堡和莫斯科到波兰的马拉舍维奇至终点德国汉堡，全程9 820公里。凭借"距离近、速度快、成本低"的优势，哈欧班列已经引起国际关注。
中欧班列（长沙—杜伊斯堡）	始发长沙霞凝货场，有"一主两辅"运行路线。"一主"为长沙至德国杜伊斯堡，通过新疆阿拉山口出境，途经哈萨克斯坦、俄罗斯、白俄罗斯、波兰、德国，全程11 808公里，运行时间18天。"两辅"一是经新疆霍尔果斯出境，最终抵达乌兹别克斯坦的塔什干，全程6 146公里，运行时间11天；另一条经二连浩特（或满洲里）出境后，到达莫斯科，全程8 047公里（或10 090公里），运行时间13天（或15天）。
中欧班列（西宁—安特卫普）	青藏高原首趟中欧班列从青海省西宁市双寨铁路物流中心发出，前往位于比利时的欧洲第二大集装箱港口安特卫普，运行全程约需12天，主要运输藏毯、枸杞等青海当地特色产品。
中欧班列（广州—莫斯科）	从广州大朗站始发，由经满洲里出境，直达俄罗斯莫斯科。全程11 500公里，共41节40"HQ集装箱，用时15天到达目的地。现每周准时发运，为中国商品出口欧洲、欧洲产品进入中国开辟一条安全、高效、便捷的国际进出口贸易绿色通道。

依托义乌独特的享誉全球的小商品基地和铁路、海关等各方的协作努力，义乌至欧洲各国的中欧班列得到迅猛发展。不管在量上还是在质上都得到极大提升。截至2017年3月份，"义新欧"中欧班列已往返运行131列，共发运11 077个标箱。而且，辐射面积在不断地扩大。由之前开通的西班牙和俄罗斯，扩张到阿富汗、拉脱维亚、白俄罗斯和英国等国。"义新欧"目前已经实现常态化运行，以确保发送量不断提升。其中，义乌到马德里的中欧班列表现地尤为抢眼，发展形势较为良好。同时，"义新欧"班列在质上也飞速发展。出口商品的品种日益多元化，由最初的义乌小商品扩展到日用小商品、服装、箱包、五金工具、电子产品等近2 000种中国商品，而且货源地从浙江扩大到安徽、福建、上海等8个省市。"义新欧"班列还在沿线各国建立物流分拨中心，形成强大的物流网络辐射能力，一直坚持满载运输，满载率在同行中的中欧班列名列前茅。"义新欧"中欧班列在多个国家和市场之间建立了物理连接，为陆路运输产品大大节省了成本或时间，为中欧贸易发展带来了新的契机和平台，是我国"一带一路"建设重要成功范例。

班列开行初期，面临着运行时间偏长、成本费用较高等瓶颈制约，由于途经国家较多，中途还要多次转关、换轨，虽然与海运相比，首趟"义新欧"班列可节省一半时间，但与空运相比，21天时间仍显得有点长，换轨、转关费用也比较高。为解决这些瓶颈制约，沿线各地政府通过补贴等措施培育市场，为保证班列稳定开行、树立中国至欧洲铁路国际联运品牌和"一带一路"建设实施提供了有力支撑。第一，国内政策支持力度大。在加强配套基础设施建设、推进义新欧班列常态化运行等方面，从国家层面到地方政府，从财税政策到监管手段，有关部门都给予了大力支持，地方政府还采取财政补贴等方式直接进行扶持。第二，加强国际沟通协调。加强与沿线国家的使馆联系和沟通，提高通关效率，沿线国家海关有力保障义新欧班列的高效通行。第三，规划推动相关配套建设。加大宣传推进力度，大力培植班列会员。引导更多的境外境内贸易机构通过班列运输货物，加强与哈铁、合铁等境外铁路合作做到进口货物的组织。大力培育发展义新欧产业链，谋划建设重要海外商品分拨中心、物流中心、义新欧国际商务服务等重要项目。随着这些政策逐步，"义新欧"班列的总成本将逐渐降低，运输效益也将不断提升，运费优势会逐渐显现。"义新欧"班列的成功运行奠定了义乌在新丝绸之路中的地位，为义乌与新丝绸之路沿线国家和地区的合作提供了新机遇，将有效促进义乌乃至全国商品更好地走向世界，是"一带一路"建设的又一成功范例。

  作为中欧班列中的佼佼者，"义新欧"班列虽然取得了较大的成功，但实际运行中仍然面临一些问题和困难。一是地方政府补贴退出机制需完善。目前，中欧班列的开通和运行，大多是由当地政府推动的，没有形成完全的市场行为。各地为保证中欧班列的常态化运营，大多采取财政补贴的方式进行扶持，补贴增加了政府财政负担，加上在操作层面上没有可行的退出机制，注定将不可持续。二是境内铁路资源整合需加强。国内各地开通的中欧班列中间路线基本相同，国内段多经西安、阿拉山口（或霍尔果斯）出境，在国外段大多均经过哈萨克斯坦、俄罗斯、白俄罗斯等国家再抵达欧洲。虽然中铁总公司有意整合中欧班列，但成效并不显著，各班列间无法形成有效合力。三是境外协商平台有待建立。目前，中欧班列的运输价格与海运方式相比运价偏高，班列在境外段运行中，频繁地换轨（装）、转关也增加了物流成本；义乌出口小商品种类多而杂、信息资料不全、不规范，导致无法正常交票。可以说，正在市场培育期的"义新欧"班列，发展的机遇与挑战并存。下一步，需要从国家到地方层面建立健全各种联合办公机制、整合境内铁路资源、建立境外协商机制，进一步整合境内资源,完善跨国铁路国际协调机制,与沿线各国政府部门、企业积极合作,加强货源组织、运输安全协调与保障,促进进一步降低运营成本,推动"义新欧"班列早日真正市场化、常态化运行。

(四) 中国—白俄罗斯工业园项目

鉴于"一带一路"国家多为发展中国家,这些国家经济发展滞后,政局不稳定,法律制度尚不健全,因此企业在走出去的过程中除遇到东道国政局、政策、法律不稳定,甚至地缘政治风险等共性问题外,以中白工业园项目为例,也遇到了诸多特殊的问题需要引起走出去的企业及我国政府关注。

白俄罗斯是丝路经济带上欧洲和独联体国家间的交通要道和经济贸易走廊。中白工业园位于白俄罗斯明斯克市,是我国在"一带一路"沿线重要的投资项目,也是目前我国在海外投资开发的最大的工业园区,规划面积91.5平方公里,产业定位为电子信息、生物医药、精密化工、高端制造、仓储物流等。

2015年3月,中央决定由招商局集团参与中白工业园建设。同年5月,在习近平总书记的见证下,招商局集团与白俄经济部、中白工业园区开发股份有限公司三方签署了《关于投资中国—白俄罗斯工业园区项目的战略合作协议》。同时,三方还签署了《关于在中白工业园建设招商局中白商贸物流园的合作协议》。

"招商局中白商贸物流园"占地1平方公里,已于去年6月动工,将于今年年底投入生产。项目总建筑面积35万平方米,总投资5亿美元,拟建设包括保税物流区、成品物流区、联运区、物流研发区等7个区域。集团还将入股立陶宛的克莱佩达港,并和立陶宛国家铁路公司合作设立铁路物流公司,以打通中白工业园的海上通道。在中白合作建设工业园过程中,所面临的一些情况对"一带一路"建设其他项目的实施也具有参考价值。

（1）投资项目顺利实施受益于东道国领导人或两国关系。以白俄罗斯为例，该国实行总统制，根据白俄罗斯宪法第 85 条规定，总统可根据宪法颁布在白俄罗斯共和国全境具有法律约束力的命令和指示。白俄罗斯目前广泛采用总统法令形式对国家的社会和经济生活进行直接管理，总统令具有比普通法律更高的效力。例如，关于中白工业园体制及所有优惠政策就是以总统令的形式规定的。现任总统卢卡申科 1994 年以来一直为白俄罗斯最高领导人，2015 年 11 月又获连任。中白工业园项目获得了多方面特别的优惠政策，与卢卡申科总统个人有很大的关系，因此该项目在白俄罗斯也具有浓厚的总统色彩。

但是，从法治角度来看，总统令缺乏法律应有的稳定性和相关程序的保障机制。中白工业园项目开展以来，白俄罗斯发布了两份总统令。两份总统令是关系着中白工业园投资环境的主要政策性文件。关于中白工业园的总统令颁布后已进行过两次修改，招商局集团入股后，又应我方请求针对前一阶段开发中发现的问题进行再次修改。白俄方面能够听取中方股东意见对总统令进行修改，对我们争取规则制定权是有利的，但也使我们深深感到其欠缺稳定性。

（2）经济管理仍有较浓厚的计划经济色彩。虽然中亚五国及白俄罗斯都在进行"休克性"经济体制改革，有的国家也宣布了将实行资本主义市场经济体制，但苏联时期计划经济的惯性依然存在，改革进展不大。以白俄罗斯为例，其政府"看不见的手"依然随处可见，政府不但对价格进行干预，对企业的经营也进行干预，使经济丧失活力，改革措施难以落实，汇率疯狂下跌，税基及政府收入也不断减少，财政赤字不断扩大。

在这种体制下，给予外国投资者的优惠政策及在中白工业园实行的一些政策突破，必然受到其内部制约，来自政界的反对声音也不绝于耳,客观上给中白工业园的开发政策带来诸多不稳定因素。第三次修改总统令已进入程序半年多,到目前为止仍未颁布,也是因为存在来自内部的争议。

(3) 国家间技术标准不一致带来的风险。在境外投资能否适用我国国家标准,对于我们争取规则话语权非常重要,同时也会带来极大的投资便利。多数情况下东道国都会同意适用我国标准进行施工和安装,但却不愿意放弃海关监管和施工验收等环节。以白俄罗斯为例,根据总统令,虽然中白工业园区内项目建设和装备可适用中国标准,但海关监管及工程竣工验收等权力仍归当地政府和园区管委会,中白之间相关标准不统一,各项标准又浩繁复杂,在竣工验收等环节可能存在着难以衔接、协调甚至发生争议的风险。

(4) 海外大规模开发需要国家间政策协调相配合。招商局集团所投资的斯里兰卡港口园区、吉布提港口园区和白俄罗斯中白工业园区等项目,都是以"前港、中区、后城"的在国内已成熟的综合园区模式开发的,中方企业拟把在国内已取得成功的蛇口工业区、漳州开发区等成熟的开发模式推广出去,并尝试在海外进行开发模式创新。因园区综合配套开发模式会涉及建设规划权、外国人雇佣、出入境管理、海关监管、土地使用、价格管理等多方面重大改革及多项行政许可问题,其间还涉及各项优惠政策,牵涉面广,很多时候需要突破当地既有的法律规定,需要当地政策、法律、管理体制等多方面的支持。但以企业的身份与所在国政府进行相关谈判,很难达到预期目的,需要由国家出面进行政府间高层协调,协助企业解决难题。

(5) 当地配套建设难以配合项目开发进度。一带一路沿线综合开发项目所在地基本上处于未开发状态,需要综合考虑配套工程的解决方案。包括公路或铁路连接工程、电力供应、给排水配套、通信工程配套等项目。这些配套工程项目在投资协议中规定应该由当地政府提供，其建设需要与主体项目进度相匹配。但部分沿线国家的政府工作效率低下，且缺乏建设资金，难以及时配合完成所需工程，有时还需要投资者垫资建设，存在着影响开发进度及企业垫资难以回收的风险。招商局集团所投资的白俄罗斯、斯里兰卡、吉布提及非洲其他港口或园区都遇到了这种情况。

（6）融资服务尚不适应海外长期投融资需求。海外港口、园区等基础设施投资具有重要的战略意义，但这类项目往往投资规模巨大，回收周期长，对于企业而言资金压力较大。目前国家虽然设立了"亚投行"和"丝路基金"等机构，但对长期投资怎么予以支持还没有具体的细则性措施，政府对境外投资企业的融资支持力度还不够，还没有建立起完善的融资渠道以及便利化服务体系等，大多数走出去的企业尤其是民营企业还是靠普通银行贷款或自筹资金进行投资。这不但影响企业在海外进行长期项目的投资，也影响像中白工业园这类园区在国内招商引资的开展。

（7）政府海外投资服务、保护机制尚有欠缺。由于我国政府对海外投资的管控基本上只有商务部、发改委、国资委等部门制定的项目审批制度，对投资后的服务、保护等功能薄弱，基本上完全依赖企业在海外单独打拼。我国与有些"一带一路"沿线相关国家还没有签订投资保护协定，境外投资企业缺乏政策指引和国家间约定的投资保护措施，除了要独自承担商业性风险外，也存在着相当大的安全隐忧。

（五）相关启示与借鉴

从已有的"一带一路"项目建设和政策实践中，我们既可以归纳提炼出有益的经验，并推广运用到今后的建设中。同时，对其中一些的教训也不可回避，要举一反三、加以总结，避免今后在推进"一带一路"建设中再犯类似错误。这些经验和教训对于加强财税政策的国际协调都有一定的启示借鉴意义。

第一，加强地缘政治和战略利益协调是推进"一带一路"建设的前提和基础。财税政策国际协调必须依赖于良好的政治环境。中巴经济走廊的建设就能对中亚地区的区域合作产生良好影响，而中国—中亚—西亚国际走廊的建设则对中巴经济走廊形成呼应。我国要想克服困难，打通中国—中亚—西亚经济走廊、中印缅经济走廊等建设，就需要开阔国际视野，运用创新思维，以大国的气魄开辟新路，相机采取相应的对策，加强与俄罗斯、白俄罗斯、印度、伊朗、土耳其等沿线国家的战略利益协调。例如，俄罗斯是丝绸之路的主要过境国，它对沿线国家特别是独联体国家有较大的影响。我国要高度重视俄罗斯的作用，虽然俄罗斯的战略规划历来以其自身利益为中心，部分战略规划中甚至含有不利或限制中国的内容，但是如果中俄两国能够实现利益的协调与整合求得目标的最大公约数，将利益摩擦缩减到最小，则俄罗斯的战略考虑有可能对中国的"一带一路"战略形成正面的补充和完善。因此，要从战略全局的角度统筹和规划对外投资行动，特别是像跨国铁路这样具有长远地缘战略意义的项目，力争尽快打通欧亚直达准轨运输通道。如果中国和欧盟间的欧亚准轨运输系统能够在俄罗斯境内开辟，则欧亚间运输的时间和成本将大幅降低，从而实现全面共赢，开创欧亚区域联通的新局面。在这种情况下，中国一方面要通过参与俄罗斯境内铁路建设和技术改造的形式，寻找时机创造合作的机遇。另一方面，也要重视与中亚国家的利益协调，积极创造利益诉求表达和国际协调的渠道，使各国的意愿得到充分表达，不断在中亚、南亚地区寻找更为有利的路径，适时推进项目建设的进程。同时，要加大力度支持阿富汗、中东地区反恐和安全建设，担负起大国责任，积极参与中东地区和平进程，为地区稳定和发展贡献力量。同时，注重从法律层面与相关国家建立合作长效机制，由国家出面与

"一带一路"沿线国家全面签订类似于我国政府于1993年与白俄罗斯之间签订的《中白两国政府关于鼓励和相互保护投资协定》，对走出去的企业形成具有法律保障的保护。

第二，有效规避投资准入壁垒和政策限制是推进"一带一路"项目落地的关键。由于"一带一路"大型建设项目大多为交通、能源、矿产等基础设施项目，许多国家设置了准入壁垒或政策限制，这对于合作项目的推进落实造成了较大不便。例如，哈萨克斯坦近年来对石油天然气等战略资源加强了国家控制力度，根据该国《矿产资源与矿产资源使用法》，国家对矿产品的交易和地下资源利用权的转让有"优先购买权"。这一规定使哈地下资源利用者在买卖和转让交易中失去了主动性，对未来外国投资者进入和退出哈矿业市场，特别是收购哈萨克斯坦矿产企业构成了实质性障碍与风险。此外，在油气行业及劳务方面提出了"哈萨克含量"的规定，即在哈注册的各类公司在经营活动中，凡涉及哈国商品、工程和服务采购事宜，都必须依法在投资合同和矿产资源开采合同中明确规定采购比例，还包括外方和哈方被雇佣人员的比例。而现实生产过程中，很多需要采购的商品在哈没有生产，经验丰富的技术人员、相应的技术支持也十分匮乏，一旦完全遵守"哈萨克含量"，势必将给企业的运营增加巨额成本。哈萨克斯坦石油与天然气部曾经对未按照合同履行"哈萨克含量"的油气企业进行罚款。此外，对加大与相关国家在海关监管及工程竣工验收标准方面的协调，解决企业的后顾之忧。

从2015—2016年上半年中国对"一带一路"相关国家投资的前十大项目看，这些建设项目的成功推进，在突破当地政府的准入限制方面，有一些经验值得总结借鉴。一是项目建设紧紧围绕东道国政府的战略意图推进。包括：吸引具有东道国政府背景的机构直接参与项目交易，选择东道国政府发展战略规划项目，推动两国高层领导人互访签署项目落实协定等。二是采取民营企业和国有企业相互配合的方式规避阻力并增强并购能力。国有企业资金体量大,参与"一带一路"项目的能力强,但国有企业参与他国能源、交通等大型基础设施建设项目建设,往往会被视为主权国家的行为,遭受政治因素干扰。民营企业和国有企业在"走出去"过程中各自面临不同障碍。民营企业在融资等方面具有相对劣势,而国企在跨国并购中也面临着资本来源、"竞争中性"的阻力。两者进行战术配合则可以同时克服所面临的障碍。例如,长电科技联合集成电路产业基金和芯电半导体这两家国有企业,共同发起对星科金朋的技术寻求型跨国并购,在其中长电科技的民营企业身份,减轻了相关监管机构对并购案的疑虑,同时集成电路产业基金也为长电科技的跨国并购提供了强有力支持。

第三,实行多样化的财税支持与政策优惠是推动"一带一路"建设的发动机和助推器。在推进"一带一路"建设的过程中,要区分政府与市场的作用边界,市场能够做好的项目完全交由市场来做,政府着力营造发展环境、搭建协调机制、构筑平等竞争的合作平台。同时,注重将财税、产业等政策与"一带一路"战略规划相衔接,要合理进行规划布局,综合设计,分类引导,通过实行多样化的财政支持和特定的政策优惠,激活市场和社会资本的活力。例如,湖南省在推进国际产能合作的过程中,综合运用财税政策进行支持,收到了良好效果。一是统筹相关专项资金支持国际产能合作。省级财政统筹开放型经济发展专项等相关专项资金,对优势富余产能转移项目和企业通过海外并购引进先进装备、技术等给予贷款贴息补贴,对重大项目前期工作和海外投资险、中长期出口信用保险等政策性保险保费等给予补贴。二是积极争取工程机械二手设备税收支持政策。争取国家支持在省内先行开展工程机械二手设备税收制度改革试点,解决装备制造业产品首次销售提前缴税,二手设备销售重复纳税等问题,减轻企业税负。

三是积极推动相关税收政策落实。组织编订服务"一带一路"暨国际产能合作税收政策指引以及对外投资重点国别和地区税收指南。加强国税、地税协作，联合开展税收政策宣讲解读，建立便捷的境外争端反映报告机制，及时向国家税务总局反映企业的境外税收争端，争取国家层面支持。四是充分发挥产业投资基金的作用。支持按市场化原则设立"一带一路"暨国际产能合作股权投资子基金，按照"政府引导、市场运作、试点先行、风险可控"的原则，主要投资于国际产能合作重点国别、重点产业、境外重点园区的重大项目建设。

第四，加强财政金融政策沟通和引入中长期资金是确保"一带一路"建设项目顺利实施的重要保障。大型基础设施等项目建设周期和投资回收期都比较长，"一带一路"建设项目资金需求量大，同时不同项目的投资回收期、商业回报率各有不同。对于公共物品属性较强的项目，要充分发挥政策性金融和开发性金融的独到作用。对于商业性项目，要按照市场化原则和国际惯例运作。同时，鼓励金融机构开展形式多样的合作，发挥各自优势，形成有效合力。要十分重视发挥现有的双边、多边合作机制及各种交流平台的作用，深化区域金融合作，加强政策沟通协调，稳步扩大金融市场双向开放，注重引入中长期资金，推动形成政策性金融、开发性金融和商业性金融既有分工又相互合作的工作格局，加快绿色金融发展。

第五，高度重视风险防范和安全保障是稳步推进"一带一路"项目建设的客观需要。在"一带一路"项目建设中，能源、交通建设项目是核心，这些项目普遍具有投资规模巨大、投资建设与回报周期长等特性，项目在建设、运营期间面临的不确定性多，一旦遭受风险事件，损失十分巨大。因此，需要高度关注项目建设的政治、经济、安全风险防范。从政治局势看，"一带一路"沿线国家差异性较大，一些国家完成选举和政府更迭，政治格局相对稳定；部分国家则饱受战争和恐怖主义威胁，仍处在新一轮国家秩序和地缘政治格局重塑中,部分地区甚至极端思想回潮,恐怖组织肆虐,恐怖袭击频发,非传统安全风险持续上升。恐怖分子可能通过袭击外资企业达到要挟政府、扩大国际影响的目的,从而实现政治诉求。同时,有的"一带一路"沿线国家经济结构单一、严重依赖大宗商品出口,经济走势受国际环境影响很大。民族宗教因素、地缘政治格局的变化、全球经济增长乏力与失衡三大深层次问题相互交织,主导了"一带一路"沿线国家风险变化趋势,并对相关对外投资形成较大挑战。为此,推进"一带一路"建设的过程中,除了关注投资机会和收益外,需要更加注重国家风险的评估和防范,安全合作和经济合作相辅相成,相互促进。在政府层面上,需要建立和完善海外投资保护政府全面行动框架和规范企业海外经营行为。在企业层面上,需要建立有效的风险管理体系,提高危机应对能力,充分尝试多种所有制企业联合"走出去"等形式。必须进行全面风险评估和实时监控,在项目进入决策程序之前,在项目决策中、项目建设及运营期间,以及在项目投入运营一定时期之后的各个阶段,有针对性地对所投项目的效益进行综合性评估。在条件许可的情况下,可针对具体项目的风险情况,购买保险机构提供的海外投资风险保险,避免因政治、战争等因素带来的不可抗性系统风险。同时,通过员工和股权本土化降低风险。

以中巴经济走廊建设为例,走廊经过地区"三股势力"比较活跃,面临着一系列风险和挑战,伊斯兰极端组织也有所渗透,加之塔利班活动抬头,对走廊建设顺利推进产生影响。中巴双方充分估计到走廊建设中的困难和挑战,保持足够耐心和战略定力。首先,坚持总体规划、分步实施,有效控制风险。在全面规划的基础上,突出重点,有序推进,以点带面,逐步完成。其次,大力拓展金融合作,发挥中巴政府和企业的积极性,形成加快发展的强大动力和合力。最后,深化防务领域合作,妥善应对安全挑战。加强在地区热点问题上的协调和配合，对地区大国和外部势力干扰走廊建设的可能性加以重视，及时采取措施有效应对。特别是巴方把保证在巴中国公民的安全当作首要任务，成立了一支特别安全部队，专门保护在巴中国工程技术人员的安全。加强各部门之间的协调，联邦政府和省级政府进一步简化早期具体项目的申请过程，从而保障项目每一阶段的落实。

第六，始终坚持市场原则和契约精神，是持续实施"一带一路"规划的客观要求。在国际社会看来，"一带一路"倡议是我国政府提出并着力推动的第一个"全球化方案"，政府必将大力支持和推动，不少沿线国家和地区对中方抱有不切实际的期待，希望从中方获得更多的让步和利益。对此，我国在大力倡导平等协商、互利共赢的同时，一定要吸取过去的经验教训，始终坚持市场原则和契约精神。首先，包括财税政策在内的政府支持政策要坚持市场导向。虽然我国中央政府大力倡导"一带一路"建设，但沿线地区、国有企业等必须坚持市场原则，算好经济账，防止以政治冲动替代经济评估，搞"政绩工程"、"政治项目"，以至于最终项目难以持续，"丢人丢到国际上去"。以中欧班列为例，我国国内沿线地区城市一度纷纷开通到达欧洲的班列，但除义新欧等个别班列能基本市场化运行外，绝大多数中欧班列货运量严重不足、运行难以常态化，只能靠政府补贴实现盈亏平衡，并且政府支持政策没有退出机制，使当地财政背上了沉重的包袱。境外合作项目的投资风险也不容忽视。2017年4月，上海市国资委印发《关于加强本市国有企业境外投资管理的通知》，在鼓励企业积极参与"一带一路"建设和国际产能合作的同时，要求突出技术、品牌、市场，推动价值链从低端向中高端延伸，做强做优做大实体经济。同时，强调国有企业要"聚焦主业、严格控制境外非主业投资"，并严格限定了国企海外投资"边界"和操作细节，进一步规范企业境外投资管理，有效防范投资风险。其次，推进"一带一路"建设要强调契约精神。

国内投资者、合作者诚信守约，按照协议合同落实有关项目建设，不能利用形势变化和优势地位肆意改变条款，谋取不符合市场原则的利益。更重要的是，在与沿线国家合作时，要注意防止过度打"感情牌"，出让我合法权益，在资金融通、利益分配等方面过度让利，给随后的项目合作带来连锁反应，认为我国为了落实"一带一路"规划、主导合作进程而有求于人，"花钱买吆喝"。再者，推进"一带一路"建设过程中要严格按照国际惯例和有关法律行事。

无以规矩，不成方圆。这些年，我国一些涉及俄罗斯、印度的合作建设项目，往往由于政治形势的变化而中途下马，给相关合作方带来损失。对于沿线国家或地区违反市场规律、国际惯例和适用法律的行为，要严格按照有关规定追究责任、维护自身正当利益。这就需要我们抓紧培养和打造一批精通商务规则、国际惯例的复合型人才，为众多的"一带一路"建设项目保驾护航。

第七，适时完善税收协定网络，是稳定企业预期的有效制度安排。财政体制取决于一个国家的政治制度和政府管理体制，不同国家的财政体制优劣不具有直接的可比性。而税收制度和税收政策则主要处理政府与企业、价值链上不同环节企业的利益关系，比财政体制、政府支出政策等更具有国际的协调可行性。因此，对不同国家间的合作项目，相对于财政直接支出等政策，税收制度和税收政策更具有国际协调的可行性和实际意义。2015 年，在"一带一路"沿线的 64 个国家中，有 53 个国家与我国签订了双边税收协定，我国与沿线国家的国际税收协定网络已基本成型。未与我国签订双边税收协定的国家有 11 个，分别为缅甸、柬埔寨、东帝汶、阿富汗、马尔代夫、不丹、伊拉克、约旦、黎巴嫩、也门、巴勒斯坦，且大多数为"一路"沿线国家。基于"走出去"企业的角度，除了税收协定中的限定税率之外，东道国当地公司所得税税负对于投资经营决策来说同样较为重要。"一路"

沿线不少国家公司所得税名义标准税率并不低于我国，而"一带"沿线绝大多数国家的公司所得税名义标准税率低于我国。总体来说，"一带一路"沿线国家公司所得税整体名义税负并不高，低税率为吸引我国"走出去"企业到沿线国家投资经营创造了有利条件。通过顶层设计国际税收协调与合作规则，有助于实现国际税收协调的全局性、持续性和稳定性。借鉴 OECD 关于 BEPS 行动计划的最新成果，从顶层着手设计"一带一路"国际税收协调与合作的基本规则，并为我国与沿线国家之间的国际税收问题提供更有针对性的协调机制。分阶段推动沿线未与我国签订税收协定国家的协定谈签工作，明确相应的跨境税收协调原则，探索特殊的跨境税收协调机制。通过签订议定书等形式积极完善我国与沿线国家的双边税收协定内容，更好地处理双边税收利益，将为"一带一路"建设提供稳定的利益预期。

四、"一带一路"建设国际财税政策协调面临的困难与挑战

"一带一路"建设秉持和平合作、开放包容、互学互鉴、互利共赢的理念，致力于推进政策沟通、设施联通、贸易畅通、资金融通、民心相通。近年来，我国有关部门围绕服务"一带一路"建设大局，积极推进国际财税政策协调，从政策支持和资金保障等方面推动"一带一路"规划落实、项目落地，在促进"五通"顺利实施方面取得了积极成效。一是促进政策沟通。本着求同存异原则，积极利用国际对话机制平台，充分阐释"一带一路"倡议互联互通的重要意义，推动相关国家对接"一带一路"倡议，深化政府间宏观政策沟通交流，推动区域经济融合。二是促进设施联通。主动服务"一带一路"建设规划，

逐步扩大对外援助的支持力度，支持实施了一批公路、铁路、光缆、能源等基础设施项目，有力促进受援国的经济和民生事业发展。此外，我国已与有关多边开发机构达成共识，共同加大对基础设施和互联互通项目的支持力度。三是促进贸易畅通。已与54个"一带一路"沿线国家签署了避免国际双重征税的税收协定，积极落实自由贸易区战略，推进对外关税谈判，扩大对"一带一路"沿线国家市场开放，对相关自贸区伙伴和最不发达国家降低关税，促进贸易畅通。四是促进资金融通。为推进"一带一路"融资体系建设，在我国的倡议和推动下，中国与阿根廷、俄罗斯、英国等27国财政部共同核准了《"一带一路"融资指导原则》。国家财政支持国家开发银行、中国进出口银行和中国出口信用保险公司等金融机构，通过设立境外股权投资基金、境外人民币专项贷款、多双边产能合作专项贷款等方式，重点围绕"一带一路"建设，推进与相关国家和地区的基础设施、资源开发、产能合作和金融合作等项目。在充分调动国内外各类投资主体积极性的同时，切实推进金融创新，深化金融领域合作，构建多边多元的融资机制。五是促进民心相通。中央财政和沿线地区大力支持开展与"一带一路"沿线国家的各种交流活动，为深化多双边合作奠定了坚实的民意基础。

"一带一路"倡议提出以来，我国在推进国际财税政策协调虽然取得了长足进展，有力地推动了"一带一路"规划的落实。但从前期国际财税政策协调的实际情况看，要深入推进相关领域国际协调、充分发挥财税政策的支持和推动作用，还面临诸多困难和挑战，需要在下一步推进国际财税政策协调时引起重视，统筹考虑并加以克服和解决。

（一）宏观环境存在不确定性，影响财税政策协调的有效推进

稳定、可预期的政治、经济和社会环境，是推进落实"一带一路"

倡议和建设规划的前提和基础,也是有效开展国际财税政策协调的基本保障。"一带一路"倡议作为一项包容性、开放性的发展规划和治理机制安排,虽然得到了东南亚、南亚、中亚、西亚、中东欧、独联体等地区的60多个国家响应,但沿线国家报处地缘环境敏感复杂,传统、非传统安全因素聚集,政治脆弱性和不确定性明显。这些宏观环境的不确定性,将带来一系列的政治、经济、社会风险隐患问题,并进一步影响到财税政策的协调与落实。

1. 地缘环境敏感复杂,国家间博弈风险加剧

"一带一路"连通欧亚非,沿线国家在政治体制、民族宗教方面存在较大差异,宗教矛盾、文化冲突等交织,一些国家极端主义、恐怖主义频发,政治脆弱性和不确定性明显。以"陆上丝绸之路经济带"沿线所涉及的国家和地区为例,目前中亚地区正处于政治风险上升期,政治的结构性矛盾突出,未来出现反对派实力大、强力冲击政府的可能性增加。其中,乌兹别克斯坦的政治形势变化较大,塔吉克斯坦的政治内斗较明显。西亚地区局势动荡,社会矛盾错综复杂,多国形势恶化,例如伊朗核问题仍无法在短期内解决,国内保守派和改革派矛盾有加剧趋势;伊拉克境内"伊斯兰国"势力顽固,一直难以彻底清除,严重威胁国家统一和安全稳定;巴以冲突的持续导致恐怖袭击事件时有发生,中东和平希望渺茫。

另一方面,不少"一带一路"沿线国家具有地理位置和资源禀赋等战略优势,一向是大国争相角逐的重要战略区域之一,一些大国企图通过采取经济制裁、战略进攻、军事进攻等手段,谋取地缘政治优势。例如,中西亚地区是大国利益交汇点,长期处于大国博弈之间,政治局势动荡,一直是地缘政治热点地区。此外,俄罗斯与乌克兰、印度与巴基斯坦、伊朗与沙特阿拉伯等战略利益冲突长期存在,地缘政治风险长期存在,周边国家的政权更迭也对"一带一路"建设相关

财税政策协调形成冲击。同时，美日等西方国家对中国的发展长期持有战略防范态度，对"一带一路"倡议的战略意图和规划目标心存疑虑，为应对中国崛起采取"两头下注"策略，即：通过"接触"分享中国发展红利，同时通过"遏制"掣肘中国发展。中国与沿线国家的合作也受到他国的竞争和干扰，如在外交、经济领域影响甚至操弄沿线国家与中国制造摩擦，在亚投行投资对象国与我国争夺影响力及商机，甚至不惜牺牲两国关系激化海洋领土争端，阻止中国与邻国深化合作。

2. 相关规划衔接不到位，利益矛盾协调难度大

建设规划是落实资金安排、研究政府支持政策、加强相关政策国际协调的基本依托，如果没有具体的项目规划，财税政策协调也就缺乏针对性，成为"空中楼阁"、无的放矢。"一带一路"倡议提出后，虽然沿线国家或地区积极响应，纷纷从自身角度提出了一些建设规划，但在建设规划方面仍然衔接不到位。一是部分国家围绕"一带一路"总体设计规划不够，由于政治不稳定、缺乏设计实施力量等因素，参与"一带一路"规划建设、共享发展红利的积极性很高，但结合国内实际情况，提出相关规划主动对接"一带一路"建设的实际行动不多。二是不同国家间的规划建设有效衔接不够。"一带一路"贯穿亚欧非大陆，沿线国家众多，各国战略意图和利益诉求各不相同。俄罗斯倡导与白俄罗斯、哈萨克斯坦、塔吉克斯坦、吉尔吉斯斯坦、亚美尼亚建立"欧亚联盟"，欧盟启动与格鲁吉亚、阿塞拜疆、亚美尼亚、摩尔多瓦、白俄罗斯、乌克兰的"东部伙伴关系计划"，美国提出"新丝绸之路"计划，旨在通过贸易合作连接中亚与南亚，巩固美国的大国地位，这些规划设想虽然与"一带一路"倡议有某种程度上的契合之处，但其战略意图、利益导向、关注重点等大相径庭，不可避免地会对"一带一路"建设带来消极影响。在公路、铁路、油气管道建设等方面，

规划设计思路、线路走向等各自不同。例如，在中亚地区，塔吉克斯坦、哈萨克斯坦、吉尔吉斯斯坦等国家之间，关于公路、铁路规划走向和建设轻重缓急等意见不一，导致中吉乌铁路等相关项目进展缓慢。三是总体规划出台后具体项目规划有效跟进不够。我国与周边国家共同谋划了中蒙俄、新亚欧大陆桥、中国—中亚—西亚、中国—中南半岛、中巴、孟中印缅等六大经济走廊建设，但由于各种原因，配套落实这些整体规划的具体项目规划进展不一，有的项目迟迟不能确定具体可以实施的建设规划。这些因素都导致相应的财税政策协调难以开展。

3. 多种风险因素滋生和一些国家治理能力弱化并存，影响建设项目落地

"一带一路"沿线国家多为新兴经济体和发展中国家，整体发展水平不一，政治体制、宗教文化各异，导致不同国家的社会管理体制、治理能力差别很大。进入 21 世纪以来，原有的消除贫困、环境、能源、粮食、可持续发展等全球治理难题尚未根本缓解，区域冲突、难民危机、金融危机、网络犯罪等新的威胁因素不断涌现，教育缺乏、毒品泛滥等导致一些治理能力低下的国家社会风险突出。例如，中西亚居民的青年受教育程度下降，地下宗教学校成为大部分贫困家庭的选择。宗教极端主义方面，随着宗教极端组织的规模不断扩大和社会影响力增强，宗教极端主义很容易造成武器走私、民族分裂、边境冲突、恐怖主义等安全问题，影响地区稳定。例如，伊斯兰解放党在中西亚扩散趋势明显，未来很可能成为一支难以对付的政治反对力量。此外，中西亚成为毒品贩运和消费区，容易滋生官匪沆瀣贩毒、腐败、艾滋病等问题，严重影响社会稳定，使得经济发展规划难以形成并有效落实。

一些国家由于战乱、国内政治不稳等原因一直未能形成有效的政

府管制能力,社会安全稳定缺乏保障,经济发展难以步入正常轨道,由于多种风险因素与国家治理能力弱化并存,使得"一带一路"倡议难以形成有效落实的规划,遑论开展国际的财税政策协调。例如,哈萨克斯坦与我国新疆接壤的"中哈霍尔果斯国际边境合作中心",中方一侧各个项目建设进展顺利,但哈方一侧进展却严重落后于双方的承诺,合作效果差强人意。我国投资的缅甸密松水电站,受到缅甸政治转型的影响,项目建设严重滞后于预期进度。在中亚地区,我国作为中亚国家最大的贸易伙伴,在该区域投资大量基础设施项目,遭受恐怖袭击的风险呈上升之势,从世界其他区域经验来看,目标庞大,穿越国界的能源基础设施更容易成为武装袭击的目标。

此外,与国家治理能力建设滞后相关联,当地配套建设难以配合项目开发进度。许多"一带一路"沿线建设项目所在地基本上处于未开发状态,需要综合考虑配套工程的解决方案。包括公路或铁路连接工程、电力供应、给排水配套、通信工程配套等项目。这些配套工程项目在投资协议中规定应该由当地政府提供,其建设需要与主体项目进度相匹配。但部分沿线国家的政府工作效率低下,且缺乏建设资金,难以及时配合完成所需工程,有时还需要投资者垫资建设,存在着影响开发进度及企业垫资难以回收的风险。例如,我国招商局集团所投资的白俄罗斯、斯里兰卡、吉布提及非洲其他港口或园区都遇到了这种情况。

(二)沿线国家税收制度差异大,税收优惠政策不协调

在支持"一带一路"建设的财税政策措施中,税收政策占据非常重要的位置。由于"一带一路"项目多数是跨区域建设项目,涉及沿线不同国家,要发挥税收政策的支持和促进作用,必须从税收制度到税收优惠政策等进行国际的协调,才能真正发挥好税收政策的作用。

从目前的情况看,由于沿线国家的国内税收制度不同且透明度不高,缺乏有效的国际协调机制,税收政策不完善导致的利益分配不合理、税基侵蚀和利润转移漏洞,对"一带一路"建设将产生不利影响,这也是财税政策协调面临的挑战之一。

1. 沿线各国税收制度协调不够,妨碍建设项目顺利推进

免税和减税政策是东道国吸引外商直接投资(FDI)的常用手段,适度税收竞争有利于促进资源的优化配置,也有利于税收中性原则的贯彻。然而,随着各国竞相出台税收优惠政策,部分国家甚至不惜牺牲税收利益以换取FDI,如承诺无税或极低税率、缺乏有效的信息交换、缺乏透明度、把税收优惠制度限定在特定范围等,造成有害税收竞争。"一带一路"建设项目的推进,一旦出现过度税收竞争,无疑将影响企业的决策和行为,侵蚀他国税基、扭曲资源配置、阻碍互利共赢目标的实现,必须引起沿线国家的重视。就我国而言,国内税制也存在与"一带一路"建设不协调的地方。例如,对境外所得抵免不彻底,我国企业所得税法实行"分国不分项"的税收抵免制度,不同投资国之间的超限额与抵免余额不能互相抵消;境外亏损弥补限制过严;增值税出口退税不彻底,政策频繁调整,影响产品的国际竞争力;不允许税前提取海外投资风险准备金,企业缺少海外投资的风险保护;基本征管制度尚不健全、涉外纳税服务内容薄弱等问题,在一定程度上阻碍了"一带一路"战略的推进。

2. 国际或区域税收协调机制尚未建立,税收争端解决机制有待完善

"一带一路"沿线涉及国家众多,税制差异很大,在跨国项目建设中不可避免地会发生利益冲突,引发税收争端。国际税收领域的利益协调依据是税收协定,目前主要是《OECD范本》和《UN范本》,"限制来源国征税权,保证居民国征税权"是两个范本通用的国际税收

规则。这一规则在全球化深化背景下越来越难在国家间达成共识，尤其是数字经济下，税基侵蚀和利润转移（BEPS）问题越来越严重，即使 G20 主导的 BEPS 十五项行动计划仍重点关注和维护发达国家在全球价值链中的垄断地位，较少考虑和保障发展中国家的利益诉求，导致发达国家与发展中国家对《OECE 范本》和《UN 范本》迟迟不能达成一致。全球性的国际组织如 WTO 的作用也在弱化，全方位的国际涉税问题治理机制日渐缺位，区域性的国际税收治理机制尚未完整建立。而国际税收争端的解决方式主要有相互协商程序（简称 MAP）和国内救济途径。MAP 条款为国际税收争端提供了可行且高效的解决方法，但 MAP 较易受到国内法限制、程序复杂、部分案件协商过程漫长等弊端也日渐凸显。而国内救济途径主要为税收行政复议和税收行政诉讼，与国际程序相比，国内程序难以保证争端解决的公正性，难以被对方国家接受。一旦发生税收利益争议，很难依法得到及时有效解决。

3. 双重征税问题解决不力，国际逃避税现象日趋严重

随着全球经济的多样化发展，双重征税没有妥善解决情况下双重不征税的问题日益凸显，国际逃避税活动愈发隐蔽和复杂，传统税制下居民身份认定、经济实体的认定、常设机构及所得来源等的界定面临严峻挑战，从而滋生大量游离于征税边界模糊地带的所得，税基侵蚀和利润转移情况严重，造成税收分配秩序失衡，对各国经济都是不小的冲击。各国税务机关在国际征管合作方面应对避免"双重不征税"甚至"多重不征税"方面的努力并没有完全跟上新的情况要求。以我国为例，一直以来，出于鼓励吸引外资为主的现实，我国以前对外签订的税收协定，更多地考虑收入来源地的税收利益，一般要求发达国家单方面给予饶让抵免，但对于"走出去"企业来说，境外税收抵免饶让制度落后，导致企业无法享受其投资所在国的税收优惠政策，影响企业对外投资的积极性。主要原因在于：一是抵免制度系统性不强。

我国境外所得税收抵免制度散见于财〔2009〕125号、财税〔2011〕47号、国家税务总局公告2010年第1号等规范性文件,不成体系、修补痕迹明显,法律效力层级较低。二是抵免方法落后,"分国不分项"的限额抵免办法使得境外所得既不能弥补境内以前年度亏损,也不能以境外亏损冲抵境内盈利,无形中增加企业总体税负。三是抵免层级少,除石油企业外,其他企业抵免层级仅限于境外三层外国企业,且要求直接控制和间接控制20%或20%以上境外企业股权,这无疑增加了多层级企业的境外税负,降低了竞争力。

4. 我国国际税收话语权有限,税收协调难以满足"一带一路"建设需要

我国作为"一带一路"倡议的发起者,在推动落实"一带一路"有关规划的过程中,对国际税收协调和管理能力提出了新的更高要求,与这一新要求相比,我国在国际税收领域的话语权有限,与日益增长的国际经济地位并不相称。例如,我国虽以OECD合作伙伴身份参与BEPS工作组,但在税收规则制定、话语权表达上能力有限。在国际税收协定方面,围绕服务"引进来"和"走出去"的对外开放战略,截至2016年年底,与我国签订税收协定的缔约国和地区有104个,但对于全球200多个国家和地区来说,我国对外签订的税收协定还不够全面。避免双重征税协定、税收情报交换协定等尚未覆盖到全部的"一带一路"沿线国家,即使部分沿线国家与我国签署有税收协定,但由于时间久远,其内容已不能满足"一带一路"建设对税收协调的实际需要,亟待更新与完善。

(三)投资准入和保护政策不完善,影响相关项目落地建设

按照我国目前的分类,"一带一路"建设项目境外投资主要有建设类投资、权益类投资、贸易类投资、担保类投资等四类,与之相关的

投资准入、境外投资保护政策是财税政策协调和自贸协定谈判的重要内容。由于国家与国家之间在投资准入政策上存在很大差异，境外投资保护又受到驻在国政治、经济、法律、文化等诸多方面的制约。因此，我国与"一带一路"沿线国家在投资准入和投资保护政策方面还有许多不完善的地方，加强投资准入和投资保护政策协调也是推进"一带一路"建设非常迫切的任务。

1. 沿线国家投资准入政策差异大，相关政策和制度规定不透明

在外资准入产业开放范围方面，目前中国与"一带一路"沿线各国差异较大。如：新加坡对外国跨国公司在国内投资行业的限制较少，只是对有关国防、军事、通信、大众传媒等行业才有限制进入的规定。而中国和大多数国家则是限制外商对国民经济关键部门和本国已有一定发展基础、需要重点保护的行业投资。随着"一带一路"倡议得到越来越多国家的认同，我国与沿线国家相互投资的空间越来越大，各国在外资准入方面的门槛有逐渐降低的趋势。但总体上各国外资准入领域的范围仍偏小，一些国家在外资进入的领域、方式等规定上，缺乏透明度，放宽投资准入的步伐还有待加快。

例如，部分中亚国家对能源行业设置了准入壁垒或政策限制，对中国—中亚能源合作项目的开展造成了较大不便。哈萨克斯坦近年来对石油天然气等战略资源加强了国家控制力度，根据哈《矿产资源与矿产资源使用法》，国家对矿产品的交易和地下资源利用权的转让有"优先购买权"。这一规定使哈地下资源利用者在买卖和转让交易中失去了主动性，对未来外国投资者进入和退出哈矿业市场，特别是收购哈萨克斯坦矿产企业构成了实质性障碍与风险。此外，在油气行业及劳务方面提出了"哈萨克含量"的规定，即在哈注册的各类公司在经营活动中，凡涉及哈国商品、工程和服务采购事宜，都必须依法在投资合同和矿产资源开采合同中明确规定采购比例，还包括外方和哈方

被雇佣人员的比例。而现实生产过程中，很多需要采购的商品，如工艺复杂的器械设备等在哈没有生产，经验丰富的技术人员、相应的技术支持也十分匮乏，一旦完全遵守"哈萨克含量"，势必将给企业的运营增加巨额成本。哈萨克斯坦石油与天然气部曾经对未按照合同履行"哈萨克含量"的油气企业进行罚款。

2. 投资保护政策不够完善，企业海外权益缺乏可靠保障

国际投资保护是国际投资领域最重要的问题之一。一方面，我国外资保护方面的法律体系不完善，政府海外投资服务、保护机制尚有欠缺。由于我国政府对海外投资的管控基本上只有商务部、发改委、国资委等部门制定的项目审批制度，对投资后的服务、保护等功能薄弱，基本上完全依赖企业在海外单独打拼。至今我国还没有一部系统调整海外直接投资的基本法律，而主要是依靠一些不成体系、零散且尚待修订的投资规范对海外直接投资进行调整，外商投资立法仍存在许多不完善的地方。海外投资保险制度不健全，对海外投资保护的力度偏小，亟需建立和完善海外投资保护政府全面行动框架和规范企业海外经营行为。我国与有些"一带一路"沿线相关国家还没有签订投资保护协定，境外投资企业缺乏政策指引和国家间约定的投资保护措施，除了要独自承担商业性风险外，也存在着相当大的安全隐忧。

另一方面，"一带一路"沿线国家多为发展中国家，经济状况参差不齐，法制建设不健全，对我国企业来讲，在走出去的过程中除会遇到汇率风险及东道国政局、政策、法律不稳定等风险外，投资风险防范也是一个应予以高度重视的问题。"一带一路"沿线国家虽然制定了一系列法律法规为外国投资者的合法财产和权益提供必要的法律保护，但许多国家现行的外商投资政策仍存在很多不完善和不协调的地方。有的投资政策依赖东道国领导人或两国关系，投资保护缺乏法律应有的稳定性和相关程序的保障机制。有的经济管理仍有较浓厚的计划经

济色彩，政府"看得见的手"随处可见，不但对价格进行干预，对企业的经营也进行干预，在这种体制下，给予外国投资者的优惠政策必然受到其内部制约。

同时，投资项目建设适用标准问题也事关海外投资企业的利益。在境外投资能否适用我国国家标准，对于我们争取规则话语权非常重要，同时也会带来极大的投资便利。多数情况下东道国都会同意适用我国标准进行施工和安装，但却不愿意放弃海关监管和施工验收等环节。如果不同国家之间相关标准不统一，各项标准又浩繁复杂，在竣工验收等环节可能存在着难以衔接、协调甚至发生争议的风险。

3. 投资谈判进展难以适应"一带一路"建设需要，政府间协调亟须加强

目前，"一带一路"建设仍缺乏稳定的国家间投资政策协调机制，项目建设涉及的建设规划权、当地人雇佣、出入境管理、海关监管、土地使用、价格管理等多方面重大改革及多项行政许可问题，其间还涉及各项优惠政策，牵涉面广，很多时候需要突破当地既有的法律规定，需要当地政策、法律、管理体制等多方面的支持。但以企业的身份与所在国政府进行相关谈判，很难达到预期目的。应当由政府出面与"一带一路"沿线国家全面签订相互保护投资协定，为"一带一路"建设提供强有力的法律保障。

（四）金融财政政策及时跟进不够，融资机制有待进一步完善

"一带一路"建设投资需求旺盛，特别是基础设施投资需求巨大，预计未来4~5年将有超过10万亿美元左右的资金需求。而且多数项目投资体量大、建设周期和投资回报时间长，对于某一个国家或某一家企业而言资金压力较大，所能提供的资金规模与实际投资需求缺口

大，需要跨国进行融资才能满足建设需要。同时，沿线各国经济体制不同，各国投融资制度和相关政策存在较大差异，又缺乏相关的协调机制和合作平台，融资服务尚不能适应长期投融资需求。

首先，我国国内融资政策保障和相关机制不完善。目前我国虽然有国家开发银行、进出口担保银行等政策性金融机构参与海外融资建设，但对"一带一路"建设长期投资怎么予以支持还没有具体的细则性措施，政府对境外投资企业的融资支持力度还不够，还没有建立起完善的融资渠道以及便利化服务体系等，大多数走出去的企业尤其是民营企业还是靠普通银行贷款或自筹资金进行投资。这不但影响企业在海外进行长期项目的投资，也影响"一带一路"规划的推进落实。目前，我国对外投资正在从过去单个企业、项目的走出去，向核心企业带动上下游、产业链的企业共同走出去转变，对多元化、综合化的融资需求越来越强烈。此前，商业银行主要通过项目贷款、贸易融资等传统产品支持企业走出去，金融产品和服务相对单一。截至2016年底，共有9家中资银行在26个"一带一路"沿线国家设立了62家一级机构，其中五大行机构布局初具规模，中小银行"走出去"还处于起步阶段。而且，走出去的中资银行与境外银行互设货币兑换点、代理行、本币账户的情况还不能满足企业需求。与银行业相比，证券、保险、基金、信托等金融机构走出去的能力更显不足。亟须国家利用已有的融资渠道加大对企业在海外进行长期投资的资金支持力度，解决走出去的企业，尤其是民营企业的资金需求。

其次，在区域或国际范围缺乏有效的融资协调和合作平台。"一带一路"建设涉及国家众多，牵涉多个国家和地区的利益，其顺利实施离不开有效磋商，足够有效融资合作平台的建立必不可少。近几年，我国协调一些国际机构，发挥开发性金融、政策性金融和商业性金融机构力量，同时也发起成立了亚洲基础设施投资银行、丝路基金和金砖国家开发银行,不断增加对沿线国家的金融投入,但与巨额的金融需求仍有较大差距,融资规模总体仍显不足。其主要原因,一是我国主导的国际金融机构和合作平台数量仍然不够;二是在项目融资方案设计、实施等方面缺乏足够的人才和项目主体;三是世界银行、联合国有关部门等传统国际机构还没有发挥有效的推动作用。

再者,融资渠道和相关服务还不能很好适应长期建设需要。"一带一路"沿线国家基建等项目配套建设多、建设周期长、产业层次多、资金需求大,对金融服务的数量、种类、周期和覆盖范围提出新的要求。然而,受制于众多沿线国家发展程度不高,再加上我国融资服务未能有效跟进,导致在"一带一路"建设过程中出现了国际融资渠道不畅通的问题。例如,在"一带一路"沿线国家中,有近一半国家投资高于储蓄,且持续为贸易净进口国,本国资本无法满足投资需求,资金供给不足。而金融发展滞后则加剧了这一矛盾,沿线近一半国家实际利率高于中国,少数国家高于10%,信贷供给不足、成本过高;超过一半国家的股票交易额占GDP比例低于10%,一些国家甚至低于1%,企业无法通过便利的股权融资实现资本快速扩张。此外,"一带一路"沿线的支付结算体系、离岸人民币市场等金融基础设施还显不足,境外投资汇兑和跨国公司境外资金运作还存在不少障碍,国外金融机构参与国内银行间债券市场和中资企业境外发债还有一定限制,制约了走出去银行的业务发展,影响了融资效率。

(五)财政政策支持方式比较单一,政策效果难以有效发挥

国家财政除了通过税收优惠、投资融资服务、产业发展政策等促进"一带一路"建设外,财政补助、政府直接投资等直接的财政支出政策,也是推进"一带一路"规划落实的重要政策手段。就我国而言,

目前财政补贴、专项资金资助、投资引导基金支持等政策效果欠佳，通过政府与社会资本合作（PPP）等方式带动社会资本投入还不够，财政支持"一带一路"建设还大有文章可做。

1. 财政支出政策目标缺乏整体规划设计，作用机制和政策效果不明确

目前，利用财政补助支持"一带一路"建设，更多的是针对某一园区或港口、某一工程项目予以特殊的支持政策，并综合运用财政补助、政府购买服务、所得税和增值税优惠、固定投资成本加速折旧等政策手段，以期达到加快推进项目建设的目的。从实践看，这些财政支出政策虽然能够对具体的园区或港口、项目建设起到良好的推动作用，但也存在一些问题。一是政府、企业、项目主体有效沟通的机制尚未建立。政策目标缺乏整体规划，没有形成一个系统规范的政策体系，更多地采取"一事一议""一个项目一个政策"的方式，支持政策出台时间长、协调成本高，缺乏足够的透明度，与大规模推动"一带一路"规划落实的要求不相适应。二是统筹考虑国内国外项目建设不够。财政支出政策往往着眼于支持国内企业或国内段工程建设，跨境统筹协调意识，导致项目建设国内、国外段进展不一，影响整体规划落实效果。三是财政支出政策设计不够完善。对于难以于实现盈利的项目，没有政策退出或风险止损的机制，对于盈利空间比较大的项目则缺乏退坡或及时停止补助的设计，影响财政资金支持的实际效果。对"一带一路"沿线开展经贸合作的企业的贷款贴息力度不足，申请审批繁杂。财政补贴政策不完善，有关政策内容没有让企业知晓，实际享受补贴的企业范围和项目范围较小。四是专项资金政策统筹协调、形成合力不够。目前，我国国内从中央到地方都相继成立了一系列的发展专项资金、投资引导基金，这些资金都有相对明确的投资领域，其中许多资金和基金也针对"一带一路"相关的物流系统工程、产能

合作、工业园区和基础设施建设等领域予以支持，但是众多的专项资金也没有形成对"一带一路"项目推进的合力。

2. 通过政府购买服务、首购等方式支持"一带一路"建设的针对性不强

近几年，我国国内政府购买服务改革加速推进，在扶持中小企业成长、促进现代服务业发展、推动制造业升级改造等方面取得了明显成效。政府首次购买政策在支持企业创新、加快新技术和新产品推广应用方面取得了积极进展。但是，围绕"一带一路"建设完善相关政策措施还需要加强。"一带一路"建设中的铁路、公路、能源等基础设施项目的前期工作，战略意义大、投资风险高，完成依靠企业去做难免进度受到影响，政府可以通过专项资金补贴等方式购买服务，加速前期研究和准备工作。在人文交流等领域则可以与国内文化企业签订合同，直接购买相关服务，加速推动中国文化走出去，有效服务"民心相通"。在机械、电子、信息等领域，政府首次购买政策要进一步完善申请程序和操作办法，扩大政策覆盖面，增强推动中国标准、中国技术走向世界的实际效果。

3. 围绕"一带一路"建设发行公债的配套建设需要进一步加强

一些跨国交通、能源等大型基础设施建设，其经济效益、社会效益明显，又具有十分重要的战略安全意义，需要政府协调国有企业加快推动建设。在投资组合当中，可以适当增加中央政府或沿线地区政府的直接投资，当现行财力有限时应当允许通过发行公债来弥补资金缺口。同时，由于包括政府债务、公司债等基础条件建设滞后，也影响了企业在境内外发行债务的规模和进度，一些重大项目难以获得成本较低的直接融资，只能通过银行贷款、财团过桥等完成融资目标，导致项目资金成本难以控制。需要政府有关部门立足现实需要，着眼长远发展，加大支持力度，强化债务融资配套建设。

4. 综合运用 PPP 等方式推动项目建设，发挥财政资金带动作用还不够

我国企业参与国际项目建设，从最初的设备供货发展到目前的 EP（设计—采购）、EPC（设计—采购—建设）、IPP（独立电站）、BOT（建设—运营—移交）、BOO（建设—拥有—运营）、PPP（公私合营）、并购、融资租赁等多种形式，形成丰富的建设和运营合作模式。在这些模式当中，政府都可以通过税收优惠、财政补助、专项资金支持等方式，促进项目落地建设。相对于传统的 BOT、BT 等模式，PPP 模式能够更好地把沿线国家的中央或地区政府、投资主体、项目施工方等多方利益协调起来，各自尽到自身责任，形成规避风险、共谋发展的合力，强化项目实施和成功运营的保障。目前，财政对于国内实施 PPP 项目支持的政策比较明确，财政支持力度正在逐年加大，对于"一带一路"项目建设也应进一步加大力度。

5. 财政围绕"一带一路"建设支持培养国际型人才还不够

我国企业长期以来更多地立足于国内市场，国际化经营的人才储备不足、经验缺乏。"一带一路"倡议我国为国际社会贡献的第一个全球化发展中国方案，随着相关建设的深入推进，我国企业海外经营人才短缺的问题日益突出。境外经贸合作区建设、国内企业"走出去"涉及各国法律、汇率、财会制度及各种复杂因素，而企业只有拥有完备的市场分析、营销技巧、法律顾问、较强的项目管理能力的团队人才能在错综复杂的国际市场中做出正确的投资决策。我国企业在境外投资、经营合作受阻，其中很重要的原因就是海外经营和管理人才的短缺。例如，中国·印度尼西亚经贸合作区的企业需要熟悉印尼《投资法》《公司法》等相关法律法规，了解印尼风俗习惯，掌握印尼当地方言以及熟悉印尼的企业制度等，这就需要有相关知识和经验的经营和管理人才。但是，印尼属于发展中国家，对高素质人才的吸引

力不够。进入园区的企业更多选择到当地边摸索边学习,在建设过程中培养相应的海外经营人才,导致合作区在建设前期就会碰到很多没办法处理的问题。

(六)产业相关财税政策不配套,企业"走出去"受到诸多牵制

围绕"一带一路"建设有针对性地实施产业政策,主要是通过支持国内相关产业、企业的发展,使中国标准、中国技术、中国产品走向世界,在获得项目建设权、企业盈利的同时,增强我国相关产业在国际上的竞争能力和影响力。企业"走出去"已经超越了传统的资本输出,它既是商品输出、资本输出,也是技术输出、标准输出。在推进"一带一路"建设过程中,涉及各国法律、汇率、财会制度以及技术标准、产品规范等各种复杂因素,虽然已经出台了一些支持特定领域、相关产业发展的财税政策,但总体上这些政策支持仍缺乏针对性,从人才储备、行业标准、技术规范、财税政策等方面统筹考虑还不够。

1. 促进"一带一路"产能合作的体制机制和支持服务体系不健全

在现行的财税政策体系中,涉及"引进来"的政策优惠比较多,而有关"走出去"战略发展的政策支持则比较少,仅涉及不完整的某些方面的政策扶持,特别是缺乏对"走出去"企业在投资方向、产业结构规划等宏观导向性的激励。自提出"一带一路"倡议以来,系统的财政支持政策尚未出台,仅仅还是依靠之前制定的激励政策且并没有直接针对沿线国家的财政激励政策,即大多数政策都对于跨国企业与任何国家交易给予同样的补贴。另外,目前促进跨国产能合作的政策分散且不成体系,政策支持力度严重不足,已有的政策执行效果也较差。特别是涉及国有企业的海外投资管理体制机制一直处于"放"与"管"的摸索之中,至今不清晰、不健全。对外产能合作的信息服务网络、统计监测系统等支持服务体系建设严重滞后,不利于政府对产能合作进行总体部署和调整,难以及时发布风险预警。

从支持产业发展的财政补贴政策执行情况看,存在的主要问题:一是补贴覆盖面过宽,结构不合理。目前,政府每年产业补贴已接近千亿人民币规模,补贴范围覆盖生产、流通、消费各个环节和众多的产业领域。产业补贴覆盖面过宽、规模过大,势必弱化市场在资源配置中的决定性作用,导致政府决策代替市场选择。二是补贴刚性增强,缺乏相应的退出机制。产业补贴作为实现政策目标、调节产业发展的有利杠杆,应根据经济形势变化以及产业发展阶段演进,适时做出调整,从而发挥产业补贴支出的导向性、针对性、灵活性和时效性。然而,由于现行补贴制度不健全,一些补贴支出项目只增不减,部分补贴演变为长期财政支出项目,不论是补贴审批部门还是申报申领对象,对产业补贴产生不同程度的依赖,也易使主管部门与受补对象形成串谋,共同操控财政资源,直接影响财政补贴支出的使用效率和公平性。三是地方性产业补贴不规范。即使深化政绩考核制度改革,在现行中央与地方分税制下,面对财政压力,地方政府仍有追求 GDP 的强烈动机,而产业补贴则成为地方政府招商引资、上项目、发展产业的重要手段。目前,不少地方政府仍大量采用财政直补、税收优惠、融资便利、要素(低价土地等)支持等直接或间接补贴方式,扶持本地产业发展。部分地方性补贴项目不仅背离了国家宏观调控和产业政策的方向,严重影响产业转型升级的总体效果,而且由于地方补贴方式不符合 WTO 规则,成为发达国家反补贴的借口。

2. 财政支持中国标准、技术规范化建设还不够

随着经济全球化的深入发展,跨国合作、全球化经营已经成为常态。谁提供标准、技术和设备,谁就能获得这一领域的主导权。我国企业对国外制度环境、技术标准适应会有一个过程,由于不熟悉国外

商业习惯、法律环境，以及缺乏国际项目经验等，往往发生"合同泡汤"项目落地困难、企业被罚等事件。例如，有些国家尽管土建市场增长迅速，但合同条件不规范，不使用国际上通行的FIDIC条款（《土木工程施工合同条件》），东道国发包企业制定合同随意性大，增加中资企业执行合同的风险。一些国家长期执行欧洲标准，特别是电力、石油炼化、交通运输及其他基础设施建设领域，已经形成固定渠道来源的欧洲技术标准体系和庞大既得利益集团。一些国家电力项目甚至明确规定不能使用中国标准，而是采用日韩或欧美标准。"一带一路"沿线项目建设为我国企业提供了推广应用中国设备、中国产品的良好机会，也是中国标准、中国技术走向世界的契机。国家财政应当提高站位，着眼谋取全球各领域的话语权、主导权的高度，支持中国标准、中国技术规范建设，进一步充实产能合作内容，带动中国铁路、电力、通信等优势行业的相关技术和标准"走出去"，有利于提升中国在全球产业链和价值链中的地位，增强中国产业的软实力。

3. 统筹考虑境外经贸合作区建设仍需要加强

境外经贸合作区是落实"一带一路"倡议、促进国际产能与装备制造合作、支持中国企业"走出去"的有效平台，是和"一带一路"国家共享发展经验的重要名片，是"中国模式"的重要特征，是弘扬我国发展模式、管理理念、文化价值的重要渠道。伴随着"一带一路"建设，目前我国已有70多个境外经贸合作区已经建成或即将建成，且大多数分布在"一带一路"沿线国家；已经建成的园区成功带动了国内纺织、服装、轻工、家电等优势传统行业部分产能向境外转移，开辟了新时期国际经济和贸易合作的新模式，为中国与"一带一路"沿线国家推进产能合作、促进双向投资提供了有效载体。但从财政角度对境外经贸合作区的资金和政策支持仍然不足。

目前，中央财政对境外经贸合作区累计补贴不超过20亿元人民币，带动直接投资约40亿美元，中央财政补贴资金起到了花小钱、办大事的效果。国内园区公共基础设施建设一般是由政府投入，而境外经贸合作区则完全依靠企业先期投入。即使中央财政虽对确认的合作区公共基础设施建设给予30%的补贴，但企业仍面临很大的资金压力，短期内难以形成持续发展的盈利模式。一些境外经贸合作区的建设和运营未签署政府间合作协议，没有形成双方政府框架内的合作机制，因此其投资主体在东道国没有获得应有的法律地位，东道国给予合作区的政策差异较大，优惠政策难以落实，政策稳定性差。

4. 对民营企业的政策支持力度远低于国有企业

一直以来，国内财政产业补贴过度向国有企业倾斜，中小企业获得补贴难度大。虽然近年来，我国各级政府出台了不少扶持中小企业的政策措施，有些扶持政策虽然并未设置高门槛，但仍需要企业自行申报和相关部门推荐，因各地区政策和推荐标准不一致，加之中小企业捕捉利用政策信息的能力不足，结果是扶持政策和产业补贴仍难以普遍惠及中小企业。另外，目前政府各类专项补贴基本上按行业管理，但中小企业大多没有直接的上级主管部门，而行业协会和园区对中小企业的管理和服务也比较松散，且补贴申报时间不统一，致使中小企业申报补贴的成本高、周期长，成功率低，影响其争取政府扶持的积极性。

在推进"一带一路"规划落实的过程中，众多民营企业纷纷参与项目建设、跨国产能合作，而且不少境外经贸合作区实际上是由民营企业作为境内实施主体而运营的。民营企业由于缺乏相关政策的指引，企业"走出去"一直集中在加工制造等初级产品产业，而对高新技术等战略型新兴产业的涉及偏少；集中于消费品，对生产资料的涉及偏少；集中于一般加工项目，对出口主导行业和支柱产业的涉及偏少。即使对三一重工等具有高科技含量的工程企业，缺乏财税优惠的偏向，也仅仅停留在卖产品、赚差价的阶段,与推动中国标准、中国技术走向世界的要求还有很大差距。

五、加强"一带一路"国际财税政策协调建议

"一带一路"倡议提出三年多以来,得到国际社会的高度关注和有关国家的积极响应,六大经济走廊和一系列标志性项目逐步落地,"一带一路"建设取得了举世瞩目的成就。然而,要推进相关领域规划落实和项目建设,开展更深层次的合作交流,依然面临诸多困难和挑战。"一带一路"建设的顺利推进,需要切实加强国际财税政策协调,坚持国际财税政策协调的基本原则,从税收政策、投资政策、融资政策、财政政策、产业政策多个作用渠道入手,加以协调和推进。

加强"一带一路"建设国际财税政策协调,任务艰巨而又十分迫切。关键是处理好沿线地区不同国家、地区之间的利益分配关系,坚持平等协商、互利共赢,促进沿线地区经济社会发展;正确处理政府与市场的关系,做到政府引导、市场主导,发挥好市场在资源配置中的决定性作用和政府的调节、推动作用;明确财税政策的职能定位和作用边界,促进平等竞争、规范发展,在充分发挥财税政策作用的同时,有效防范财政风险;加强与"一带一路"建设各层级规划的衔接,加强财税政策统筹,区分各类项目的不同性质,坚持统筹规划、分类施策,切实发挥好财政在"一带一路"建设中的基础和重要支柱作用。

(1)平等协商、互利共赢。沿线国家不论大小互相尊重,平等进行沟通协商。在规划落实、项目建设等具体推进过程中,相关国家的资源禀赋、动员能力不同,可以依据市场原则和商业规则进行洽商,

通过订立契约找到互利共赢的合作模式。既要防止大国沙文主义、地区霸权主义，强行落实个别国家意愿，侵蚀他国利益，带来地区安全隐患。又要防止个别国家过度打"情感牌"或从中要挟，违反商业规则行事，给项目建设和后期运营增加不确定性。

（2）政府引导，市场主导。发挥市场的决定性作用，充分调动企业的积极性。政府要转变职能，以提供公共服务为主，防止政府过多干预市场、直接干市场能够做的事。特别是国内沿线地方政府往往具有直接干预经济、扩大投资、拉动经济发展的冲动。如果地方政府不明确自身功能定位，仍以直接投资或者对投资承担连带责任为主，这可能会继续增加地方财政风险。因此，在推动"一带一路"建设的过程中，财税部门应做好自身定位，配合国家战略的实施，扮演好基础和重要支柱的角色。通过规范、有效的支持和引导，调动政府、市场、社会等各方力量。市场和社会不愿意做或做不好的，才是财税要做的事。而在市场和社会力量作用发挥过程中，财税就认真扮演好引导和促进的角色。

（3）公平竞争，规范发展。一方面，大力推进国内税制改革，完善税收制度，并加大清理规范税收等优惠政策的力度，着力实现税收负担的公平，并促进统一市场的形成。深化财政转移支付管理改革，增加一般性转移支付比重，减少和压缩专项转移支付，促进平衡各地基本公共服务差距，创造平等竞争的良好投资环境。另一方面，加强区域规划、专项规划、部门规划与财政规划协调，做好国家层面、地区层面、部门层面的财政中期规划，与跨年度预算平衡机制相衔接，从而增强预见性，更好地统筹安排预算，降低和防范"一带一路"建设实施中的财政风险。

（4）统筹规划、分类施策。根据"一带一路"建设的实际需要，结合政府职能调整，加强总体规划和政策统筹，区分不同的规划阶段，分区域、分层次推进，相应实行不同的支持政策，避免一哄而上。在具体的财税政策工具使用方面，应考虑财税政策工具的匹配性，统筹财政支出、税收优惠等支持方式，并使财政金融政策相配合。如"一带一路"建设规划设计、实施方案制定、实施方案选择等方面，由于其本身具有公共产品的性质，经济社会效应的外溢性大，财政要完全给予支持。而对于建设实施中有关的重大基础设施投资、节点制约性强的项目投资所需资金，可以尝试发行特种长期建设国债的方式筹集。对于商业性金融机构不愿进入的投资领域，政府可适当借助政策性银行的作用，通过给予银行财政贴息等支持。

在遵循国际财税政策协调基本原则的基础上，国际财税政策的协调应致力于：从总体上加强我国与沿线各国经贸的谈判，创造良好的合作环境；通过税收政策的国际协调，助力我国企业"走出去"和国外企业"引进来"；通过投资政策的国际协调，消除国与国之间的投资壁垒，拓展投资领域；通过融资政策的国际协调，为"一带一路"建设提供有力支撑；通过财政政策的国际协调，提高财政统筹力度；通过产业政策的国际协调，加强与沿线各国的产业合作。

（一）积极推进沿线国家经贸谈判

"一带一路"倡议提出以来，中国积极参与多、双边贸易安排，FTA（自由贸易协定）谈判取得很大进展（见表4），但是在新一轮贸易保护主义回潮的国际背景下，随着合作的不断推进，也开始触及一些国家和地区由既得利益集团所造成的障碍，暴露出一些问题，例如，合作不够深入，仅有五个"一带一路"沿线经济体与我国签订了自贸协定；合作开展不够广泛，目前已有经贸谈判对象多集中在我国周边地区，尚未辐射到中亚、中东欧等地。因此，还需要有针对性的加强与沿线国家经贸谈判，特别是发挥财税领域谈判的重要抓手作用，有效撬动谈判进程。

表4　　中国与"一带一路"沿线经济体FTA进展

已经签署协定的FTA		
序号	名称	进展
1	中国—东盟FTA	双方于2002年11月签署《中国—东盟全面经济合作框架协议》,同年开始实施早起计划,2010年全面建成。
2	中国—东盟("10+1"升级)	双方于2015年11月结束谈判并签署《关于修订〈中国—东盟全面经济合作框架协议〉及项下部分协议的议定书》。
3	中国—新加坡FTA	双方于2006年10月启动FTA谈判,2009年10月签署《中国和新加坡自由贸易协定》。
4	中国—巴基斯坦FTA	双方于2005年8月启动FTA谈判,于2006年11月签订《中国—巴基斯坦自由贸易协定》。
5	中国—韩国FTA	双方于2012年5月正式启动自贸区谈判,于2015年6月正式签订《中国和韩国自由贸易协定》,同年12月正式实施。
正在谈判及谈判刚完成的FTA		
1	中日韩FTA	三国已举行了10多轮谈判。
2	RCEP	2017年5月《区域全面经济伙伴关系协定》(RCEP)进行第18轮谈判,取得积极进展。
3	中国—海合会FTA	推进双方第二阶段谈判。
4	中国—斯里兰卡FTA	双方已经举行第二阶段谈判。
5	中国—马尔代夫FTA	双方已经举行第三阶段谈判。
6	中国—格鲁吉亚FTA	2016年10月签署《关于实质性结束中国—格鲁吉亚自由贸易协定谈判的谅解备忘录》。

续表

	正在谈判及谈判刚完成的 FTA	
7	中国—巴基斯坦 FTA	推进双方第二阶段谈判。
8	中国—以色列 FTA	推进双方第二阶段谈判。
	可行性研究阶段的 FTA	
1	中国—尼泊尔 FTA	双方正式启动双边自贸区联合可行性研究。
2	中国—孟加拉国 FTA	双方正式启动双边自贸区联合可行性研究。
3	中国—摩尔多瓦 FTA	双方正式启动双边自贸区联合可行性研究。
4	中国—斐济 FTA	双方举行自贸协定联合可研第二次工作组会议。
5	中国—印度 FTA	双方完成自贸区可行性研究。

1. 以财税政策协调为突破口，破解谈判核心障碍

与"一带一路"沿线国家进行经贸谈判中所面临的困难是多重的：一方面，贸易、投资全球化是一种"非中性"的进程，在让一部分国家和人群受益的同时，也会使另一部分国家和人群的利益难以避免地受到损害。这些受损的既得利益集团的阻挠是经贸谈判中的关键性障碍之一；另一方面，部分沿线国家比较优势未能得到充分开发，造成贸易能力不足，产生保护主义情绪。

针对这类问题，不能简单地就贸易谈贸易，就投资谈投资，而要通过财税政策统筹协调，平衡对外开放带来的短期损害，加快长期收益的实现，使更多人群从中获益。例如，各国政府可协调设立包括失业下岗人群的再就业培训在内的配套保障机制来弥补对外开放中利益受损人群的损失；在开放贸易的同时，附加相应投资基础设施、设立合资企业及经贸区等条件，增强落后国家自身的贸易"造血"能力，使其在未来发展中逐渐减少或消除贸易赤字等。

2. 更紧密地围绕服务于"一带一路"建设开展与沿线国家的经贸谈判

一方面，要按照"一带一路"建设需要重新考虑谈判条件，加大相关领域谈判力度；另一方面，要建立渠道、机制使推进"一带一路"建设中遇到的问题、阻碍能够及时反馈，纳入相关经贸谈判加以解决。在谈判中，要统筹考虑投资、服务贸易、技术和知识产权保护等领域，综合提出财税对策方案，并形成有制约力的应对策略，适时在谈判桌上打出，通过财税政策手段促进投资、经贸合作稳步发展；要合理制定出价清单，掌握谈判主导权，把握出价要价节奏。

3. 加强区域性经贸协调，积极探索多种投资贸易促进模式

抓住美国退出TPP、打压贸易伙伴的时机，积极推进我国与其他国家间的双边、多边自由贸易谈判，更加积极地引导、参与经济全球化和区域经济一体化进程，尽快完成区域全面经济伙伴关系协定（RCEP）谈判，努力推动亚太自由贸易区（FTAAP）谈判，加快与海合会、以色列、斯里兰卡等国家和地区自贸谈判进程，推动升级现有自贸区协议，争取在21世纪的贸易标准制定上占得先机，以减少"一带一路"经贸合作深入推进的阻力。对尚不具备条件开展自贸谈判的国家和地区，要探索多种投资贸易促进模式，打牢经贸合作基础，为进一步深化合作创造条件。例如，签署贸易、投资保护协定；完善投资保险制度；共建经贸产业合作区；举办多种进出口博览会，为各国开展贸易、推动全球贸易增长搭建多边公共平台；提供研修和培训名额，派遣经贸专家等。

（二）主动参与税收国际协调

出口退税政策、增值税抵扣政策、关税减免政策等税收政策，是直接影响我国企业"走出去"和国外企业"引进来"的重要因素。与

此同时，税收征管及服务水平、国际税收争端的解决机制等问题，也在很大程度上影响着贸易往来程度。通过国际的税收协调，将减少国家与地区之间不必要的摩擦和损耗，为"一带一路"战略的实施提供有力的保障，为战略的顺利实施营造良好的环境。

1. 积极参与"一带一路"税收规则顶层设计，增强我国国际税收话语权

首先，积极参与国际税收领域各项对话与协调，从国际税收规则适应者、追随者转变为参与者、引领者，例如在BEPS行动计划研究、金融账户涉税信息自动交换相关标准制定、《多边税收征管互助公约》执行等方面，适时提出符合大多数沿线国家利益的税收原则，扩大我国理念在全球的影响与实施。再者，通过顶层设计国际税收协调规则，推进"一带一路"的建设。沿线国家之间在国际税收协调与合作规则方面达成共识存在巨大困难，我国有必要结合"一带一路"战略规划，借鉴OECD关于BEPS行动计划的最新成果，顶层设计"一带一路"国际税收协调与合作的基本规则。规则应包括："一带一路"区域内未来所得税和增值税利益的协调分配原则；"一带一路"区域内的国际税收征管合作原则；"一带一路"区域内的涉税争议协商原则；针对特殊合作形式的税收协调原则等内容。

2. 主动适应"一带一路"建设要求，加快完善我国国内税收制度

与时俱进地完善所得税抵免制度，灵活选择抵免办法，适度放宽对境外所得抵免的要求。完善对外投资企业亏损结转和追补机制，根据不同产品、不同出口国家设置合理的出口退税率、严格出口退税审查批准程序。考虑到我国企业所得税税率高于沿线大多数国家，建议在特定行业试点实施支持吸引外资的税收政策，在短期内可采用减免税等直接激励方式，在中长期内侧重于间接激励税收政策，并逐步减轻企业对税收优惠政策的依赖性。与此同时，税务机关应当致力于优

化纳税程序、提高纳税服务水平、完善征管制度、培养专业的涉外税务人才、满足"一带一路"中"走出去"和"引进来"企业的相关诉求、完善风险防控体系。

3. 探索构建区域税收协调机制，与相关国家尽快签订或升级税收协定

加大税收协定的覆盖范围，尽快推进与未签订税收协定国家开展避免双重征税和偷漏税方面的协定谈签，力争税收协定覆盖所有"一带一路"相关国家。对于已经签订的国家，要进一步完善协定的条款，修订不合理的协定内容，例如税种范围、转让定价内容、非歧视待遇、双边磋商机制等等，支持境内企业"走出去"，增强境内企业到"一带一路"沿线国家投资经营的税收确定性、可预期性，消除双重征税，为"一带一路"战略进行税收上的保驾护航。加快与"一带一路"沿线国家谈签税收情报交换协定。借助这些协定条款与相关国家进行反避税合作，共享税收情报。与此同时，与时俱进地安排税收饶让条款，维护"走出去"企业的正当权益，给予其税收激励。充分发挥边境经济合作区、跨境经济合作区在"一带一路"战略中的地理优势，需要明确相应的跨境税收协调原则，探索构建区域税收协调机制。在"一带一路"建设中，借助联合国、OECD等国际组织、亚投行等国际金融机构、东盟等区域组织，适时建立国际税收协调专门机构，通过开展域内税收培训，举办专业论坛、互派税务人员交流研讨等方式，加深与沿线国家税收领域的交流协作。此外，要注重与沿线国家携手落实各项税收行动计划，通过搭建合作平台，持续交流反避税等工作新动向，创新税收工作手段，整体提升沿线国家税收工作水平，建立起公平公正的国际税收新秩序。按照先易后难、循序渐进的原则，适时建立区域税收安排。先启动反避税、税收情报交换等专项领域税收协定，再逐渐发展到综合性的区域税收协定，以应对战略的长期性以及

沿线国家的差异性、多样性。

(三) 进一步加强投资政策协调

对外投资合作不仅涉及投资，也涉及重大经济外交战略布局、国家产业转型升级、国家间开放协议的履行以及一大批跨国公司的培育等。因此，消除国与国之间的投资壁垒、拓展投资领域、保护海外商业利益意义重大。我国应致力于加快投资便利化进程、运用财税手段加强海外保护、并推动尽快出台境外投资条例。

1. 推动加快投资便利化进程

发挥"一带一路"建设倡议国的作用，推动沿线国家签订多边投资协定，并建立定期协商机制，帮助各国政府协调投资政策，完善法律框架，解决跨境争端；同时，定期举办部长级会议，邀请财税、金融部门代表参会，共同解决投资难题。加强与有关国家双边投资保护协定、避免双重征税协定磋商，积极争取扩大沿线各国投资准入范围，在有条件的地区要建立彼此具有国民待遇的经贸投资关系，争取实现准入前国民待遇和负面清单管理模式，消除投资壁垒，保护投资者的合法权益。协调解决工作签证、投资环境、优惠政策等问题。加大投资担保财政支持力度，助推拓展投资领域。

2. 运用财税手段加强海外的投资权益保护

建立保护投资安全和应对危机的合作机制。推动在农林牧渔业及生产加工等领域深度合作。加大传统能源资源勘探开发合作，积极推动水电、核电、风电、太阳能等清洁可再生能源合作，推进能源资源就地就近加工转化合作，形成能源资源合作上下游一体化产业链。加强能源资源深加工技术、装备与工程服务合作。促进新一代信息技术、生物、新能源、新材料等新兴产业领域深入合作，推动建立创业投资合作机制。

3. 协调完善支持对外投资企业的税收政策

"一带一路"沿线国家在经济社会、税收制度等方面的差异，尤其是税负水平方面的差异，为构建我国多元化外向型经济格局提供了现实条件。建议从税收征管和国内税法的角度出发，结合"一带一路"的发展规划，加强税收征管服务工作，充分发挥税收的杠杆作用，调节资本、人才的跨境流动。一是在双边税收协定中的常设机构条款、股息、利息、双边税收协定中的常设机构条款，股息、利息、特许权使用费的限定利率，税收饶让条款等，已为企业避免双重征税提供了有效保障。税务部门加强对对外投资企业的税收协定政策宣传，帮助企业有效利用现有税收协定优惠。二是加强对对外投资企业的税收征管和服务工作，既包括涉税信息的管理，也包括帮助协调企业在境外所面临的税务争议。三是对于我国企业到税收透明度低、名义税率低但非税负担高的国家进行投资经营的情形，建议税务部门在为企业计算境外税收抵免时，可以适当考虑对凭证确凿的非税负担进行一定比例的税收抵免。

4. 推动尽快出台境外投资条例

推动制定我国境外投资条例，将境外投资条例将从国家战略层面对我国境外投资做出顶层设计，明确境外投资的内涵和外延，以及鼓励和禁止的方向。境外投资领域国家级法规的推出有助于抓住机遇，应对挑战。扩大投资保险覆盖范围，对风险可控的项目应保尽保。大力推动尽快出台境外投资条例，以推动海外投资的长期健康发展。

5. 试点吸引外来投资的税收政策

考虑到我国企业所得税税率高于沿线大多数国家（尤其是"一带"沿线国家），吸引这些低税率国家到我国特定行业进行投资经营，可能会存在一些困难。建议在特定行业试点实施支持吸引外资的税收政策，在短期内可采用减免税等直接激励方式，在中长期内侧重于间接激励税收政策,并逐步减轻企业对税收优惠政策的依赖性。尤其是对与我国有税收协定饶让条款的国家,上述税收优惠政策将会对这些国家的企业凸显出较强的吸引力。

(四) 加大融资政策支持力度

融资瓶颈是实现互联互通的突出挑战,资金融通是"一带一路"建设的重要支撑,要研究出台相关财税政策,加大融资支持力度。推动沿线各国在防范重大风险、货币价格稳定、投融资平台和信用评级等方面开展务实有效合作,多渠道满足建设资金需求(见表5)。

表5　　　　支持"一带一路"建设的融资机构分类

融资机构类别	代表性机构
国内商业银行	中国银行、中国工商银行、中国建设银行、中国农业银行、交通银行、储蓄银行等
国内政策性金融机构	中国进出口银行、国家开发银行、中国出口信用保险公司等
股权投资基金	丝路基金、中非发展基金、中国—东盟投资合作基金、中拉基金、中阿基金等
我国主导的国际金融机构	亚投行、金砖国家新开发银行等
传统国际金融机构	世界银行、亚洲开发银行、欧洲复兴开发银行等
其他融资机构	中国国际金融股份有限公司等

1. 鼓励国内商业金融机构创新融资支持方式

大力促进资本市场发展,创新融资工具,发挥保险公司、信用担保机构等在促进融资方式的作用。财政相关部门可以通过给予优惠补贴、窗口指导等方式,引导和鼓励商业性金融机构创新对"走出去"企业的融资支持。支持"走出去"企业以境外资产和股权、矿权等权益为抵押获取贷款,提高企业融资能力。支持商业银行改进信贷管理政策和流程，向企业提供一揽子综合性金融服务，通过银团贷款、出口信贷、项目融资等方式，扩大贷款规模。研究通过扩大直接融资、开展 PPP 合作等模式，鼓励和引导各类社会资本特别是中长期资金，参与"一带一路"重点项目建设。支持"多行一保"联合打造成本低、服务好的海外项目融资模式，通过利率优惠，缩短授信时间等措施，支持海外并购，推进海外 PPP 项目。

2. 发挥财政引导作用，突出政策性融资支持

加大财政资金的支持力度，引导中国进出口银行、国家开发银行、中国出口信用保险公司等政策性金融机构进行融资支持。支持扩大中国援外优惠贷款和优惠出口买方信贷"两优"贷款规模和使用范围，充分运用抵押补充贷款（PSL）、出口卖方信贷等政策性工具促进企业进出口贸易、海外并购、对外承包工程等。引导政策性保险机构在项目推进中起到风险保障作用和投融资桥梁作用，建立出口信用保险支持大型成套设备出口的长期制度性安排，对风险可控的项目应保尽保，扩大保险覆盖面，促进大型成套设备出口，带动优势产能"走出去"，搭建国际产能和装备制造合作的海外投资风险保障平台。

3. 充分利用国际金融机构和主权投资基金的长期资金支持

广泛动员资源参与"一带一路"建设，充分发挥世界银行等多边开发银行的资金和知识优势，积极争取世界银行、亚洲开发银行、欧洲复兴开发银行等国际金融组织贷款以及"两优"贷款，充分利用丝路基金、中非基金、东盟基金、中拉基金、中阿基金等股权投资基金。充分发挥亚投行、金砖国家新开发银行的作用，积极支持"一带一路"沿线省份推出地方版丝路基金，支持国际产能合作、跨境工程建设等重点项目。例如，福州市政府和国开行福建分行、中非发展基金携手合作，推动设立预计总规模 100 亿元人民币的基金，通过市场化运作，积极参与"21 世纪海上丝绸之路"建设。广东省政府正酝酿设立"21

世纪海上丝绸之路建设基金"。支持发展股权融资，发挥主体基金、养老金等长期资金的作用。

4. 支持引导"走出去"企业境外发行债券

通过给予财政税收优惠等方式，发挥财政引导作用，支持和鼓励符合条件的企业和金融机构利用境内外市场发行债券、资产证券化产品。发挥香港、上海等地的人才、机构和项目管理经验方面的优势，支持证券、期货经营等中介机构为企业在境外发行债券、上市、并购重组等提供服务。

（五）统筹运用好财政支持政策

为促进"一带一路"倡议顺利落实所推进的各领域支持、引导政策都离不开财政提供保障。财政对"一带一路"建设重点领域的资金支持作用主要体现在作为进行投资、贷款的国有企业、政策性金融机构、国际机构等的最终出资人；各类税收优惠及财政补贴；政府提供的信用担保以及其他隐性保证等方面。但是，一方面"一带一路"建设中作为重点的基础设施的建设一般周期长，资本流动缓慢，投资风险较大，沿线许多发展中国家信用不佳，贷款偿还能力有限，地区局势不稳定，法制不健全，投资环境恶劣；另一方面，"一带一路"建设参与主体复杂，利益相互交错，某些甚至抱有"吃大户"的机会主义心理，合作形式多样，风险传导过程、风险管理模式各不相同，在现行机制下财政往往无法直接参与风险控制，刚性约束不足。

1. 立足于防范财政风险加强财政政策统筹规划

要做好总量统筹，做到心中有数。"一带一路"倡议作为一项具有深远意义的构想，在今后很长一段时间都将在我国经济建设中扮演重要角色，是否可设立专门机构深入分析政府相关经济活动及政策在"一带一路"建设过程中可能存在的财政风险点，有针对性地提出风险控制意见,并从防范财政风险的角度对这些活动进行统一筹划,长期监测。尤其对地方政府在财力有限而又具有较高参与热情的情况下所作出的政策承诺,以及我国在沿线进行国家贸易、投资活动中产生的或有、隐性债务要有充分估计。要建立政策退出及风险止损机制,对于已经实现盈利不需补贴的项目要及时有序退出,将资源投入到更需要的地方去;对盈利无望,其他社会效应又不突出的项目要及时止损,防止出现"僵尸项目"。

2. 加强各个层面的财政政策协调配合促进形成整体合力

一是应当加强内部协调,协调好中央与地方支持政策,对中央与地方以及国内不同部门推出的政策便利、专项资金、投资基金等支持手段进行统一规划使之形成共同促进"一带一路"建设的合力,可先在宏观上综合制定全局性的财政支持"一带一路"总体计划以及实施时间表,为政策协调提供统一框架。二是对跨国项目要积极与合作国进行政策沟通,加快其建设进度,防止出现因项目国外段进展缓慢而造成资金、设施闲置,降低项目整体效果以及资源利用效率。三是要建立政府、企业、项目主体沟通机制,使企业诉求及政策实施效果等信息能得到及时传递,提升政策科学性和时效性,充分发挥行业协会等现有沟通渠道作用,在次平台上举办更多对话、沟通活动;有针对性地拓展沟通渠道,加强网上信息发布、定期开展赴企业调研、建立重大政策事先征询企业意见制度。

专栏1

山西省财政积极支持"一带一路"建设

2016 年,山西省财政按照《山西省人民政府关于印发山西省参与建设丝绸之路经济带和 21 世纪海上丝绸之路实施方案的通知》(晋政发〔2015〕43 号)要求,拨付资金 1.04 亿元用于支持"一带一路"

建设。

一是将太原市武宿综合保税区跨境电子商务平台建设省级补助纳入 2017 年省经信委统筹使用的信息化建设资金中予以支持。

二是支持中国（太原）国际能源产业博览会和太原能源低碳发展论坛经费 1 721 万元。

三是支持 2016 年山西品牌丝路行活动经费 3 867 万元，并对 2015 年山西品牌丝路行意大利、泰国站团体项目、吉尔吉斯斯坦、莫斯科、匈牙利站等活动经费予以补助，鼓励企业开拓外贸市场。

四是中国出口信用保险公司山西分公司拨付两批出口信用保险发展专项资金 4 760 万元，用于该省一般企业 2015 年下半年投保保费补助和融资贴息和 2016 年度全省小微企业统保出口信用保险补助，有效防范"一带一路"出口企业风险。

五是积极协调省教育厅为全省 6 所高校安排了"来晋留学政府奖学金" 100 万元，增强了来晋留学吸引力，推动"一带一路"沿线国家的交流与合作。

3. 综合运用多种财政政策手段促进提高政策实际效果

围绕"一带一路"项目建设的实际需要，积极创新财政支持方式。其一，可倡导政府投资与社会投资相互融合。PPP 模式不仅有助于减轻财政压力，发挥财政支出杠杆效应，弥补资金不足，其意义更在于提升公共产品的管理效率和资本的配置效率。从内部情况看，国内亟须通过资本输出带动产能输出，开辟新的出口市场，而沿线一些发展中国家希望与我国在基础设施建设、交通、信息通信技术和能源等领域开展合作，PPP 模式也可以为未来产能合作创造新机遇。其二，可以鼓励有关地方政府视需要设立"一带一路"基础设施引导基金，发挥财政资金的风险补偿、政策导向和资金引领作用，引导社会资金广泛参与。其三，创新政府购买服务政策，目前普遍对政府购买的认识仅局限在购买商品、劳务和进行公共设施的建设，尚有进一步创新的空间。例如，"一带一路"沿线铁路、公路、通信设施投资需求旺盛，而这些项目前期规划需要耗费大量的资金和劳动力，企业可能因前期投入过大，风险过高而降低参与意愿，这时若政府运用财政资金以政府购买服务的形式完成这一部分工作，就能有力推动整个项目的顺利落实。其四，我国目前实施的材质补贴主要是以转移支付的形式进行的直接补贴，杠杆作用不够明显，资金使用效率较低。应该借鉴发达国家的成功经验，增加间接补贴机制，例如用满足特定条件发放奖励的形式进行补贴等，更有针对性地促进"一带一路"建设。

最后，还要注意财政政策与其他政策工具间的相互配合。充分发挥制度创新的作用，从财政、税收、金融、贸易、产业等多个方面同时发力有效衔接，充分调动社会资本的积极性，各国通力协作，立足增强沿线各国市场活力，培育自身发展动力。例如，目前在支持我国中小微企业利用好"一带一路"机遇实现"走出去"上的部分成功经验就说明了这一点。一些地方政府为缓解这部分企业有单不敢接、不愿接的后顾之忧，除了提高针对小微企业的信保费资助比例外，还联合中国出口信用保险公司，推出海外投资企业与国际投行、国际律师事务所、国际会计师事务所和国有政策性保险公司的"1+4"团队风险防控模式，为其"走出去"保驾护航；另一些地方则充分对接区域政策立足作为"一带一路"节点城市的优势，制定扶持政策鼓励小微企业"抱团出海"；还有一些地区则积极提升服务能力，提供各种通关和检验检疫便利等等。

（六）有效发挥产业政策的推动作用

在"一带一路"的建设过程中，企业的投资、创新、战略布局必不可少，与此同时，也需要有政府积极作为，特别是充分发挥财税手段的杠杆作用，帮助企业解决其自身所难于克服的外部性和相应的协调问题。要加强财税政策的导向性，充分发挥财税政策在"一带一路"产业发展中的推动作用。

首先，要明确重点扶持的对象。中小微企业在保障就业、自主创新等方面具有独特优势，是市场中最活跃的力量。同时，这些企业走出去参与"一带一路"建设也面临着资金短缺、风险抵御能力差、缺少专业人才支持等困难。因此应当将其作为"一带一路"建设中的重点扶持对象，对符合条件的企业在沿线国家投资设厂、高新技术研发、新产品展销等活动给予资金支持或费用补贴。

其次，要突出重点扶持的产业，大力支持国际产能合作。由于"一带一路"国家基础设施建设比较落后，因此，为了扶持建筑行业、通信设施行业的企业积极进行沿线国家的投资，应当对其设置专门的扶持基金，并且对其融资的成本进行适当补贴，如贷款贴息等。与此同时，纵观我国对外投资总额构成产业中，第三产业占比最多，尤其是对亚洲国家的投资，服务行业是主力军，因此，我国也要对服务行业，如对外设计咨询、专利申请、工程承包等行业进行重点扶持。应当对相关产业的优势富余产能转移项目和企业通过海外并购引进先进装备、技术等给予贷款贴息补贴，对重大项目前期工作和海外投资险、中长期出口信用保险等政策性保险保费等给予补贴。通过设立国际产能合作基金等方式，支持相关重大项目建设。

最后，要突出重点扶持的区域，形成优势产业集群。为了显示出财政政策对"一带一路"建设的支持，鼓励企业加快进入沿线的发展中国家进行贸易和投资，除了对他们的费用进行补贴外，还可以设立基金对这些企业按照项目的规模进行一定数量资金的奖励。鼓励支持有条件的龙头企业在境外牵头建设经贸合作园区。支持建立国际产能合作企业联盟，推动企业"抱团出海"，鼓励上下游产业集聚发展和产业链出海,提高国际市场的话语权和竞争力。

专栏 2

安徽省利用专项资金大力支持企业参与"一带一路"建设

安徽省安排专项资金支持企业走出去参与"一带一路"建设,对企业开展国际产能和装备制造合作,以及对"一带一路"沿线国家实体经济投资的项目,当年累计实际对外投资 1 000 万美元以上,按照投资额给予不超过 6% 的补助,单个项目一个年度最高补助不超过 300 万元。企业在境外从事生产加工、矿产资源开发、农业合作、技术研发、文化产业等实体经济投资,当年累计投资 100 万美元以上的项目,按投资额给予不超过 3% 的补助,单个项目一个年度最高补助不超过 100 万元。在境外设立技术研发机构,在境外获得专利技术,其专利技术注册费按最高不超过实际发生费用的 50% 给予补助。

该省还出台了《开放发展行动实施方案》,加快推进境外合作园区建设,促进投资项目向奇瑞巴西合作区、省农垦津巴布韦合作区、省外经建莫桑比克贝拉合作区等省级境外经贸合作区聚集,以完善园区产业链为目标,搭建与合作园区产业互补的招商对接平台。对境外经贸合作区建设企业从境内银行取得用于境外经贸合作区项目建设一年以上的单笔贷款,发生的利息最高给予不超过 50% 的贴息,一个年度最高贴息不超过 500 万元。当年与境外企业新签合同额 1 000 万美元以上的承包工程项目,给予合同额 2‰ 的前期费用补助;设计咨询项目合同额在 50 万美元以上的,给予合同额 2% 的前期费用补助。其中,"一带一路"沿线国家和建营一体化项目最高补助不超过 120 万元,其他项目最高补助不超过 80 万元;与国内企业签约的项目按境外企业签约项目补助标准的 50% 执行,单个项目最高补助不超过 50 万元。

六、推进"一带一路"建设的其他配套政策措施

"一带一路"倡议作为一项开放式的合作构想，将欧亚非大陆及附近海洋连接起来，涉及沿线60多个国家和地区，力图形成区域合作发展新格局。由于"一带一路"沿线各个国家和地区在法律环境、社会制度、宗教信仰、文化背景等方面都不尽相同，且大多属于发展中国家，一些地方政治、安全形势依然严峻，因此在落实"一带一路"倡议所提出各项内容的过程中仍面临着多种问题、多重挑战，需要多措并举加以化解。协调"一带一路"国际财税政策，保障"一带一路"建设有序推进离不开其他领域政策的配合。

（一）加强国际国内法律保障

"一带一路"涉及的国家与地区众多，各国国情差异巨大，对外开放程度、法治状况和市场化水平迥异。沿线部分国家政策朝令夕改，缺乏连续性，腐败问题严重，行政司法部门办事效率低下，导致一些项目搁浅；许多国家不是世界贸易组织成员方，一些国家不是《纽约公约》缔约国，一旦发生贸易纠纷或难以妥善解决。因此，为保证"一带一路"倡议顺利落实，必须有针对性地加强法律保障，从构建相关法律体系、提升法律服务水平两个方面入手，在国际合作和各国国内两个范围分别发力，为"一带一路"建设各参与主体营造规范、高效、透明的制度环境。具体提出以下政策建议：

第一，加强沟通与合作，实现沿线国家法制协同。积极构建多层次政府间宏观政策沟通交流机制，深化利益融合，协商解决在争端解决、法律适用等方面遇到的问题，可从一国一议，一事一议出发，逐

步使相关共识制度化、法律化，使之成为"一带一路"建设区域内的合作范式并加以推广，扫清因沿线国家法制不统一的法律障碍，使投资、贸易活动有法可依。

第二，以投资、贸易便利化为核心，积极与投资所在国、贸易伙伴国签订投资、贸易协定；梳理中国与相关国家以及地区内现有双边、多边投资、贸易协定，增加新内容、新举措，加以完善，使之更贴合"一带一路"的建设需要。更加重视参与包括《多边投资担保机构公约》（MIGA）在内的多边投资合作机制和争端解决机制的建设，使之更好地服务于"一带一路"建设；更加重视打通国际贸易中货物通关、检验检疫、质量标准、电子商务规则等与货物和服务流通相关的法律以及行业标准问题；更加重视知识产权保护，在相关领域推行更高标准。

第三，积极参与国际规则制定，逐步构建一个以国际贸易规则、投资规则和争端解决规则为核心的国际条约体系；探索建立以"一带一路"沿线国家为成员的条约化国际组织，以国际法的形式规定相关的权利与义务关系，形成一个共同交流、协调与争议解决的有效国际法平台和机制。

专栏3

中国方案成为国际跨境电子商务交易网上争议解决的国际规范

近年来，我国与包括"一带一路"国家在内的世界各国的跨境电子商务发展势头迅猛，但与之形成鲜明对照的是，我国与各国民商事纠纷解决的渠道尚不够畅通。此外，传统司法解决方法也难以适应跨境电子商务纠纷解决的需要。所以运用在线纠纷解决方式（online dispute resolution，简称ODR）制定相关国际标准变得紧迫而有现实意义。

20世纪90年代，ODR诞生于美国，一经诞生即由于其便利性和经济性受到广泛欢迎。2000年6月，联合国国际贸易法委员会（以下简称为UNCITRAL）第三十三届会议曾对将网上纠纷解决列入其今后工作方案的建议初步交换了看法。在之后的近十年时间内，委员会会议多次涉及网上纠纷解决机制这一议题。2010年6月，UNCITRAL第四十三届会议决定，设立一个工作组专门负责跨境电子商务交易（包括B2B和B2C交易）网上纠纷解决的国际立法工作。这一任务后来安排给了UNCITRAL的第三工作组。

在2016年2月召开的联合国国际贸易法委员会第三工作组第三十三次会议上，最终审议通过了由我国政府代表团提交的，由我国法律专家起草的《有关跨境电子商务ODR文件的建议及提案》，使之成为解决跨境电子商务纠纷线上解决的国际法律规范。

第四，提升法律服务能力。有机整合各部门、驻外机构和行业协会，形成一个系统性的海外利益保护法律服务框架。一是探索建立"一带一路"投资贸易法律保障的专门机构，对相关投资贸易活动提供规划咨询、指导服务、跟踪保障；二是成立"一带一路"法律研究中心等智库机构，加强对相关国际法律制度的研究，抓紧培养和打造一批精通国际商务规则、惯例的复合型人才，为众多"一带一路"建设项目保健护航。三是在司法部门中设立专门机构，加强与"一带一路"沿线国家和地区法律政策的有效对接，加强国际司法协同。四是政府相关部门应定期编制"一带一路"投资贸易国别指导目录、发布国家法律、法治风险报告，指导人们合理规避风险，科学开展海外投资贸易活动。

第五，增强"走出去"企业法治意识，强调契约精神。首先，国内投资者、合作者在经济活动中必须遵循诚信原则，依据国际惯例和有关法律行事，严格按照协议合同落实有关项目建设，不能利用形势变化和优势地位肆意改变条款，谋取不符合市场原则的利益。其次，在与沿线国家合作时，要注意防止过度打"感情牌"，出让我合法权益,在资金融通、利益分配等方面过度让利,给随后的项目合作带来连锁反应,认为我国为了落实"一带一路"规划、主导合作进程而有求于人,"花钱买吆喝"。最后,对于沿线国家或地区违反市场规律、国际惯例和适用法律的行为,要严格按照有关规定追究责任、维护自身正当利益。

(二) 有效管控区域安全风险

"一带一路"建设所面临的诸多挑战与风险还体现在地缘政治与安全方面。沿线地区历来是大国必争之地,地缘大国制衡是"一带一路"建设难以逾越的问题;各国国内政局复杂,双边、多边关系矛盾重重,社会动荡、武装冲突频发;以恐怖主义为核心的地区"三股势力"威胁严重影响地区安全;自然环境恶劣、灾害多发,生态安全形势严峻等等,这些问题如果不能得到妥善应对将会严重阻碍"一带一路"倡议的推进与实施。所以,我们认为积极协调"一带一路"财税政策的同时,还需要有效管控沿线地区政治、安全风险。

(1) 制定有区别的国别战略,主动规避政治、安全风险。"一带一路"沿线国家情况复杂,应当在统一的战略框架下,针对各国制定有区别的政策。

首先,要谨慎处理与周边大国的关系。处理好与周边大国的关系,关乎"一带一路"倡议能否顺利落实。必须承认"一带一路"倡议的提出与推进增加了中国的地区影响,这是其他域内大国所不愿意看到的。从中美视角看,美国推动"亚太再平衡"战略,不断强化其在亚太的军事存在,利用中国周边海洋领土争端,扶持盟友实施离岸战略"以邻制华"。从中俄视角看,虽然近年来两国出于各自考虑关系日益密切,但仍然存在诸多需要破解的难题。俄罗斯所提出的欧亚联盟的构想与"一带一路"建设存在很多重叠之处,俄罗斯传统上也把中亚视为自己的势力范围,不愿他国插手,如何在中俄两个战略中寻找契合点,需要认真考虑。从中日视角看,日本将中国的发展视为其实现政治军事大国的最大绊脚石,企图搭美国重返亚太战略的顺风车,将美日同盟干预的范围扩大至南海,拉拢与中国存在争议、对中国存有疑虑的越南、菲律宾等国家共同遏制中国,以实现其主导亚太事务、抢夺海洋权益、围堵中国发展的目的。此外,印度、印度尼西亚和韩国等周边重要的地区性大国,或与中国存在领土争端,或对中国崛起心存疑虑。因此对周边大国,在争取有所作为的基础上,要格外慎重,一是充分发挥"上海合作组织"和"东盟与对话国"三大合作机制等区域合作框架机制,通过对话和沟通,形成共识;二是充分关注和回应大国关切,对全球性和地区性事务给予积极回应,赢得理解。

其次,要高度重视"支点国家"作用。"一带一路"沿线部分国家或处于战略要地,或在地区事务中发挥着重要作用的国家,我们应当将其作为战略支点,加强合作,在其关切问题上有所给予,主推一些项目。例如,中巴经济走廊的巴基斯坦,与中国是全天候战略伙伴关系,且在反恐、经济建设等地区事务中发挥着积极作用,可以成为支点国家。中亚哈萨克斯坦,本身油气资源丰富,又处在中俄战略要地,具有与中国合作的强烈愿望,也能成为支点。东南方向的柬埔寨是中泰陆上交通必经之地,缅甸既是中缅管道战略要地,又是中国绕行马六甲通向印度洋的潜在出海口,而新加坡扼守马六甲海峡,这些国家都可以作为潜在战略支点。

最后,一般的中小国家,不在战略大通道核心地带,资源禀赋相对弱,应当按照新时期周边外交"亲、诚、惠、容"理念,建立和谐的外交关系,在某些具有合作潜力的领域,精准对接,促进与这些国家互惠互利,为"一带一路"倡议实施营造和谐的国际环境。

(2)妥善处理地区分歧,合理把控领土争端。对于主权争议国家,特别是与中国存在主权争议的,要按照"坚守立场,管控分歧,强调合作"的原则来处理。对于争议焦点,坚守我方底线,坚持我方原则,做好总体设计,步步为营,稳扎稳打,同时坚决避免军事对峙上升为军事冲突,影响"一带一路"建设大局。要强调"争端不等于事端,主权不妨碍事权"的理念,争端、主权问题一时难以破局,要着眼全局,面向未来,有组织地推动争议以外的其他经济社会事务合作。

(3)统筹周边外交与公共外交,努力减少部分国家对中国崛起的负面心态,增进沿线国家和民众对"一带一路"倡议的正面认知。明确地向外宣示自己的发展目标和身份定位,特别是要高度重视地区身份的建设,发挥公共外交的作用,加强与区域内各国的民间交往、文化交流,讲好"一带一路"的历史渊源,塑造中国在地区民众心目中的良好形象,夯实"一带一路"建设的民意基础。

(4)保持对"三股势力"的高压态势,加强国际反恐合作。建立全球安全预警和防范机制;组建国家情报中心、完善跨部门情报协同机制及关键技术;提升情报侦查水平,对恐怖分子发布的有害信息实施实时监控。阻断极端和激进思想的传播和蔓延,严厉打击恐怖组织通过网络进行的成员招募。提高上海合作组织等合作机制的安全行动能力,形成更加严密、健全的执法合作网络。

(5)创新体制机制,加强海外权益保护。提升我国海外行动能力,借助亚丁湾护航任务等方式,强化我国防卫力量在区域热点地区的存在;加强顶层设计,引导参与各方协调合作,充分调动国内资源和力量整合外交、军事、商务、安全等部门的资源,强化企业与政府间的沟通;建立战略评估体系,通过风险评估对海外风险建立预警机制,为海外企业和个人提供科学有效指引;探索建立更多地区安全合作机制,通过与所在国利益相互融合,增强对方在安全保障合作中的意愿,针对具体投资项目,落实投资各方的安全责任。

(三) 深度对接沿线国家或地区发展规划

"一带一路"倡议已得到100多个国家和国际组织的响应，先后与沿线国家和国际组织签署了50多份"一带一路"政府间合作协议，获得了广泛的理解和认同（见表6）。但在具体实施过程中还需进一步紧密结合各国发展诉求，才能使各项合作愿景真正落地，达到事半功倍的效果。在对接各国发展诉求时，有以下几点应当注意。

表6　目前沿线部分国家及相关国际组织发展战略

提出方	规划名称
哈萨克斯坦	"光明之路"
沙特阿拉伯	"西部规划"
蒙古国	"草原之路"
欧盟	"欧洲投资计划"
东盟	东盟互联互通总体规划2025
波兰	"负责任的发展战略"
印度尼西亚	"全球海洋支点"构想
土耳其	"中间走廊"倡议
塞尔维亚	"再工业化"战略
老挝	"变陆锁国为陆联国"战略
韩国	"欧亚倡议"
俄罗斯	"欧亚经济联盟"
越南	"两廊一圈"
英国	北方经济引擎规划
澳大利亚	"北部大开发"计划
亚太经合组织	亚太经合组织互联互通蓝图、亚欧互联互通合作
联合国	2030年可持续发展议程

第一，合理区分对接层次，有序推进相互政策沟通与协作。首先要实现国家间高层次的政策沟通协调，增进政治互信，对接各国发展战略。其次对发展战略进行细化，对接各国发展规划。国与国之间的发展规划对接是在达成共识的基础上，把发展战略中确定的愿景明确为具体的时间表和路线图，同时发挥各国比较优势以更好地合作。再次是机制平台对接，目的在于将各国相关执行规划的机构有效衔接起来，构建顺畅渠道，继而更有效地对接资源。最后是具体项目对接，也是微观层面的对接。

第二，根据各国比较优势、资源禀赋以及经济社会发展水平、国家治理能力不同，科学选择合作领域及形式。沿线各国普遍面临复杂的内外部环境，为了顺应各自的发展，有效解决各自在发展中面临的现实困难，应在优势互补的产业和领域优先实现对接合作，从而实现双赢局面。例如，已经签订合作规划的中国与哈萨克斯坦，将双方重点合作领域划定为贸易、农业、能源、石油加工、环境保护、安全等；而在中俄关于对接丝绸之路经济带与欧亚经济联盟建设的联合声明中则以贸易、金融和物流等领域为合作重点。另一方面，有效进行战略对接还必须考虑各国战略规划和执行的能力。一些国家政权更迭后难以维持规划稳定推进，一些国家治理能力薄弱，无力推进整体战略，这就需要与之对接时合理选择合作规模、方式与周期，减少实施阻力，提高投资效率，降低投资风险。

第三，强化对接合作的保障措施。首先要增强政治互信，各国应始终坚持政治互信，坚持国家不分大小强弱一律平等，重视合作各方的呼声和关切，不唯我独尊、强加于人，始终坚持共同发展和互利共赢。其次，要稳定资金保障，利用好亚洲基础设施投资银行、丝路基金以及金砖国家开发银行等平台。最后，加强制度保障，通过上合组织峰会、亚信峰会、中非合作论坛、中国—太平洋岛国经济发展合作论坛、泛北部湾经济合作论坛、中国共产党与世界对话会等多边平台加强合作对话,争取将各国合作意向落实为具体合作规划,为对接提供可靠持续的制度保障。

(四)加强人才培养与人文交往

民心相通作为"一带一路"合作愿景中的重要内容是"一带一路"建设的社会根基;具有国际视野的优秀人才能够为沿线各国政策沟通、设施联通、贸易畅通、资金融通提供有力支撑。

第一,做好顶层设计,加强"丝绸之路"人文交流高层磋商和教育政策沟通。开展沿线国家双边多边人文交流高层磋商,商定"一带一路"教育合作交流总体布局,协调推动沿线各国建立教育双边多边合作机制、教育质量保障协作机制和跨境教育市场监管协作机制。积极签署双边、多边和次区域教育合作框架协议,制定沿线各国教育合作交流国际公约,逐步疏通教育合作交流政策性瓶颈,实现学分互认、学位互授联授,协力推进教育共同体建设;助力教育合作渠道畅通。开展"一带一路"教育法律、政策协同研究,构建沿线各国教育政策信息交流通报机制。

第二,加强人才培训合作,加快人才队伍建设。其一,在政府层面上应进一步加大对高校学生到海外实践的支持力度,应联合相关部门制定措施,提供长期和短期相结合的留学和实习资助计划,注重发挥"一带一路"国家在我国留学生培育中的作用,开辟人才引进绿色通道,强化人才奖励和保障机制。其二,在高校层面应加强"一带一路"相关专业性人才培养,更加重视外语人才,尤其是小语种人才的培养;有针对性地派遣在读学生到"一带一路"沿线国家相应的机构、企业和国际组织开展见习、实习和实践活动;加强来华留学教育,扩大留学生教育规模,提升留学生教学质量,大力开展外语教学、双语教学和多语种教学，促进文化交流和理解，开展多层次海外办学，重视高层人才的交流培养。其三，在社会层面应探索高校与产业界合作机制，鼓励中国优质职业教育配合高铁、电信运营等行业企业走出去，推动中国先进的技术理念、商业模式得到更多国家认可。

第三，开展全方位人文交流。对地区的文化交流资源进行深度挖掘整理，组织举办各类相关文化活丝路文化联展，加深彼此国家民众对双方文化的全面了解。发展文化贸易，实现文化资源互通共享。发挥华人华侨的独特纽带作用。着力发展丝绸之路特色旅游，精心打造新的文化交流品牌。通过民间外交讲好"中国故事"，以事实为依据把真实、蓬勃发展的新气象全方位、多角度地展示给世界，让世界更好地了解中国。利用好"孔子学院"等已有的对外交流平台，使之更好地服务业"一带一路"建设，一方面通过这一窗口增进其他国家对中国的认识，提升中国形象，消除其他国家对中国、对"一带一路"概念的误解；另一方面，深入挖掘"孔子学院"在人才培养上的作用，探索为"一带一路"相关的企业、个人提供技能、商业和个性化的语言培训。

（五）大力促进信息互联互通

信息是国际合作伙伴、政府相关部门、企业及公众等"一带一路"建设主体进行决策的依据，是沿线不同国家、民族相互沟通的载体，共享精准、及时、全面的信息对实现"一带一路"倡议各项合作愿景有重要意义。"一带一路"倡议在连接传统基础设施的同时还要通过信息的联通将相关国家的核心生产要素、优势资源整合起来，用信息系统的软投资，促使传统基础设施的硬投资高效运转，让沿线各国共享经济发展的红利。

第一,加强信息基础设施建设投入。"一带一路"沿线部分地区信息化基础设施建设存在较大"数字鸿沟",针对这一问题,需要开展科学规划,梳理沿线国家现状并有针对性地提出解决方案,统一标准,分步实施,从国家层面积极推动"一带一路"沿线国家信息化建设,加大信息化基础设施建设投资及扶持力度,支持国内通信基础设施提供商实施"走出去",力争使沿线国家信息化水平在较短时间内达到相对一致的较高水平,为信息沟通打下物质基础。

专栏4

共建空间信息走廊　助力"一带一路"战略

空间信息具有覆盖范围广、时效性强等特点,可以为基础设施建设、能源资源开发和利用、环境灾害监测与评估等领域提供信息支撑服务。共建空间信息走廊,进一步完善空间基础设施,将在"一带一路"建设中发挥重要作用。

目前,在卫星通信领域,我国已基本形成固定通信广播、移动通信、数据中继等卫星通信技术服务体系,已有在轨民(商)通信卫星17颗,转发器总数量接近300个,建成了连接南亚、非洲、欧洲和美洲的卫星电信港,形成了全球化的卫星通信服务能力,卫星通信业务拓展至全球30多个国家和地区。亚太九号通信卫星、老挝一号通信卫星、白俄罗斯通信卫星的陆续成功发射,不仅实现了中国航天向东盟国家整星出口零的突破,也实现了中国航天首次向欧洲地区用户提供整星在轨交付服务。在卫星遥感领域,中巴地球资源系列卫星数据已广泛应用于南美国家国土资源调查、林业、农业等多个领域;在印尼、老挝、泰国等19个国家建成了风云系列卫星数据接收及分发系统,全面提升沿线国家在气象监测、灾害防治等方面的综合能力;"高分二号"卫星实现亚米级光学遥感探测,"高分三号"合成孔径雷达分辨率高达 1 米，我国自主研制的新一代静止轨道气象卫星风云四号成功发射，北京二号等商业遥感卫星陆续发射并投入使用，进一步提升了我国遥感数据在沿线国家的覆盖及服务能力。在卫星导航领域，北斗导航系统建设不断完善，区域服务能力不断提升，东盟国家等低纬度地区定位精度达 5 米左右，与俄罗斯、印度、巴基斯坦、泰国、印尼等国家和区域组织的合作交流取得重要进展，拟于 2018 年左右实现"一带一路"沿线国家及地区的覆盖。

未来国家民用空间基础设施规划将有 20 余颗通信卫星陆续研制发射，国家航天局正在组织论证"天地一体化信息网络"重大专项工程，这些项目的实施将进一步大幅提升我国为"一带一路"沿线国家提供卫星通信的服务能力。

第二，搭建各种信息沟通发布平台和协调交流机制。在已建成的"一带一路"大数据中心基础上，进一步将信息节点延伸到各地方、各部门、各行业以及沿线各国，研究在具备条件的国家建立全球大数据节点和云计算中心，加快推动信息走廊建设，通过数据收集、编码、加工以及系统化，实现数据信息的同步化和全覆盖，为推进"一带一路"建设提供强大的数据信息支持。发挥高层互访、行业协会以及中介机构的作用，在高层交流互访时，结合经贸、产能合作内容，邀请企业参加，利用政府间对话磋商机制帮助企业协调与所在国政府的关系，获取更多项目信息资源。鼓励行业协会、商会、中介机构发挥积极作用搭建人文交流和商贸往来平台。

第三，提升信息服务能力。加大对高校和相关科研机构的投入，以促进面向公共的信息收集与分析能力。打造"一带一路"智库，可建立各类"一带一路研究院"智库，为政府、企业"一带一路"决策提供建议和信息。支持民间智库和咨询公司的发展，使其成为可以为"一带一路"建设主体提供信息服务的第三方机构，提供个性化的信息服务。探索整合既有资源将目前散落在海外企业、华人华侨、商会、外交人员、研究人员、媒体从业者、各类基金会和留学生等不同主体手中的零散信息进行规范化动态收集、标准化分析研究。

参考文献

[1] 安晓明. 我国"一带一路"研究脉络与进展 [J]. 区域经济评论, 2016 (2).

[2] 财政部财政科学研究所. 发展"一带一路"要有大国金融意识 [A]. 财务资产与物资管理实践——2015 全国电力行业企业管理创新论文大赛获奖论文 [C]. 2015 (1).

[3] 邓力平. 经济全球化与税收政策的国际协调 [J]. 涉外税务, 2000 (3).

[4] 俄罗斯之声电台网站. 吉尔吉斯斯坦拒绝参与中吉乌铁路项目 [N]. 参考消息, http://world.cankaoxiaoxi.com/2013/1221/320652.shtml, 2013-12-19.

[5] 管清友. 中国"一带一路"将改变世界经济版图 [J]. 化工管理, 2015 (1).

[6] 郭朝先, 邓雪莹, 皮思明. "一带一路"产能合作现状、问题与对策 [J]. 中国发展观察, 2016 (6).

[7] 韩永辉, 邹建华. "一带一路"背景下中国与西亚国家贸易合作现状和前景展望 [J]. 国际贸易, 2014 (8).

[8] 何文彬. 中国—中亚—西亚经济走廊的战略内涵及推进思路 [J]. 亚太经济, 2017 (1).

[9] 贾康. 发挥 PPP 创新作用 - 弥补"一带一路"资金缺口 [N]. 人民政协报, 2017-05-16 (005).

[10] 贾康. "一带一路"建设应运用 PPP [J]. 经济, 2014 (11).

[11] 贾康. "一带一路"建设中的多元筹资机制创新 [J]. 中国电力企业管理, 2015 (13).

[12] 李耀华. 中欧班列的运行现状与发展对策 [J]. 对外经贸实务, 2015 (2).

[13] 刘尚希, 孟艳. 以"大国金融"意识助推"一带一路"战略 [J]. 中国井冈山干部学院学报, 2016 (1).

[14] 刘尚希, 赵福军, 樊轶侠, 等. 民间资本参与积极性不足 PPP 发展尚需破

解融资难 [J]. 中国中小企业，2016（7）.

[15] 刘婷婷. "一带一路"的财税支持政策研究 [D]. 山东财经大学，2016.

[16] 陆爱珍. 财政补贴政策存在的问题及其对策研究 [J]. 港澳经济，2016（5）.

[17] 欧晓理. "一带一路"工作进展及未来展望 [J]. 港口经济，2015（12）.

[18] 国家税务总局国际税务司. 税收助力"一带一路"发展战略 [J]. 国际税收，2016（5）.

[19] 推动共建丝绸之路经济带和21世纪海上丝绸之路的愿景与行动 [N]. 新华网，2016-04-21.

[20] 推进"一带一路"建设工作领导小组办公室. 共建"一带一路"：理念、实践与中国的贡献 [N]. 新华网，2017-05-10.

[21] 王敏，柴青山，王勇，等. "一带一路"战略实施与国际金融支持战略构想 [J]. 国际贸易，2015（4）.

[22] 王卫星. 全球视野下的"一带一路"：风险与挑战 [J]. 人民论坛·学术前沿，2015（9）.

[23] 王文静，赖泓宇. "一带一路"战略的国际税收协调 [J]. 国际税收，2016（4）.

[24] 王义桅. "一带一路"建设的经济逻辑 [J]. 海外投资与出口信贷，2016（5）.

[25] 王义桅. "一带一路"：重塑经济全球化话语权 [J]. 红旗文稿，2016（21）.

[26] 王义桅，郑栋. "一带一路"战略的道德风险与应对措施 [J]. 东北亚论坛，2015（4）.

[27] 温来成，彭羽，王涛. 构建多元化投融资体系服务国家"一带一路"战略 [J]. 税务研究，2016（3）.

[28] 文瑞. "一带一路"战略背景下的中欧经贸合作 [J]. 国际经济合作，2015（5）.

[29] 武常岐. "一带一路"境外经贸合作区建设面临的四大挑战 [R]. 北京大学光华管理学院研究报告，2017.

[30] 厦门市地税局课题组,吴振坤,张毅,等."一带一路"战略发展与税收利益国际协调研究[J]. 福建论坛(人文社会科学版),2016(2).

[31] 邢丽菊. 推进"一带一路"人文交流:困难与应对[J]. 国际问题研究,2016(6).

[32] 杨丹辉,李晓华,渠慎宁. 当前产业补贴存在的主要问题与完善措施[J]. 问题与对策,2014(1).

[33] 杨光普,孟春. 助力"一带一路"PPP模式大有可为[N]. 经济日报,2017-05-14(008).

[34] 杨志勇. 实施"一带一路"战略的财税政策研究[J]. 税务研究,2015(6).

[35] 赵力扬. "一带一路"战略下企业"走出去"税收问题研究[J]. 财政科学,2016(11).

[36] 赵全厚. 加强合作 互利共赢[J]. 中国财政,2016(3).

[37] 赵宇飞,张琴. 中新(重庆)战略性互联互通示范项目启动[N]. 新华每日电讯,2016-01-09.

[38] 中国税务学会税收学术研究委员会《经济全球化税收对策》课题组. 经济全球化条件下的国际税收协调[J]. 税务研究,2005(9).

[39] 中央党校省部级干部进修班(第57期)"战略思维与领导能力"研究专题第二课题组,王卫星. "一带一路"战略面临的风险挑战及对策研究[J]. 理论视野,2015(8).

[40] 朱欣然. "一带一路"战略背景下中国自贸试验区发展机遇[J]. 现代商贸工业,2016(31).

[41] Bai Yifeng. "One Belt One Road Friendship Cooperation" Between Chinese and Indonesia Companies [J]. China's Foreign Trade, 2015 (3).

[42] Chao Jiang. On Exploration of Universities to Integrate into "One Belt and one Road" Strategy. International Science and Culture Center for Academic Contacts, Henan University Minsheng College, St. Petersburg branch of Financial University under the Government of the Russian Federation, Zhengzhou Yingchun Conference planning Co. Ltd. , 2015 (5).

[43] Lin Lai, Kun Guo. The performance of One Belt and One Road exchange rate:

Based on improved singular spectrum analysis [J]. Physica A: Statistical Mechanics and its Applications, 2017.

[44] LIU Qiang, CAO Chaowen. Integrating Green Tourism of Jiangxi Province into "One Belt and One Road" Strategy [J]. Journal of Landscape Research, 2015 (6).

[45] Meilian Xu. Study on Strengthening the Sports Culture Communication between China and its Neighbors under the Background of "One Belt, One Road" Initiative [A]. Singapore Management and Sports Science Institute, Singapore. Proceedings of 2015 3rd International Conference on Social Science and Humanity (ICSSH 2015 V76) [C]. Singapore Management and Sports Science Institute, Singapore, 2015 (4).

[46] Yingying Li. The Study of Investment by Central SOEs in Secondary Industry along "One Belt, One Road" [A]. Singapore Management and Sports Science Institute. Proceedings of 2015 4th International Conference on Physical Education and Society Management (ICPESM 2015 V47) [C]. Singapore Management and Sports Science Institute, 2015 (4).

图书在版编目（CIP）数据

财政政策实证分析与对策．一／刘尚希主编．—北京：中国财政经济出版社，2019.9

（中国财政学会学术文库）

ISBN 978-7-5095-9221-2

Ⅰ.①财⋯　Ⅱ.①刘⋯　Ⅲ.①财政政策-政策分析-中国　Ⅳ.①F812.0

中国版本图书馆CIP数据核字（2019）第192901号

责任编辑：闫　娟　　　　　　责任印制：刘春年
封面设计：王　颖　　　　　　责任校对：张　凡

中国财政经济出版社 出版

URL：http://www.cfeph.cn

E-mail：cfeph@cfemg.cn

（版权所有　翻印必究）

社址：北京市海淀区阜成路甲28号　邮政编码：100142
营销中心电话：010-88191537
北京财经印刷厂印装　各地新华书店经销
787×1092毫米　16开　20.25印张　246 000字
2019年9月第1版　2019年9月北京第1次印刷
定价：85.00元
ISBN 978-7-5095-9221-2
（图书出现印装问题，本社负责调换）
本社质量投诉电话：010-88190744
打击盗版举报热线：010-88191661　QQ：2242791300